Edition KWV

Die „Edition KWV" beinhaltet hochwertige Werke aus dem Bereich der Wirtschaftswissenschaften. Alle Werke in der Reihe erschienen ursprünglich im Kölner Wissenschaftsverlag, dessen Programm Springer Gabler 2018 übernommen hat.

Weitere Bände in der Reihe http://www.springer.com/series/16033

David Thyssen

Projektorientiertes Management als Organisationsprinzip

Eine empirische Untersuchung von Widersprüchen in projektorientierten Organisationen mit der Repertory Grid Technik

David Thyssen
Bonn, Deutschland

Bis 2018 erschien der Titel im Kölner Wissenschaftsverlag, Köln
Dissertation, Universität Bremen, 2010

Edition KWV
ISBN 978-3-658-24352-4   ISBN 978-3-658-24353-1   (eBook)
https://doi.org/10.1007/978-3-658-24353-1

Die Deutsche Nationalbibliothek verzeichnet diese Publikation in der Deutschen Nationalbibliografie; detaillierte bibliografische Daten sind im Internet über http://dnb.d-nb.de abrufbar.

Springer Gabler
© Springer Fachmedien Wiesbaden GmbH, ein Teil von Springer Nature 2010, Nachdruck 2019
Ursprünglich erschienen bei Kölner Wissenschaftsverlag, Köln, 2010
Das Werk einschließlich aller seiner Teile ist urheberrechtlich geschützt. Jede Verwertung, die nicht ausdrücklich vom Urheberrechtsgesetz zugelassen ist, bedarf der vorherigen Zustimmung des Verlags. Das gilt insbesondere für Vervielfältigungen, Bearbeitungen, Übersetzungen, Mikroverfilmungen und die Einspeicherung und Verarbeitung in elektronischen Systemen.
Die Wiedergabe von allgemein beschreibenden Bezeichnungen, Marken, Unternehmensnamen etc. in diesem Werk bedeutet nicht, dass diese frei durch jedermann benutzt werden dürfen. Die Berechtigung zur Benutzung unterliegt, auch ohne gesonderten Hinweis hierzu, den Regeln des Markenrechts. Die Rechte des jeweiligen Zeicheninhabers sind zu beachten.
Der Verlag, die Autoren und die Herausgeber gehen davon aus, dass die Angaben und Informationen in diesem Werk zum Zeitpunkt der Veröffentlichung vollständig und korrekt sind. Weder der Verlag, noch die Autoren oder die Herausgeber übernehmen, ausdrücklich oder implizit, Gewähr für den Inhalt des Werkes, etwaige Fehler oder Äußerungen. Der Verlag bleibt im Hinblick auf geografische Zuordnungen und Gebietsbezeichnungen in veröffentlichten Karten und Institutionsadressen neutral.

Springer Gabler ist ein Imprint der eingetragenen Gesellschaft Springer Fachmedien Wiesbaden GmbH und ist ein Teil von Springer Nature
Die Anschrift der Gesellschaft ist: Abraham-Lincoln-Str. 46, 65189 Wiesbaden, Germany

Inhaltsverzeichnis

INHALTSVERZEICHNIS V

TABELLENVERZEICHNIS VIII

ABBILDUNGSVERZEICHNIS X

1 EINLEITUNG 1
1.1 Problemstellung 3
1.2 Zielsetzung und Forschungsdesign 10
1.3 Aufbau der Arbeit 13

2 BEGRIFFLICHE UND KONZEPTIONELLE GRUNDLAGEN 16
2.1 Organisationsbegriff 16
2.1.1 Historische Entwicklungslinien der Organisationstheorie 16
2.1.2 Organisationen und ihre Prinzipien 19
2.2 Widerspruchsbegriffe 23
2.2.1 Dualität 24
2.2.2 Widerspruch 25
2.2.3 Paradoxie 29
2.2.4 Dilemma 31
2.3 Vom Projektmanagement zum Projektorientierten Management 33
2.3.1 Historische Entwicklung der Projektarbeit 34
2.3.2 Projekt 36
2.3.3 Projektmanagement 38
2.3.4 Projektorientiertes Management 39
2.4 Projektorientierte Organisation 43

3 MODELLENTWICKLUNG: WIDERSPRÜCHE IN ORGANISATIONEN 47
3.1 Institutionale Dimension 48
3.1.1 Umwelten 49
3.1.2 Grenzen 55
3.1.3 Zwecke 59
3.2 Funktionale Dimension 64
3.2.1 Ziele 65
3.2.2 Arbeitsteilung 68

3.2.3	Koordination	73
3.3	Instrumentale Dimension	81
3.3.1	Regeln	82
3.3.2	Strukturen	88
3.3.3	Rollen	93
3.4	Modell der Widersprüche in Organisationen	99
4	**WIDERSPRÜCHE IN PROJEKTORIENTIERTEN ORGANISATIONEN**	**101**
4.1	Forschungsansatz	101
4.2	Untersuchungsmethoden	105
4.2.1	Vorstudie: Experteninterviews	107
4.2.2	Datenerhebung: Repertory Grid Technik	112
4.2.3	Datenanalyse: Kategorisierung der individuellen Konstrukte	120
4.3	Untersuchungsdurchführung	122
4.3.1	Unternehmen und Befragte	123
4.3.2	Experteninterviews	126
4.3.3	Datenerhebung	128
4.4	Ergebnisse der empirischen Forschung	132
4.4.1	Teilnehmer	133
4.4.2	Elemente	134
4.4.3	Widerspruchsdimensionen	135
4.5	Widersprüche in Projektorientierten Organisationen	147
4.5.1	Institutionale Dimension	151
4.5.2	Funktionale Dimension	153
4.5.3	Instrumentale Dimension	157
5	**ANSÄTZE ZUR BEWÄLTIGUNG VON WIDERSPRÜCHEN**	**162**
5.1	Allgemeine Bewältigungsformen von Widersprüchen	162
5.2	Institutionaler Widerspruch: permanent versus temporär	172
5.3	Funktionaler Widerspruch: Exploitation versus Exploration	177
5.4	Instrumentale Bewältigung am Beispiel der Rolle	185
5.4.1	Sequenzialisierung von Rollen	190
5.4.2	Segmentierung von Rollen	193
5.4.3	Balancierung von Rollen	195

6	ZUSAMMENFASSUNG UND AUSBLICK	201
6.1	Zusammenfassung	201
6.2	Thesen	203
6.3	Ausblick	204
LITERATURVERZEICHNIS		206

Tabellenverzeichnis

Tabelle 1:	Forschungsziele und -aufträge	11
Tabelle 2:	Forschungsdesign	13
Tabelle 3:	Projektmanagementbegriffe	40
Tabelle 4:	Aufgaben- und Problemtypen	64
Tabelle 5:	Koordinationsformen in Organisationen	80
Tabelle 6:	Theoretisch erwartbare Widersprüche in Organisationen	99
Tabelle 7:	Grundpostulat und Korollarien der Theorie der personalen Konstrukte	115
Tabelle 8:	Beispielhaftes Grid mit Skala 1-6	120
Tabelle 9:	Grundgesamtheit nach Führungsaufgabe und Laufbahnstufe	125
Tabelle 10:	Häufigkeitsverteilung der Rollenbegriffe	127
Tabelle 11:	Deskriptive Daten der Befragten	133
Tabelle 12:	Differenzen zwischen „typisch" und „ideal"	134
Tabelle 13:	Korrelationen der Elemente	135
Tabelle 14:	Ladungen der Elemente auf die Hauptkomponenten	138
Tabelle 15:	Extrahierte Hauptkomponenten	138
Tabelle 16:	Konstruktpaare mit der stärksten Ladung auf Hauptkomponente 1	141
Tabelle 17:	Konstruktpaare mit der stärksten Ladung auf Hauptkomponente 2	142
Tabelle 18:	Konstruktpaare mit der stärksten Ladung auf Hauptkomponente 3	144
Tabelle 19:	Konstruktpaare mit der stärksten Ladung auf Hauptkomponente 4	146
Tabelle 20:	Gegensätze von fachlicher und disziplinarischer Führung	155
Tabelle 21:	Widersprüche in Projektorientierten Organisationen	160

Tabelle 22:	Ressourcenbasierte Typologie temporärer Organisationsformen	174
Tabelle 23:	Widerspruchsbewältigung am Beispiel der Rolle	189

Abbildungsverzeichnis

Abbildung 1:	Projektorientierte Organisationen als Analysegegenstand	5
Abbildung 2:	Mögliche Sichten auf Widersprüche	10
Abbildung 3:	Argumentationsstruktur der Arbeit	15
Abbildung 4:	Institutionaler, funktionaler und instrumentaler Organisationsbegriff	20
Abbildung 5:	Systematik der Widerspruchsbegriffe	25
Abbildung 6:	Kontradiktorische Widersprüche	28
Abbildung 7:	Konträre Widersprüche	29
Abbildung 8:	Entwicklung des operativen Projektmanagementbegriffs	39
Abbildung 9:	Handlungsebenen und Themen der Projektorientierten Organisation	46
Abbildung 10:	Strukturmodell der Organisation	48
Abbildung 11:	Umwelten im St. Gallener Managementmodell	51
Abbildung 12:	Strukturmodell der Organisation und ihrer Widersprüche	100
Abbildung 13:	Ablauf einer Repertory Grid Untersuchung	105
Abbildung 14:	Triadenverfahren	130
Abbildung 15:	Erhebung der Konstrukte	131
Abbildung 16:	Einschätzung der Elemente	132
Abbildung 17:	Verteilung der Anzahl der erhobenen Konstruktpaare	136
Abbildung 18:	Zweidimensionale Analyse Hauptkomponenten 1 und 2	140
Abbildung 19:	Zweidimensionale Analyse Hauptkomponenten 3 und 4	143
Abbildung 20:	Strukturmodell als Ordnungsvorschlag	148

Abbildung 21:	Verteilung der Konstruktpaare auf die Strukturdimensionen	149
Abbildung 22:	Häufigkeit der Kategorien	150
Abbildung 23:	Organisationale Einflüsse auf temporäre Organisationen	175
Abbildung 24:	Typologie der organisationalen (Lern-)Strategien	179
Abbildung 25:	Sequenzialisieren von Exploitation und Exploration	181
Abbildung 26:	Segmentieren von Exploitation und Exploration	183
Abbildung 27:	Balancieren von Exploitation und Exploration	185
Abbildung 28:	Formale Kompetenzen und Handlungskompetenz	187
Abbildung 29:	Aufgaben und Funktionen eines Projektmanagementbüros	197

1 Einleitung

Das Forschungsprogramm „Innovative Forms of Organizing" (INNFORM)[1] hat in der Untersuchung von mehr als 450 europäischen Unternehmen[2] verdeutlicht, dass es heute eher die Regel als die Ausnahme ist, dass in „modernen" Unternehmen unterschiedliche Organisationsprinzipien zeitgleich ko-existieren (vgl. Pettigrew/Fenton, 2000a). Diese Feststellung stützt die Aussage zahlreicher Studien, dass die Nutzung neuer Organisationsprinzipien dazu führt, dass etablierte Prinzipien ergänzt, aber nicht vollständig ersetzt werden (vgl. Kenis/Janowicz-Panjaitan/Cambré, 2009; O'Reilly/Tushman, 2004).

In den letzten Jahren ist eine zunehmende Verbreitung des projektorientierten Managements als Organisationsprinzip zu beobachten (vgl. Gareis, 1990, 2005; Patzak/Rattay, 2004; Rietiker, 2008, Schelle, 2007). KALKOWSKI/MICKLER sprechen in diesem Zusammenhang sogar von einer „Projektifizierung der Arbeit und Organisation" (Kalkowski/Mickler, 2002; 2005: 122). Projektorientiertes Management kann als die organisatorische Weiterentwicklung des Projektmanagements verstanden werden. In diesem Umfeld findet aktuell ein Wandel statt: Wurde bis vor wenigen Jahren das Projektmanagement nur als eine strukturierte Methode zur Abwicklung einmaliger Vorhaben verstanden, so gewinnt das Projektmanagement nun zunehmend für das strategische Management ganzer Organisationen an Relevanz. Die Konzepte zum „Management *von* Projekten" werden um ein „Management *durch* Projekte" ergänzt (Scheurer/Hesselmann, 2007: 44ff.).

---

[1] Gegenstand der Untersuchung waren 450 europäische Unternehmen mit jeweils mehr als 500 Mitarbeitern. Die Ergebnisse wurden im Jahr 2000 vom wissenschaftlichen Leiter Andrew Pettigrew (damals Universität Warwick) und Forschern von 6 weiteren europäischen Universitäten publiziert. Im Anschluss an die erste Untersuchungsreihe wurde die Erhebung in amerikanischen und japanischen Unternehmen wiederholt. Die Ergebnisse wurden mit geringen regionalen Besonderheiten bestätigt. Daher gehen die Forscher von international gültigen Befunden aus (vgl. Pettigrew/Fenton, 2000b).

[2] Unternehmen werden in dieser Arbeit als eine Ausprägung von Organisationen verstanden, die in wirtschaftlichen Kontexten agieren.

© Springer Fachmedien Wiesbaden GmbH, ein Teil von Springer Nature 2010
D. Thyssen, *Projektorientiertes Management als Organisationsprinzip*,
Edition KWV, https://doi.org/10.1007/978-3-658-24353-1_1

EINLEITUNG

Das Projektmanagement als einen Gegenstand der organisationswissenschaftlichen Forschung zu betrachten ist vergleichsweise neu (vgl. Thiry/Deguire, 2007; Dorn, 2008; van Donk/Molloy, 2008; Kenis/Janowicz-Panjaitan/Cambré, 2009)[3]. So formulieren VAN DONK/MOLLOY: „So far, theory from organisation design has been under-explored with respect to understanding project organisations and their structures" (van Donk/Molloy, 2008: 129). Projektmanagement bezieht sich auf temporäre Organisationsformen, projektorientiertes Management umfasst sowohl temporäre als auch permanente Organisationsformen. Als eine der Ersten wies die SCANDINAVIAN SCHOOL OF PROJECT STUDIES darauf hin, dass sich in „modernen" Unternehmen gleichzeitig Elemente permanenter und temporärer Organisation finden lassen – Tendenz steigend (vgl. Anell/Wilson, 2002; Sahlin-Andersson/Söderholm, 2002).[4]

Der gleichzeitige Einsatz unterschiedlicher Organisationsprinzipien als Folge zunehmend ausdifferenzierter Organisationen bietet Potenzial für Konflikte. Die Widersprüchlichkeit spiegelt dann sich in der Organisation selbst wieder. Wenn beispielsweise Ziele, Strukturen oder Verantwortlichkeiten zwischen Organisationsprinzipien nicht übereinstimmen, kann es zu Konflikten kommen (vgl. Bledow et al., 2009). Wie KÜHL gezeigt hat, können unterschiedliche Organisationsprinzipien widersprüchliche Erwartungen an Führungskräfte und Mitarbeiter stellen (vgl. Kühl, 2002). Wenn dann unklar ist, wie „richtig" gehandelt werden kann, werden die sich entwickelnden Spannungen als hinderlich, aufreibend und lähmend empfunden. Die Ergebnisse der Managementforschung zur Existenz von und zum

---

3   Ein Kennzeichen der neuen Diskussionen ist die noch nicht vereinheitlichte Begriffswelt. Die begriffliche Klärung findet in Kapitel 2.3 statt. Um eine Trennung zwischen dem Management einzelner Projekte und dem Management Projektorientierter Organisationen zu verdeutlichen, wird schon hier folgende Zuordnung vorgenommen:

    Projekt -> Projektmanagement
    Projektorientiertes Organisation -> projektorientiertes Management

4   Die Beschäftigung mit temporären Organisationsformen kann den Blick sowohl auf eine Organisation (intraorganisational) als auch auf mehrere Organisationen (interorganisational) richten. Mit der letztgenannten Perspektive beschäftigen sich insbesondere Arbeiten zu Netzwerken oder virtuellen Organisationen (vgl. Sydow, 2003).

Umgang mit Widersprüchen, Paradoxien und Dilemmata sind breit gefächert (vgl. Fontin, 1997; Grimm, 1999; Müller-Christ/Arndt/Ehnert, 2007; Müller-Stewens/Fontin, 1997; Neuberger, 2002; Mintzberg, 1992). Eine Konkretisierung dieser Ergebnisse für Projektorientierte Organisationen steht bisher aus. Diese Arbeit nähert sich dem Widerspruchspotenzial von projektorientiertem Management als dem Prinzip Projektorientierter Organisationen.

1.1 Problemstellung

Wenn Unternehmen sich nur wenig verändern müssen, nutzen sie die Organisationsform eines Projekts nur selten, um Probleme zu lösen. Wenn die Bewältigung von neuen Aufgaben in der etablierten Organisation nicht möglich erscheint, werden einzelne, voneinander unabhängige Projekte initiiert, um diese Aufgaben zu bearbeiten (vgl. Mayrshofer/Kröger, 2001: 14; Zöllner, 2003: 23f.). Das Projektmanagement ist in diesem Fall mit der Steuerung eines einzelnen Projekts gleichzusetzen. Treten Konflikte zwischen den Interessen der Projekte und den Interessen der permanenten Organisation auf, werden diese in der Regel zugunsten der permanenten Organisation entschieden.

Steigt der Veränderungsbedarf eines Unternehmens, werden Projekte nicht mehr nur als Sonderform genutzt. Die Projekte werden zahlreicher und werden nicht mehr nur als organisationsinterne, sondern organisationsübergreifende Projekte durchgeführt werden (vgl. Janowicz-Panjaitan/Bakker/Kenis, 2009: 63). Die Projektdurchführung tritt schließlich als gleichwertiger Leistungsprozess an die Seite der Routineprozesse eines Unternehmens. „Management by projects" - projektorientiertes Management wird als eigenes Organisationsprinzip etabliert. Damit geht einher, dass auch im permanenten Teil der Organisation projektorientierte Elemente verankert werden (vgl. Patzak/Rattay, 2004: 5126ff.; Gareis, 2005: 501ff.). Die besondere Fähigkeit Projektorientierter Organisationen ist es, umfangreiche Projektlandschaften erfolgreich abzuwickeln (vgl. Rietiker, 2006). Neben der Durchführung zahlreicher Einzelprojekte werden dabei mehrere Projekte im Sinne eines Multiprojektmanagements zu Programmen gebündelt. Die Summe aller Projekte und Programme wird unternehmensweit als Projektportfolio betrachtet und gesteuert (vgl. Hirzel/Kühn/Wollmann, 2006). Das projekt-

Einleitung

orientierte Management wird dann zur Steuerung großer Teile der Organisation genutzt. Werden alle Leistungsprozesse eines Unternehmens in Projektform durchgeführt, wird diese Organisation als projektbasiert bezeichnet. Die permanente[5] Organisation hat lediglich noch unterstützende Aufgaben.

Organisationen unterscheiden sich demnach dahingehend, wie hoch der Anteil der Aufgaben ist, die in der temporären Organisationsform „Projekt" bearbeitet werden. Setzen Unternehmen einen hohen Anteil ihrer Aufgaben in temporären Formen (Projekten) um und etablieren gleichzeitig im permanenten Teil ihrer Organisation Strukturen zum Management und zur Unterstützung der Projektlandschaft, so können diese Organisationen als Projektorientierte Organisationen bezeichnet werden. Abbildung 1 macht die Annäherung an den Analysegegenstand der Arbeit deutlich:

---

5   Die Unterscheidung temporär und permanent bleibt bewusst unscharf. Auch permanente Organisationen existieren nicht ewig. Was die beiden Organisationsformen unterscheidet, ist die Tatsache, dass in der temporären Form des Projekts das Ende bereits implizit ist. Permanente Organisationen agieren hingegen, als ob sie auf eine unbegrenzte Dauer angelegt sind. KENIS/JANOWICZ-PANJAITAN/CAMBRÉ bevorzugen daher die komplementäre Trennung in temporary/non temporary (vgl. Kenis/Janowicz-Panjaitan/Cambré, 2009: 3).

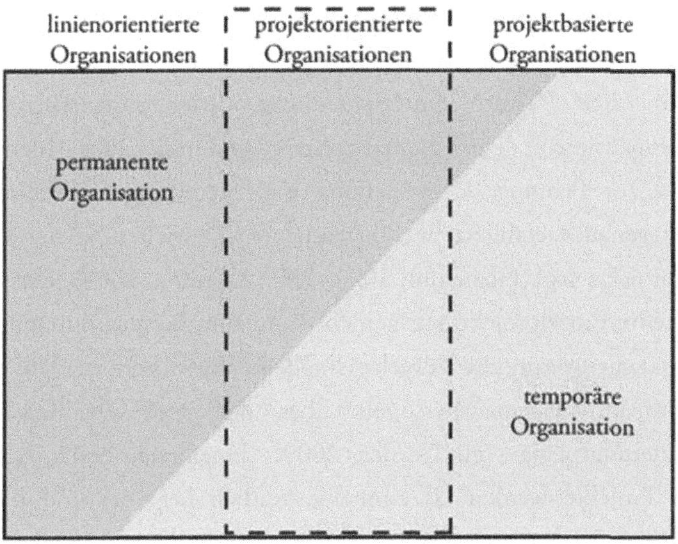

Abbildung 1: Projektorientierte Organisationen als Analysegegenstand
Quelle: Eigene Darstellung

Projekte sind temporäre Organisationsformen. Projektorientiertes Management umschließt hingegen sowohl die temporäre als auch die permanente Organisation. Dies führt in zweifacher Hinsicht zu Herausforderungen:

(1) Unternehmen, die nur einen Teil ihrer Aufgaben in Projekten bearbeiten, steuern den permanenten Teil ihrer Organisation nach mindestens einem anderen Organisationsprinzip. Wenn die Ziele, Handlungsweisen oder die Kultur des projektorientierten Managements und der anderen Prinzipien nicht identisch sind, können an den Stellen, an denen die Teile der Organisation aufeinandertreffen oder sie sich überlappen, Spannungen entstehen (vgl. Frick/Raab, 2009; Lang/Rattay, 2005). Müssen Mitarbeiter und Führungskräfte gleichzeitig nach unterschiedlichen Organisationsprinzipien arbeiten, können sie mit widersprüchlichen, zum Teil paradoxen Handlungserwartungen konfrontiert werden (vgl. Krusche, 2008; Kühl, 2002; Neuberger, 2002). Das Widerspruchspotenzial, das aus der parallelen Nutzung unterschiedlicher Prinzipien entsteht, wird im Folgenden als das Problem der „Gleichzeitigkeit *unterschiedlicher* Organisationsprinzipien" bezeichnet.

(2) Auch innerhalb des Organisationsprinzips des projektorientierten Managements können Widersprüche auftreten. Projektorientierte Organisationen müssen sich über unterschiedliche Managementebenen hinweg professionalisieren: Portfoliomanagementverfahren oder Methoden und Prozesse zur Planung, Überwachung und Steuerung der Projektlandschaft werden genauso etabliert wie Instrumente zur Sicherung der Qualität des Einzelprojekts (vgl. Huemann, 2002: 73ff.; Lomnitz, 2008). Die Qualität der Prozesse im Einzelprojektmanagement kann zum Beispiel durch übergreifende oder branchenspezifische Vorgehensmodelle abgesichert werden, die Qualität des Projektmanagementpersonals über dedizierte Qualifizierungs- und Zertifizierungspläne (vgl. Gessler, 2009c; Huemann, 2002; Kessler/Hönle, 2002). Projekte werden als einmalig, zeitlich begrenzt und neuartig bzw. innovativ charakterisiert (vgl. Schelle, 2007). Diese neuen Methoden, Prozesse und Instrumente werden jedoch im permanenten Teil der Organisation entworfen und verankert. Dem Selbstverständnis des veränderungsorientierten, einzelnen Projekts und seiner Projektbeteiligten stehen die stabilitätsorientierten Funktionen der unternehmensweiten Projektsteuerung gegenüber, welche z. B. auf die möglichst effiziente Nutzung der Ressourcen oder ein transparentes Berichtswesen hinwirken.

Besonders deutlich werden die Widersprüche zwischen den Projekten und der Projektorientierten Organisation bei der Nutzung von Reifegradmodellen. Diese versuchen, mithilfe der Messung unterschiedlicher Strukturen, Prozesse und Kulturelemente festzustellen, wie weit das Prinzip des projektorientierten Managements in einem Unternehmen verankert ist. Paradoxerweise wird diese „Reifung" der Projektorientierten Organisation mit den Kriterien der klassischen Organisationsprinzipien, wie Wiederholbarkeit, Dokumentation, Qualitätsgarantie etc. gemessen. „Reife" Projektorientierte Organisationen sollen Projekte mit höherer Wahrscheinlichkeit zum Erfolg führen (vgl. Bartsch-Beuerlein/Frerichs, 2009; Erne, 2008; Wagner, 2009b). HENRY MINTZBERG hat schon 1979 in seiner kontingenz- und strukturationstheoretischen Grundlagenarbeit darauf hingewiesen, dass Projektorientierte Organisationen (in seiner Diktion Adhokratien) mit zunehmender Reife und zunehmendem Alter Tendenzen zu professionellen Bürokratien entwickeln (vgl. Mintzberg, 1992; Walgenbach, 2006b). Projekte werden so zu Standardprozessen des Unternehmens und zu operativen Instrumenten der strategischen Unternehmensführung. Schon dieser Satz birgt eine Paradoxie in sich. Das Format, das Wandel auslösen soll, wird routiniert. Mit der zunehmenden Professionalisierung der Projektorientierten Organisation scheint also das Aufkommen immanenter Widersprüche einherzugehen. Dieses Phänomen wird im Folgenden als das Problem der „Widersprüche *innerhalb* der Organisationsprinzips des projektorientierten Managements" formuliert. Dieses beschreibt die Spannungen zwischen den Interessen des einzelnen Projekts und der Steuerung der Projektorientierten Organisation.

Die obige Argumentation verdeutlicht, dass Widersprüche in Projektorientierten Organisationen zu erwarten sind. Deren Existenz kann zu paradoxen Handlungserwartungen an die Organisationsmitglieder führen (vgl. Neuberger, 2002; Bateson, 2002). Das Neue dieser Arbeit besteht nicht darin, aufzuzeigen, dass Arbeiten in ausdifferenzierten Unternehmen auch den Umgang mit Widersprüchen und Dilemmata bedeuten kann. „Die Herausforderung für eine Forschung über neue Organisationsformen besteht darin, die vielfältigen paradoxen Effekte und Dilemmata zu erklären." (Kühl, 2002: 257). Diese Arbeit geht daher eine Ebene tiefer und erarbeitet konkret die Widersprüche, denen sich die Handelnden in der Projektorientierten Organisation stellen müssen. Dazu die Autoren der Innform-Studie: „What is clear is that there are big new challenges in understanding and managing the dualities and complexities in innovative forms of organizing. There is a learning process going on in firms in how to manage these dualities. Some of this may involve balancing the new relationships between complexity and simplicity in organizing. In this balancing, the simplifying options of ignoring the existence of the dualities, or privileging one pole of the duality over the other, are unlikely to meet the demands of the kinds of complementary innovation that organizations are now making." (Pettigrew/Fenton, 2000b: 300).

Widersprüche aufzudecken, zu erklären und die im Handeln verborgenen Muster zugänglich zu machen, ist nun als Herausforderung formuliert. In der Einleitung wurde dargelegt, dass die organisationstheoretische Diskussion von

Widersprüchen und deren Auswirkungen auf das Handeln in Organisationen auf eine langjährige Historie zurückblicken kann (vgl. Fontin, 1997; Grimm, 1999; Müller-Christ/Arndt/Ehnert, 2007; Müller-Stewens/Fontin, 1997; Neuberger, 2002; Mintzberg, 1992). Zwei unterschiedliche Herangehensweisen lassen sich dabei feststellen: Auf der einen Seite unterscheidet sich die Auseinandersetzung mit Widersprüchen darin, ob diese als eine Bedingung oder als eine Folge des Handelns in Organisationen angesehen werden. Die zweite Sichtweise bewertet die Existenz von Widersprüchen dahingehend, ob sie negativ oder positiv für die Organisation sind.

Damit wird Erstens die Frage danach gestellt, ob Widersprüche vermeidbar sind oder nicht. Sind Widersprüche eine Konsequenz von organisatorischem Handeln, so könnte auch anders gehandelt werden, um die Widersprüche zu reduzieren. Dem Management kämen damit einerseits eine konfigurative Aufgabe, andererseits aber auch die Verantwortung für die Widersprüche in Organisationen zu (vgl. Grimm, 1999). Organisationen könnten so gestaltet werden, dass Widersprüche bewusst etabliert oder vermieden werden. Andererseits wird die Position vertreten, dass Widersprüchlichkeit ein strukturelles Merkmal und damit eine Bedingung von Organisationen ist. Aus dieser Perspektive stellen Organisationen eine Möglichkeit da, Widersprüche handhabbar zu machen (vgl. Simon, 2007a: 118f.). So vertritt beispielsweise SCHREYÖGG die Auffassung, dass keine Hoffnung bestehe, organisationale Widersprüche aufzulösen (vgl. Schreyögg, 2003: 156). Ebenso ist NEUBERGER der Auffassung, dass Widersprüche in Unternehmen in arbeitsteiligen Organisationen nicht vermeidbar sind und „Widersprüche in Ordnung" sind, weil sie Teil der Ordnung sind, die als Organisation bezeichnet wird (Neuberger, 2002: 132). Auch TUCKERMANN argumentiert, dass Widersprüche, Dilemmata und Paradoxien zum Alltag in Unternehmen gehören (vgl. Tuckermann, 2007: 1). TÜRK zählt Mehrdeutigkeit, strukturelle Ambivalenz, Gegensätzlichkeit und Widersprüchlichkeit von Zielen zum „pathologischen Grundmuster" der überkomplizierten[6] Organisation (Türk, 1976: 113ff.). Durch den Hinweis auf die Überkompliziertheit deutet er jedoch an, dass dieser Fehler durch andere Formen der Organisation behoben werden könnte.[7] Sind aus der ersten Perspektive die (Struktur-)Elemente einer Organisation Gegenstände des Handelns, so sind im zweiten Fall die Widersprüche selbst die Gegenstände organisatorischer Widerspruchsbearbeitung. Prägnant formuliert: Werden Widersprüche als vermeidbare Fehler angenommen, stellt sich die Frage, wie Widersprüche aufgelöst werden können, um das destruktive Potential von Widersprüchen abzubauen. Werden Widersprüche als immanente Eigenschaften von Organisationen verstanden, stellt sich die Frage danach, wie mit Widersprüchen umgegangen werden kann, um das konstruktive Potential von Widersprüchen zu nutzen (vgl. Neuberger, 2002). Folgende Matrix lässt sich demnach ableiten:

---

6   Überkompliziertheit entsteht laut TÜRK dann, wenn Organisationen so komplex und vieldeutig geworden sind, dass die Mitglieder nicht mehr erklären können, warum was wo geschieht (vgl. Türk, 1976: 114).

7   Durch die Wortwahl des pathologischen Grundmusters weist er jedoch bereits auf die möglicherweise vergebliche Bemühung hin, diese „Fehler" aufzulösen.

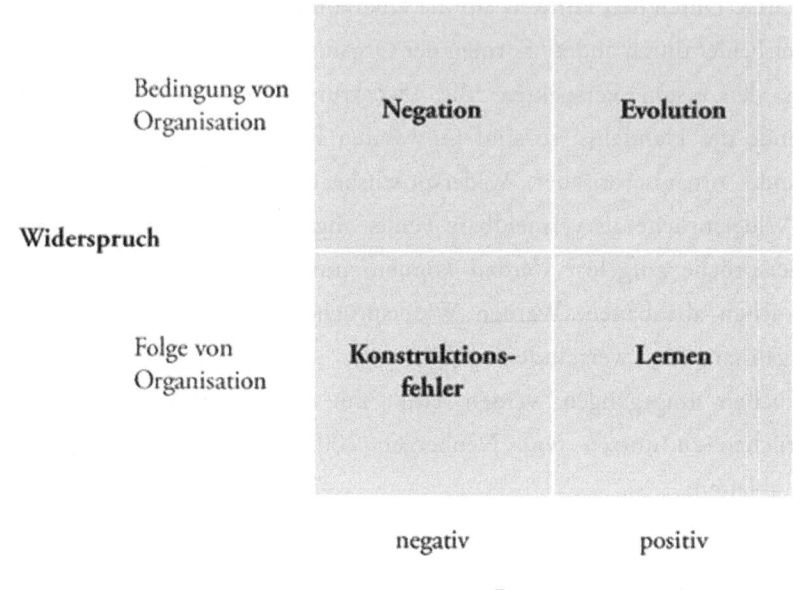

Abbildung 2: Mögliche Sichten auf Widersprüche
Quelle: Eigene Darstellung

Für die Existenz der Widersprüche ist diese Unterscheidung noch nicht relevant, sie wird jedoch prägend für den Entwurf von Handlungsmöglichkeiten sein. Die Neuerung dieser Arbeit liegt im organisationstheoretisch fundierten Nachweis von Widersprüchen in Projektorientierten Organisationen. Das zu entwickelnde Analyse-Modell soll jedoch ebenso für die Identifizierung von Widersprüchen andersartiger Organisationsformen genutzt werden können. Der folgende Abschnitt erläutert, an welchen Zielen sich diese Arbeit messen lassen muss.

1.2 Zielsetzung und Forschungsdesign

Ziel dieser Arbeit ist es, die Existenz und die Bewältigungsmöglichkeiten von Widersprüchen in Projektorientierten Organisationen zu erfassen und darzustellen. Dazu wird folgenden drei Leitfragen nachgegangen:

(1) Wie lässt sich die Existenz von Widersprüchen in Projektorientierten Organisationen feststellen?

(2) Welche Widersprüche sind in Projektorientierten Organisationen konkret feststellbar und welche Konflikte ergeben sich daraus?

(3) Welche Möglichkeiten stehen für den Umgang mit diesen Widersprüchen zur Verfügung?

Der Zweck dieser Arbeit lautet, die Handlungsfähigkeit der Mitglieder Projektorientierter Organisationen auch in widersprüchlichen Situationen und Konstellationen zu ermöglichen. Daraus abgeleitet, verfolgt diese Arbeit zwei übergeordnete Forschungsziele: Die Identifikation möglicher Widersprüche (FZ 1) und das Aufzeigen der Bearbeitungsmöglichkeiten dieser Widersprüche (FZ 2). Aus diesen Zielen werden zwei projektwissenschaftliche Forschungsaufträge abgeleitet (FA 1.2, FA 2.2), die durch jeweils einen organisationswissenschaftlichen vorbereitet werden (FA 1.1, FA 2.1). Die folgende Tabelle verdeutlicht die Zielableitung:

Tabelle 1: Forschungsziele und -aufträge

Ziel	Erfassung und Bewertung des projektorientierten Managements als Organisationsprinzip			
These	Es existieren zahlreiche Widersprüche zwischen und innerhalb der Prinzipien Projektorientierter Organisationen. (T 1)		Es existieren Umgangsformen für Widersprüche in Projektorientierten Organisationen. (T 2)	
Forschungs-frage	Welche Widersprüche bestehen in Projektorientierten Organisationen? (FF 1)		Welche Umgangsformen sind für den Umgang mit Widersprüchen in Projektorientierten Organisationen geeignet? (FF 2)	
Forschungs-auftrag	Entwickeln eines Analysemodells für Widersprüche in Organisationen (FA 1.1)	Identifizieren von konkreten Widersprüchen zwischen und innerhalb der Prinzipien Projektorientierter Organisationen (FA 1.2)	Erarbeiten allgemeiner Muster für den Umgang mit Widersprüchen (FA 2.1)	Konkretisieren der Bewältigungsmuster für die Widersprüche Projektorientierter Organisationen (FA 2.2)

Quelle: Eigene Darstellung

Diese Arbeit ist als eine Grundlagenarbeit anzusehen, welche die Widersprüchlichkeit der Projektorientierten Organisationen konzeptionalisiert. Das praktisch vollkommene Fehlen eines Referenzpunktes für das Organisationsprinzip des projektorientierten Managements (vgl. Einleitung) legt ein explorativ-qualitatives Forschungsdesign und die Neuentwicklung eines Analysemodells nahe. WOLF betont, dass gerade für die explorative Forschung ein Theoriebezug notwendig ist, um inhaltliche Argumente „vom Einzelfall abstrahieren" zu können, das „forscherseitige Risiko" und die „Anschlussfähigkeit in der Wissenschaftsdisziplin" zu erhöhen sowie die „relative Subjektivität der Forschungsperspektive" zu betonen. Des Weiteren ermöglicht ein Theoriebezug die Analyse des Gegenstand in seinem zeitlichen Kontext (vgl. Wolf, 2005: 45f.).

Auf Basis der historischen Entwicklung der Organisationstheorien wird daher ein Analyseinstrument entwickelt, mit welchem die Widersprüche sichtbar gemacht werden können. Das Ergebnis dieses Schrittes ist ein Strukturmodell von Organisationen mit besonderem Fokus auf die Widersprüchlichkeit. Dieses Modell hat den Anspruch, als „Entwurf für etwas zu Gestaltendes, für eine erst zu schaffende Wirklichkeit" (Rietiker, 2006: 34) gelten zu können. Das Analysemodell soll einerseits so abstrahiert sein, dass es eine Wiederverwendung für die Analyse unterschiedlicher Organisationen und Organisationsprinzipien erlaubt. Andererseits wird der Anspruch erhoben, das Modell so auszuarbeiten, dass es konkrete Widersprüche für die Handelnden in Projektorientierten Organisationen deutlich macht. Dies geschieht nicht mit dem Ziel, eine detaillierte Anleitung für das Ausgestalten einer „perfekten" Organisation zu erarbeiten. Die Möglichkeiten der konkreten Ausgestaltungen sollen bewusst offen gelassen werden (vgl. Ulrich, 2001).

An den Entwurf schließt sich die Anwendung und die Konkretisierung für Projektorientierte Organisationen an. Ausgehend von den Forschungszielen und den daraus abgeleiteten Forschungsaufträgen, wird die Untersuchung in fünf Schritten durchgeführt. Durch diesen Aufbau werden das Problem verstehend erfasst (1, 2), das Phänomen erklärend analysiert (3, 4) und die praktischen Konsequenzen beschrieben (5).

Tabelle 2: Forschungsdesign

Schritt	Gegenstand	Methoden
1. Problemidentifikation	Temporäre und permanente Organisationen	Literaturanalyse
2. Modellentwicklung	Entwicklung eines Modells zur Analyse von Widersprüchen in Organisationen	Literaturanalyse
3. Exploration: Anwendung des Modells	Empirische Anwendung des Widerspruchsmodells im Rahmen einer Fallstudie	Fallstudie • Expertenbefragung • Repertory Grid Interviews
4. Handlungsanalyse	Zusammenfassung der Bewältigungsstrategien	Literaturanalyse
5. Praxisbezug	Anwendung der Bewältigungsstrategien auf die Widersprüche Projektorientierter Organisationen	Ableitung

Quelle: Eigene Darstellung

1.3 Aufbau der Arbeit

Nach der Einleitung in Kapitel 1 führen vier eigenständige Kapitel an die Widersprüche in Projektorientierten Organisationen und Möglichkeiten zu ihrer Bewältigung heran:

Kapitel 1: Nach der Herleitung der Grundunterscheidung temporärer und permanenter Organisation als Problemstellung dieser Arbeit wurden die Forschungsaufträge und das daraus resultierende Forschungsdesign abgeleitet.

Kapitel 2: Die begrifflichen und konzeptionellen Grundlagen der für das Organisationsprinzip, den Widerspruch und die Projektorientierung werden in Kapitel 2 erarbeitet. In jedem der drei Fälle wird für eine erste Annäherung die historische Entwicklung der Begriffe in der gebotenen Kürze rekonstruiert und die zugrunde liegenden Konzepte für die Forschung operationalisiert. Aus den Entwicklungslinien der Organisationstheorien werden die drei grundlegenden Fragen nach dem Was, dem Wie und dem Warum von Ordnung abgeleitet, die als institutionelles, funktionales und instrumentelles Verständnis von Organisation vorgestellt werden. Daran schließt sich eine Schärfung des weit verbreiteten Begriffs des Widerspruchs und eine Einordnung der verwandten Begriffe, wie Paradoxie, Dilemma oder Dualität, an. Als Basis für die empirische Anwendung des im zweiten Kapitel entwickelten Modells von Widersprüchen wird abschließend in das seit Beginn der 1990er Jahre diskutierte Konzept der Projektorientierung als Organisationsprinzip eingeführt.

Kapitel 3: An die theoretischen Grundlagen schließt sich die Entwicklung eines Modells von Widersprüchen in Organisationen an. Dazu werden der institutionelle, der funktionale und der instrumentale Organisationsbegriff in jeweils drei Kategorien unterteilt. Diese definieren die möglichen Themengebiete der organisationalen Forschung und helfen, die grundsätzlichen Dualitäten von Organisationen analysierbar zu machen. Anhand verschiedener Organisationstheorien werden die theoretisch erwartbaren Widersprüche in Organisationen hergeleitet.

Kapitel 4: Nachdem die theoretischen Vorarbeiten abgeschlossen sind, wird das entworfene Modell die Grundlage für eine empirische Analyse sein. Das Modell wird genutzt, um die Widersprüche in einer Projektorientierten Organisation sichtbar zu machen. Dazu wurde eine Fallstudie bei einem IT-Dienstleister durchgeführt. Als Datenquellen wird neben einer Dokumentenanalyse auch auf die Ergebnisse explorativer Experteninterviews und einer standardisierten Repertory Grid Erhebung zurückgegriffen. Die Ergebnisdarstellung orientiert sich stringent an den Dimensionen und den Kategorien des zuvor entwickelten Analysemodells. Durch dieses Vorgehen werden die theoretisch erwartbaren Widersprüche um die empirisch erhobenen Widersprüche ergänzt. Auf dieser Basis wird ein Konzept der Projektorientierten Organisation entworfen.

Kapitel 5: Die abschließende Diskussion interpretiert die Widersprüche zwischen unterschiedlichen Organisationsprinzipien und innerhalb der Projektorientierung als Anlässe, Treiber, aber auch Hemmnisse für Lernen in Organisationen. Es wird diskutiert, inwieweit ein Paradigmenwechsel im Management notwendig ist, um ein Lernen aus Widersprüchen überhaupt erst zu ermöglichen. Letztendlich wird die Frage beantwortet, wie Widersprüche und die ihnen innewohnende Energie produktiv nutzbar gemacht werden können. Die nachfolgende Abbildung 3 verdeutlicht die Argumentationsstruktur der Arbeit:

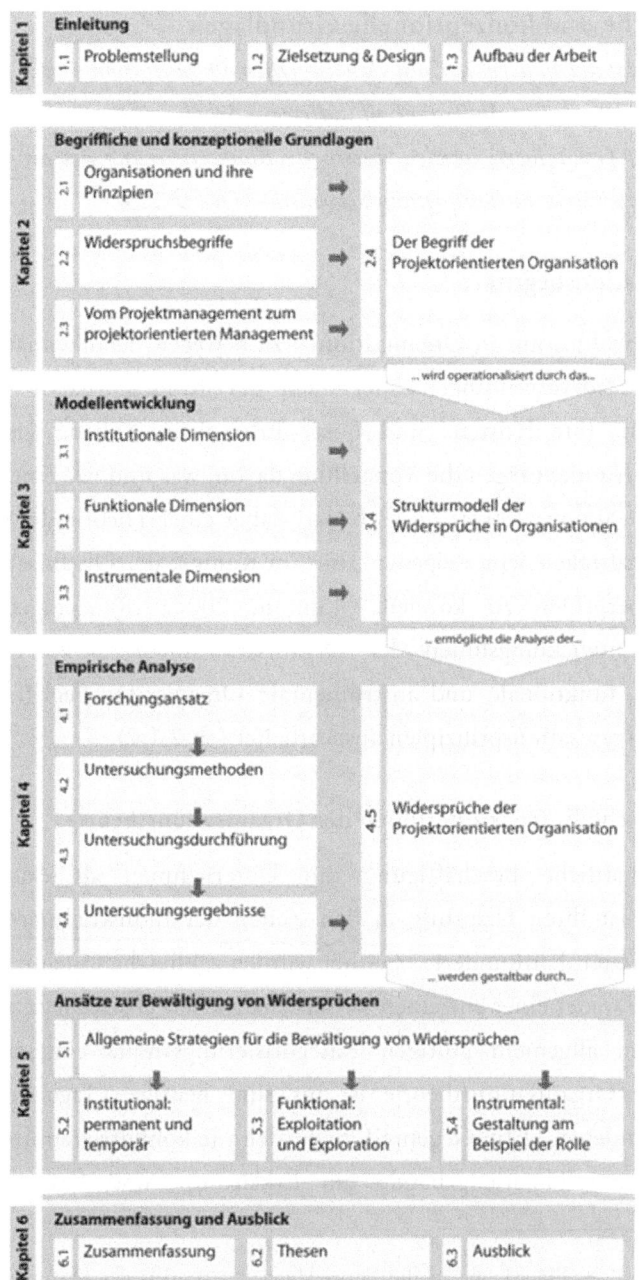

Abbildung 3: Argumentationsstruktur der Arbeit
Quelle: Eigene Darstellung

2 Begriffliche und konzeptionelle Grundlagen

Das folgende Kapitel nähert sich mit den Begriffen Organisation (→ 2.1) und Widerspruch (→ 2.2) dem Analyseinhalt dieser Arbeit. Diese begrifflichen und konzeptionellen Grundlagen werden durch die Konkretisierung des projektorientierten Managements als Organisationsprinzip vervollständigt (→ 2.3).

2.1 Organisationsbegriff

Wir sind es gewohnt, uns in Organisationen zu bewegen. Krankenhäuser, Betriebe, Sportvereine, Stadtverwaltungen oder auch der Kindergarten – all dies sind Organisationen. Ihre Existenz und unser Erleben in Rollen, wie Mitarbeiter, Mitglied oder Kunde, prägen die Vorstellung davon, was und wie eine Organisation sein kann (vgl. Simon, 2007a: 7). Es bedarf daher einer Theorie der Organisation, „um die Sinnhaftigkeit seines eigenen Tuns im Kontext der Organisation und ihrer Umwelten überprüfen zu können." (Simon, 2007a: 8). Eingebettet in die historischen Entwicklungslinien der Organisationstheorie (→ 2.1.1) wird der institutionelle, funktionale und instrumentale Organisationsbegriff als Rahmenkonzept für Organisationsprinzipien ausgearbeitet (→ 2.1.2).

2.1.1 Historische Entwicklungslinien der Organisationstheorie

Die wissenschaftliche Beschäftigung mit Unternehmen als Ausprägung von Organisation hat ihren Ursprung in den Zeiten der Industrialisierung Mitte bis Ende des vorletzten Jahrhunderts.[8] Seither wurden zahlreiche Organisationstheorien entwickelt, die weder einer einzelnen wissenschaftlichen Disziplin zuzuordnen sind, noch in einen allgemein gültigen Kategorisierungsansatz eingeordnet werden können. „Die Organisationstheorie ist bis zum heutigen Tage *keine homogene Disziplin* geworden. [...] Im Gegenteil, mehr denn je konkurrieren unterschiedliche Perspektiven und Theoriengebäude um Erklärungs- und Gestaltungsrelevanz"

---

8   Eine historische Einordnung in die Entwicklung des Begriffs der Organisation und dessen Bedeutung für die gesellschaftliche Differenzierung seit dem Übergang vom Mittelalter in die Frühen Neuzeit im 16. Jahrhundert finden sich bei: Türk/Lemke/Bruch (2006): Organisation in der modernen Gesellschaft – Eine historische Einführung.

(Schreyögg, 2003: 29). Wirtschaftswissenschaften[9], Arbeitswissenschaften, Erziehungswissenschaften, Psychologie oder Soziologie haben jeweils eigene Blickwinkel und Schwerpunkte in ihrem Blick auf Organisationen und Unternehmen ausgeprägt. Unterschiedliche Zugänge ergeben sich jedoch nicht allein aus den wissenschaftlichen Disziplinen. Ebenso sind der jeweilige historische Kontext und seine Interpretation prägend. Die Entwicklung der politischen und gesellschaftlichen Zusammenhänge ist in der Differenzierung der Organisationstheorien rekonstruierbar. Die Zunahme der Organisationstheorien kann vor dem Hintergrund der historischen Entwicklung als ein Spiegelbild der Komplexitätssteigerung der gesellschaftlichen Verhältnisse interpretiert werden.

So markieren die, nach dem Phasenmodell von SCOTT[10] als klassisch bezeichneten Organisationstheorien zwischen 1890 und 1930 den fortschreitenden Wandel von der Agrar- zur Industriegesellschaft (vgl. Scott, 1961). Diese Zeit ist gekennzeichnet von einer zunehmenden Durchdringung aller gesellschaftlichen und wirtschaftlichen Bereiche mit Organisationen (vgl. Türk/Lemke/Bruch, 2006: 192).[11] Die Entwicklung der neo-klassischen Ansätze fällt mit der 1929

---

9   WOLF hat verdeutlicht, dass sich die drei "Theoriewelten" Organisations-, Management und Unternehmensführungstheorien in hohem Maße überschneiden und unter dem Ansatz der Betriebswirtschaftslehre betrachtet werden sollten. Alle drei Richtungen beschäftigen sich mit der Reflektion und dem Erklären von Gestaltungshandlungen und thematisieren in erster Linie übergeordnete Organisationsentscheidungen (Wolf, 2005: 39ff.) Für den hier vorliegenden Kontext scheint eine kategorische Trennung dieser Disziplinen – von der Wolf generell abrät – daher unnötig. Es wäre eine Unterscheidung, die keinen Unterschied macht. Im schlechtesten Fall würde eine solche Trennung die Interdependenzen sogar verschleiern.

10 Das erstmalig 1961 vorgestellte 3-Phasenmodell von SCOTT ist eine rein zeitliche Gliederung, die klassische Ansätze, neo-klassische Ansätze und moderne Ansätze unterscheidet. Insbesondere die Zusammenfassung der nach dem Zweiten Weltkrieg entstandenen Ansätze als modern ist eine „Sammelstelle für die unterschiedlichsten Ansätze" (Schreyögg, 2003: 31). Einführungen in die historische Entwicklung der Organisationstheorien geben u.a.: Kieser/Ebers, 2006; Schreyögg, 2003; Vahs, 2009; Türk/Lemke/Bruch, 2006.

11 Als Wurzeln der klassischen Ansatzes gelten MAX WEBERS „Wirtschaft und Gesellschaft" (Weber, 2006, erstmals 1921), FREDERICK WINSLOW TAYLORS „The principles of scientific management" (Taylor, 1913, erstmals 1911) und HENRY FAYOLS „Administration industrielle et generale" (Fayol, 1970, erstmals 1918).

einsetzenden ersten Weltwirtschaftskrise zusammen. In der Volkswirtschaftslehre wird in dieser Zeit die reine Produktionsorientierung um die Nachfrageorientierung ergänzt. In den Organisationswissenschaften tritt neben die Makroperspektive eines die Struktur betonenden Objektivismus die Mikroperspektive des handelnden Individuums. Während WEBER das organisationstheoretische Ideal der Unpersönlichkeit einer Organisation formuliert hat (vgl. Weber, 2006: 563), kommen die neo-klassischen Ansätze zu der Erkenntnis, dass die sozio-emotionalen Bedingungen in Organisationen einen erheblichen Einfluss auf die Arbeitsleistung ausüben können[12]. Dem rein mechanistischen Maschinenmodell wird in dieser Zeit das behavioristisch geprägte Interaktionsmodell zur Seite gestellt. In den verhaltenswissenschaftlichen Arbeiten von CHESTER I. BARNARD (1886-1961)[13] wird erstmalig ein Umweltbezug von Organisationen thematisiert. Seine Arbeiten erweitern die reine Binnenorientierung der klassischen Konzepte um die Außenperspektive und den Umweltbezug von Organisationen (vgl. Schreyögg, 2003: 46ff.).

Die vom Zweiten Weltkrieg bis heute entwickelten Organisationstheorien, wie von SCOTT vorgeschlagen, geschlossen als „Moderne Ansätze" zu begreifen (vgl. Scott, 1961) kann heute nicht mehr als angemessen angesehen werden. Der Begriff „Modern" hat das Abgrenzen von den klassischen Denkansätzen ermöglicht. Die Organisationstheorien haben sich bis heute aber nicht linear-sequentiell

---

12 Die von 1924-1932 durchgeführten Hawthorne Experimente untersuchten die physischen Einflussfaktoren auf die Arbeitsproduktivität und bildeten damit die Grundlage für den Human Relations-Ansatz (vgl. Kieser/Ebers, 2006).

13 Barnards Arbeiten sind als „Anreiz-Beitrag-Theorie" in der Organisationstheorie bekannt. Sein Verständnis von Organisation war das eines nach Gleichgewicht strebenden fragilen Systems, das die formalen und informalen Beziehungen genauso auszubalancieren versucht wie die internen und externen Einflüsse und eben die Anreize (erwartbare Leistungen der Organisation) und die Beiträge (Leistungen der Mitarbeiter). Diese Balance führt dazu, dass die Individuen in Organisationen kooperieren (vgl. Schreyögg, 2003: 48ff.). Barnard wird die Einführung des Systembegriffs in die Organisationstheorie zugeschrieben, der unter anderem von Herbert Simon und Niklas Luhmann weiter ausgearbeitet worden ist (vgl. Meyerhoff, 2006).

weiterentwickelt. Die Ansätze sind ausgesprochen heterogen und schließen einander zum Teil aus. Theorien, wie der situative, der institutionen-ökonomische oder der wettbewerbsstrategische Ansatz, führen die Paradigmen der klassischen und neoklassischen Ansätze fort. Auf der anderen Seite brechen neuere Entwicklungen mit Grundannahmen, wie Rationalität (Postmoderne Ansätze), Steuerbarkeit (Neuere Systemtheorie) oder der Stabilität als Normalzustand von Organisationen (Evolutionstheoretische Ansätze). Ob überhaupt und mit welchem Begriff die Zeit seit den 1970er Jahre als Epoche umfassend bezeichnet werden kann, wird sich erst im historischen Rückblick erweisen.[14] Die von HABERMAS als „neue Unübersichtlichkeit" titulierte Entwicklung der staatspolitischen Ordnung (vgl. Habermas, 1985) zeigt sich auch in den Organisationstheorien. Neue Theoriestränge haben die bisherigen in ihrem Geltungsanspruch nicht ersetzt, sondern erweitert. Die Zahl der verfügbaren und praxisrelevanten Theorien ist exponentiell angestiegen.

2.1.2 Organisationen und ihre Prinzipien

Organisationen: In allen Theoriesträngen der Organisationsforschung sind mindestens implizit Annahmen und Aussagen zu drei Grundfragen enthalten. Diese sind:

- Warum existiert die Organisation?

- Wodurch entsteht Ordnung in der Organisation?

---

14   Der Begriff „modern" als Adjektiv genutzt, grenzt das Heute gegen die Vergangenheit ab. In diesem Sinne ist die aktuelle Perspektive stets als modern zu bezeichnen. Geschichtswissenschaftler bezeichnen die Zeit von 1820 bis ca. 1950 als Moderne. Eine allgemein gültige Epochenbezeichnung für den Zeitraum von 1950 bis heute ist bis jetzt nicht etabliert. LYOTARD hat zu Beginn der 1980er Jahre den Begriff „postmodern" in der Diskussion populär gemacht (zu den Varianten, der Essenz und den Dimensionen postmoderner Organisationstheorien sei auf HOLTBRÜGGE verwiesen (vgl. Holtbrügge, 2001)). Seit dem Beginn der 1990er Jahre versucht beispielsweise der Soziologe ULLRICH BECK, mit dem Begriff der „zweiten Moderne" die zunehmende Globalisierung als Grundthema gesellschaftlicher Entwicklungen zu etablieren. Bislang ist jedoch nicht abzusehen, ob sich in den Sozialwissenschaften eine einheitliche Kategorisierung durchsetzt (vgl. Beck/Bonns, 2001).

BEGRIFFLICHE UND KONZEPTIONELLE GRUNDLAGEN

- Was ist die Ordnung der Organisation?

Die Beschäftigung mit diesen drei Fragen ist in den Organisationstheorien weitverbreitet. Sie werden dort als institutionales (Warum existiert die Organisation?), funktionales (Wodurch entsteht Ordnung in der Organisation?) und instrumentales Organisationsverständnis (Was ist die Ordnung in der Organisation?) thematisiert (vgl. Schreyögg, 2003: 4ff.; Wolf, 2005: 37ff.; Olfert, 2006: 23ff.; Gomez/Zimmermann, 1999).

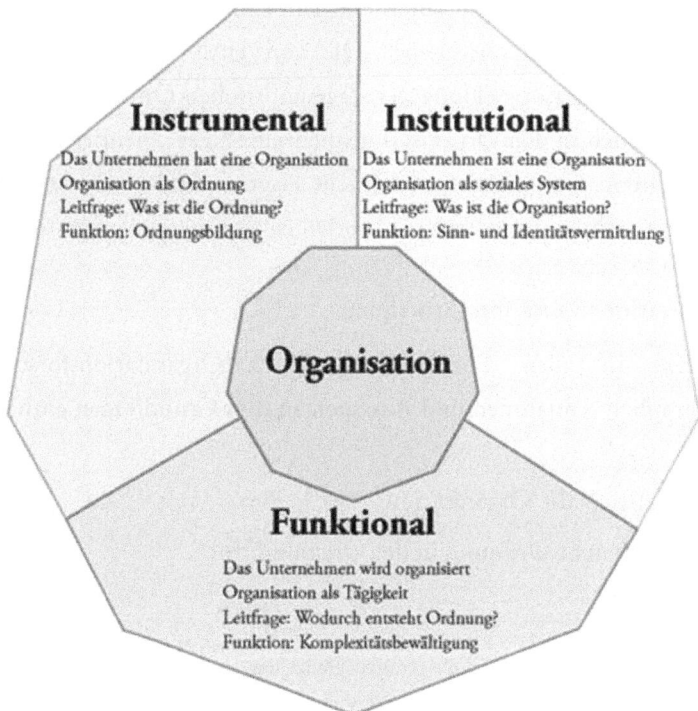

Abbildung 4: Institutionaler, funktionaler und instrumentaler Organisationsbegriff

Quelle: Eigene Darstellung in Anlehnung an Gomez/Zimmermann (1999: 13).

Soll der Begriff der Organisation wissenschaftlich genutzt werden, so muss mindestens konkretisiert sein, welche Analyseposition eingenommen wird: Steht im Fokus, dass ein Unternehmen eine Organisation ist (institutional), wie die Organisation des Unternehmens entsteht (funktional) oder wie die Ordnung des Unternehmens ausgeprägt ist (instrumental)? Es ist wichtig, die Form der

Organisation von der Funktion des Organisierens und der Ordnung zu unterscheiden, um das weite Begriffsfeld der Organisation handhabbar zu machen. Durch die Anwendung des institutionalen, funktionalen und instrumentalen Zugangs auf die historische Entwicklung der Organisationstheorien kann sichtbar gemacht werden, zu welcher Zeit neue Denkrichtungen Einzug in die Organisationstheorien gehalten haben.

Die Vorstellung davon, ob eine Organisation (in ihrer Form als Unternehmen) zum Beispiel als technomorphes Gebilde (vgl. Gaitanides, 2008; Hammer/Champy, 1995), als Netzwerk (vgl. Bienert, 2002; Kruse, 2004; Sydow, 2003), als soziales System (vgl. Luhmann, 2000; Baecker, 1999) oder als Organismus (vgl. Hannan/Freeman, 1979) gedacht wird, entstand in einer historischen Reihenfolge, ohne das die bisher gültigen Vorstellungen obsolet geworden wären.

Organisationsprinzipien
Prinzipien[15] entsprechen einem „von den Gesetzen der objektiven Realität abgeleiteter Grundsatz, der dem Menschen in seinem Denken und Handeln als Leitbild dient" (Das digitale Wörterbuch der deutschen Sprache 2008).[16] Organisationsprinzipien sind somit Vorstellungen von Zielen, Aufgaben und dem Funktionieren einer Organisation. Sie können als Ergebnis intendierter oder emergenter Prozesse in Organisationen angesehen werden. Im engeren betriebswirtschaftlichen Sinne bezeichnen die Organisationsprinzipien „grundsätzliche Aussagen über eine möglichst zweckmäßige Gestaltung der organisatorischen Strukturierung" (Gablers Wirtschaftslexikon, 1993: 2511). HERBERT A. SIMON vertritt die Meinung, dass Organisationsprinzipien

---

15 Der Begriff Prinzip leitet sich vom lateinischen „principium" ab. Das Prinzip bezeichnet eine feste Regel, einen Grundsatz, die jemand "zur Richtschnur seines Handelns macht, durch die er sich in seinem Denken und Handeln leiten lässt" (Duden/Drosdowski, 1980: 2042). Dies kommt der Definition von Projektorientierung Projektmanagement Lexikon von MOTZEL sehr nahe. Er definiert Projektorientierung als, "auf die Leistungserbringung in Form von Projekten ausgerichtetes Denken und Handeln" (Motzel, 2006: 169).

16 Quelle: http://www.dwds.de/?kompakt=1&qu=Prinzip; Zugriff: 10.06.2008

unzureichend empirisch fundiert seien und kritisiert sie auch wegen der, aus seiner Sicht mangelnden Generalisierbarkeit als „Sprichwörter, Folklore oder Bauernregeln" (Kieser, 2006b: 100). Sie unterscheiden sich somit von dem Geltungsanspruch der Organisationstheorien, welche sich den Kriterien wissenschaftlicher Argumente stellen müssen, nicht jedoch von ihrem Inhalt. Auch Organisationsprinzipien operieren mit den drei oben vorgestellten Leitfragen. Organisationsprinzipien sind insbesondere für die Praxis attraktiv, „weil sie die Komplexität des Gestaltungsproblems reduzieren" und unterstützen, dass bestimmte Lösungsmuster unter Praktikern schnelle Verbreitung finden. Sie sind oftmals normative Setzungen, Konstruktionen und formulieren Paradigmen (Kieser, 2006b: 100ff.).[17] Diese Eigenschaften können auch als das bewusste Zulassen einer Unschärfe verstanden werden. Schon HENRY FAYOL formulierte: „Ich meinerseits möchte den Begriff des Prinzips verwenden und ihm zugleich jeden Hauch von Rigidität nehmen, denn es gibt nichts Rigides oder Absolutes in Geschäftsangelegenheiten, es ist alles eine Frage des Verhältnisses, der Relation" (Fayol, 1970: 19; zitiert nach Wolf, 2005). Projektorientiertes Management, so wird im weiteren Verlauf der Arbeit deutlich werden, ist bisher mehr ein Organisationsprinzip denn eine Theorie. Durch die Anwendung der drei Leitfragen der Organisationstheorie wird jedoch eine Annäherung an eine auszubildende Theorie des Projektorientierten Managements und ihrer Erscheinungsform der Projektorientierten Organisation unternommen.

---

17   Zur Vertiefung des Begriffs „Paradigma", die Übergangsphase zwischen den Paradigmen und dem Paradigmenwechsel, sei hier auf „Die Entstehung des Neuen: Studien zur Struktur der Wissenschaftsgeschichte" von THOMAS S. KUHN verwiesen (vgl. Kuhn, 2002). In der Organisationssoziologie werden die Glaubenssätze über die Organisation und Führung unter dem Begriff der Managementparadigmen diskutiert (vgl. Kühl, 2002; Kalkowski/Mickler, 2002; Grunwald, 2006). Paradigmen umfassen unter anderem Aussagen darüber, wie und wodurch Ordnung in Organisationen entsteht (vgl. Schreyögg, 2003: 230ff.)

2.2 Widerspruchsbegriffe

„Das Gleiche lässt uns in Ruhe, aber der Widerspruch ist es, der uns produktiv macht."
Goethe, 1827

(Quelle: Ekermann, 1848: 619)

Worte wie Dualität, Paradoxie, Dilemma, Ambivalenz, Ambiguität, Dialektik oder Antinomie entstammen unterschiedlichen wissenschaftlichen Perspektiven und zeitlichen Epochen. Sie sind alle der Begriffswelt des Widerspruchs zuzuordnen, werden jedoch teilweise synonym oder sich überschneidend genutzt. Trotz oder möglicherweise gerade wegen der langen und disziplinübergreifenden Auseinandersetzung mit dem Widerspruch gibt es keine allgemein verbindliche Definition. In der Alltagssprache sind viele der oben genannten Begriffe ebenfalls weit verbreitet. Aufforderungen wie „Sei spontan", „Sei selbstständig" verweisen auf Paradoxien (vgl. Simon, 2007c). Die „Wahl zwischen Pest und Cholera" beschreibt ein Dilemma (vgl. Tuckermann, 2007: 1). Die Nutzung dieser Begriffe im täglichen Sprachgebrauch zeugt von ihrer Relevanz und stellt eine große Anschlussfähigkeit sicher. Um sie jedoch einer wissenschaftlichen Analyse zugänglich zu machen, müssen sie konkretisiert und gegen verwandte Begriffe abgegrenzt werden (vgl. Schreyögg, 2003: 4). In dieser Arbeit wird der Begriff des Widerspruchs als Obergriff genutzt. „Er scheint als Schirm über die gesamte Vielfalt an Unvereinbarem, Gegensätzlichem und Dualem zu dienen, welches die Alltagswelt im Denken und Handeln bestimmt." (Müller-Christ, 2007a: 133)

Die organisationstheoretische Literatur der letzten 20 Jahre nutzt im Schwerpunkt die Worte Dualität, Widerspruch, Paradoxie und Dilemma: „Diese alten Konzepte aus der Philosophie wurden als analytische Instrumente in die Organisationsforschung eingeführt, um neue Erklärungen für Situationen des zunehmenden Wandels, Turbulenzen und Wettbewerbs zu finden." (Ehnert, 2007: 326). Eine inhaltliche Schärfung hat jedoch auch in dieser Phase nicht stattgefunden. Wie sich insbesondere bei der Bearbeitung von Widersprüchen zeigen wird, ist eine analytische Trennung der Begriffe sehr wichtig. In dieser Arbeit bildet das Konzept der Dualität als eine Möglichkeit der Welterschließung die logische Bedingung für die Entstehung von Widersprüchen (→ 2.2.1).

Widersprüche können konträre oder kontradiktorische Formen annehmen (➔ 2.2.2) und werden in der Denkform der Paradoxie (➔ 2.2.3) oder als Handlungsform des Dilemmas (➔ 2.2.4) wahrnehmbar.[18]

2.2.1 Dualität

Der Mensch erschließt sich die Welt durch Unterscheidung und baut so logisch abgegrenzte Einheiten auf. Identität und Differenz bilden eine Grundkategorie des westlichen Denkens (vgl. Baecker 1999, 2005). In der Konsequenz ist das Denken in Begriffspaaren, wie Geist/Natur, Individuum/Gesellschaft, Mann/Frau, oben/unten, Himmel/Hölle oder richtig/falsch, geprägt. Diese Form des zweiwertigen Denkens wird als Dualität bezeichnet. Die Beschäftigung mit Dualitäten lässt sich „als Fokussierung auf die Differenz" auffassen (Hagenbüchle, 2002: 28). Die Differenz ist das Ergebnis eines mentalen Prozesses und lenkt die Aufmerksamkeit auf die getroffene Unterscheidung und damit auf den möglichen Widerspruch (vgl. Attems, 1996: 529).

Der Begriff der Dualität zeichnet sich durch Entweder-Oder-Situationen aus und bezeichnet damit das zweiwertige Grundmuster aller aristotelischen Formen von Widersprüchen (Fontin, 1997: 24). Das Besondere an den Dualitäten ist, dass in ihnen der Widerspruch nur potentiell mitschwingt. Dazu FONTIN: „Bestimmende Eigenschaft der Dualität ist es, dass mit diesen Polaritäten gerade keine *Lösungs- oder Entscheidungsperspektive* verknüpft ist. Dualitäten bestehen in der Gleichzeitigkeit von Pol und Gegenpol [...] Dualitäten können daher als Gegensatzpaare verstanden werden, aus denen sich zwar konkrete Probleme ergeben können, die aber selbst nicht problematisch sind." (Fontin, 1997: 80). Entscheidend ist, dass ein Auflösen der beiden Pole nicht aus dem Gegenstand selbst, sondern immer nur aus der Situation und dem Kontext begründbar ist.

Die Wirkung von Dualitäten als Widerspruch entsteht erst durch die nebeneinander existierenden Prämissen, wenn entschieden (als psychischer Akt)

---

18 Die Dissertationen von FONTIN und GRIMM sowie ein Aufsatz von EHNERT geben einen breiten Überblick über die Thematisierung von Widersprüchen in der wirtschaftswissenschaftlichen Literatur (vgl. Ehnert, 2007; Fontin, 1997; Grimm, 1999).

oder gehandelt (als Realisierung einer Entscheidung) werden muss. Widersprüche unterscheiden sich darin, ob sie im Verlaufe der Zeit durch Entscheidung oder Handlung aufgelöst werden können. Die folgende Abbildung gibt einen Überblick über die Widerspruchsformen, die sich aus der dualistischen Welterschließung ergeben. Diese Begriffe werden nun nacheinander bearbeitet.

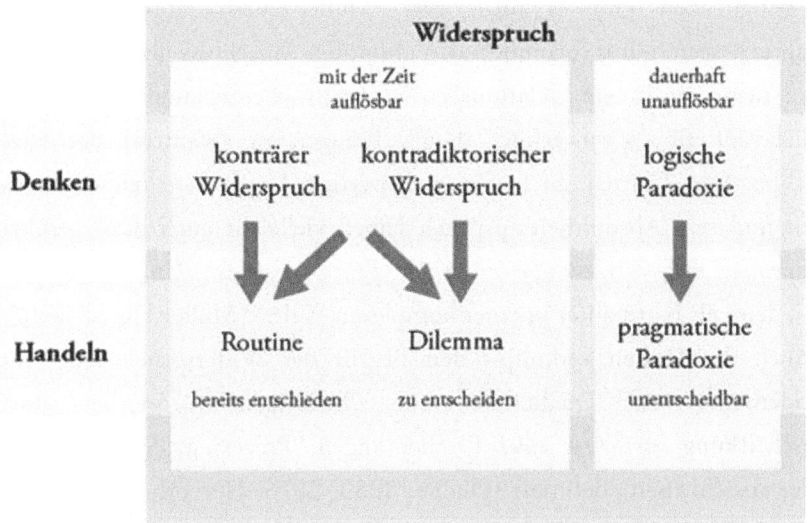

Abbildung 5: Systematik der Widerspruchsbegriffe
Quelle: Eigene Darstellung

2.2.2 Widerspruch

Der Widerspruch steht gleichsam für den lateinischen Begriff „contradictio" = das Widersprechen, wie auch für die Begriffe „discrepantia" und „repugnantia" = Mangel an Übereinstimmung, Disharmonie oder Widerstreit (vgl. Grimm, 1999: 30). Der Widerspruchsbegriff vereint damit den absoluten Ausschluss zweier Aussagen und den offensichtlich weicher abgestuften Widerstreit. Die „contradictio" lässt sich auf die aristotelische Logik und den Satz vom Widerspruch (principium contradictionis) zurückführen. Es geht „nicht[,] wahr zu reden [...], wenn man über ein Identisches gleichzeitig einander widersprechende Behauptungen aufstellt." (Klaus/Buhr, 1985: 1303). Dieser Satz zählt zu den grundlegenden Axiomen der Logik und Erkenntnistheorie, in denen er als eines der

Grundgesetze des Denkens gilt. Auf ihm fußen die meisten westlichen Wissenschaften (vgl. Dingler, 1931: 19ff.).

Dem Satz vom Widerspruch steht der Satz von ausgeschlossenen Dritten (Tertium non datur) zur Seite: Wenn es zwei einander widersprechende Aussagen über ein Objekt oder einen Zustand gibt, ist eine von beiden falsch. Eine weitere, dritte Möglichkeit gibt es nicht (vgl. Müller-Christ, 2007a: 131). Dieses Widerspruchsverständnis formuliert den absoluten Ausschluss der beiden Aussagen. Diesem liegt somit ein relationales Widerspruchsverständnis zugrunde, das zusätzlich auf eine zweiwertige[19] Logik bezogen ist (während der Satz vom ausgeschlossenen Dritten auch für mehrwertige Logiken gelten kann.) „Seine Klarheit und sein Absolutheitsanspruch haben vielleicht auch dazu geführt, dass Widersprüche mehr als zu *überwindender Erkenntnisfehler* (Unlogik) interpretiert werden, denn als Normalität in einer komplexen Welt." (Müller-Christ, 2007a:132)

Auch der Duden verknüpft den Begriff des Widerspruchs eng mit dem Vorhandensein von Dualitäten. Die Widersprüche werden dort als „Wechselwirkung *zwischen zwei* Erscheinungen, Prozessen, Systemen o.ä., die einander ausschließen" definiert (Duden, 1980: 2876, Hervorhebung d. d. A.). In einer durch Dualitäten erschlossenen Welt können sich zwei schon von Aristoteles beschriebene Kategorien[20] von Widersprüchen entwickeln: kontradiktorische und konträre.

Kontradiktorischer Widerspruch
Ein kontradiktorischer Widerspruch leitet sich aus der einander ausschließenden Bejahung und Verneinung eines Objekts oder Zustands ab. Ein Beispiel dafür ist die Beschreibung eines Stuhls als „weiß" und „nicht-weiß". Es können nicht beide Aussagen richtig sein. Entweder die eine oder die andere Aussage ist richtig.

---

19 Für die vorliegende Arbeit gilt die Annahme, dass die Beschreibung der Wirklichkeit durch eine zweiwertige Logik viabel ist.

20 Aristoteles unterscheidet insgesamt vier Formen von Gegensätzen: Relation, Kontrarität, Beraubung und Habitus sowie Bejahung und Verneinung (Kontradiktion). Der Satz vom Widerspruch bezieht sich jedoch explizit auf die „Reinform" des kontradiktorischen Widerspruchs (vgl. Müller-Christ, 2007: 131f.).

Dadurch, dass die Verneinung allerdings alle Möglichkeiten außer „weiß" umfasst, ist in jedem Fall eine der beiden Aussagen richtig. Durch die Verneinung sind kontradiktorische Widersprüche immer auch komplementär. Die Bezeichnung eines Objektes als „lebendig" oder „nicht-lebendig" ist komplementär, da durch beide Begriffe alle Möglichkeiten abgedeckt sind. Eine wichtige Eigenschaft von komplementären Widersprüchen ist die klare Abgrenzbarkeit der beiden Zustände oder Eigenschaften. Es besteht kein Übergang zwischen beiden. Des Weiteren ergeben sie, gemeinsam betrachtet, ein abschließendes Ganzes.

Die kontradiktorischen sind im aristotelischen Sinne die „echten" Widersprüche. Sie sind in der Realität selten und treten eher als logische Kategorie in Erscheinung. Als Beispiele, die nicht nur die einfache Negation der jeweils anderen Aussage umfassen („wahr" – „nicht-wahr"), gelten neben „tot" und „lebendig" noch „männlich" und „weiblich" oder „richtig" und „falsch". Die weitaus häufiger anzutreffende Form ist der konträre Widerspruch, der sich besonders in Adjektivpaaren wie „neu" – „alt", „hoch" – „tief" oder „groß" – „klein" ausdrückt (vgl. Fill, 1993).[21]

Konträrer Widerspruch
Aristoteles unterscheidet neben kontradiktorischen auch konträre[22] Formen von Widersprüchen. Auch in dieser Widerspruchsform können nicht beide Aussagen richtig sein. Allerdings besteht in diesem Fall auch die Möglichkeit, dass beide Aussagen in ihren absoluten Ausprägungen falsch sind, da Kontrarität nicht auf einem abschließenden Identitätsverständnis beruht. Auf das Beispiel des Stuhls angewandt, wäre die Aussage, der Stuhl ist „schwarz" und „weiß" konträr. Beide Aussagen wären jedoch falsch, wenn der Stuhl einen grauen Farbton besitzt.

---

21 FILL verweist darauf, dass eine weitere Unterscheidung möglich ist. Gegensätze, wie links/rechts, oder Vorgesetzter/Untergebener heißen konvers-relative Gegensätze; *Vorgesetzter* ist konvers zu *Untergebener*. Die beiden Wörter beschreiben die Relation zwischen zwei Zuständen oder Objekten. Dabei bezeichnet jedes die Relation von einem zum anderen. Konvers-relative Gegensätze sind daher abhängig vom Standpunkt oder der Richtung der Betrachtung (vgl. Fill, 1993: 124f.).

22 lat. contrarius = entgegengesetzt (Stowasser, 1987: 185).

Konträre Relationen werden als graduelle Abstufungen zwischen zwei Meinungen, Positionen oder Eigenschaften von Objekten sichtbar. Diese Abstufung zwischen den beiden widersprüchlichen Polen ermöglicht eine Reduktion oder Abkehr vom einen Pol bei gleichzeitiger Zunahme oder Annäherung an den anderen. Eine gleichzeitige Realisierung der Gegensätze bleibt weiterhin ausgeschlossen. Allerdings ist ihre Widersprüchlichkeit nur innerhalb eines bestimmten Kontextes gültig (vgl. Grimm, 1999: 32).

Objekte oder Zustände werden als konträr bezeichnet, wenn sie innerhalb einer Reihe am weitesten voneinander entfernt sind. Beispiele dafür sind „Anfang" und „Ende", „a" und „z", „groß" und „klein" oder „alt" und „jung". Während kontradiktorische Widersprüche nur bei einer zweiteiligen Einteilung offenbar werden, beziehen sich konträre auf mehrteilige Unterscheidungen. Kontradiktorisch ist die Aussage, ein Mensch ist „lebendig" und „nicht lebendig". Ein Mensch, der aber lebendig ist, kann entweder im Kindheits-, Jugend-, Erwachsenen- oder Seniorenalter sein (vgl Grimm, 1999). Eine konträre Aussage wäre demnach, dass ein Mensch im Kindheits- und im Seniorenalter ist. Konträre Widersprüche sind immer relativ und bilden ein Kontinuum. Sie sind als eine Reihe vorstellbar, an deren Enden Pole liegen. Konträre Begriffe oder Aussagen sind miteinander unverträglich. Eine formale Negation weisen sie nicht unbedingt auf, implizieren aber diese Negation durch den Bezug auf die anerkannten Prämissen (im obigen Beispiel die, der Farblehre). In mathematischen Termini ließe sich auch formulieren, dass kontradiktorische Widersprüche binär sind. Sie kennen nur zwei Zustände, wie richtig oder falsch. Folgt man diesem Bild, wären konträre Widersprüche als analog zu verstehen. Die beiden folgenden Abbildungen verdeutlichen diese Unterscheidung:

Abbildung 6: Kontradiktorische Widersprüche
Quelle: Eigene Darstellung

BEGRIFFLICHE UND KONZEPTIONELLE GRUNDLAGEN

Abbildung 7: Konträre Widersprüche
Quelle: Eigene Darstellung

Gemeinsam ist beiden Formen des Widerspruchs, dass sich ihre Aussagen logisch ausschließen. Während sich die kontradiktorische Form vollkommen ausschließt, schließen sich bei den konträren Formen die Extreme aus. Grimm nennt diese beiden Formen Widersprüche im engeren (kontradiktorisch) und Widersprüche im weiteren (konträr) Sinne (vgl. Grimm, 1999: 32). Diese Unterscheidung wird auch in dieser Arbeit genutzt.

2.2.3 Paradoxie

Als Wahrnehmungsform des Widerspruchs ist die Paradoxie[23] bekannt. Oft werden die Begriffe sogar synonym verwandt. Der Begriff der Paradoxie hat, in den 1990er Jahren eine extreme Verbreitung gefunden, ohne dass die inhaltliche Differenzierung immer klar gewesen wäre (vgl. Hagenbüchle, 2002: 27). „Das Paradox signalisiert eine Denkkrise, die durch Widersprüchlichkeiten ausgelöst wird" (Geyer, 2002: 11). Damit ist aber nicht jeder Widerspruch auch gleichzeitig

---

[23] Dieser Begriff ist auch als Paradox und Paradoxon, mit den entsprechenden Adjektiven paradox und paradoxal gebräuchlich (vgl. Blasche/Mittelstraß, 1995). Das von HAGENBÜCHLE/GEYER herausgegebene Werk über die geschichtliche Entwicklung und die Verortung des Begriffs ist ein Standardwerk der Paradoxieforschung (vgl. Hagenbüchle/Geyer, 2002). Ein Beispiel für die unterschiedlichen Sichtweisen auf die Paradoxie ist der von GUTSCHELHOFER/SCHEFF herausgegebene Band "Paradoxes Management – Widersprüche im Management, Management der Widersprüche (vgl. Gutschelhofer/Scheff, 1996)

eine Paradoxie. Entscheidend ist an diesem Widerspruchsverständnis, dass ein Selbstbezug innerhalb der Ganzheit hergestellt wird. Paradoxien sind auf die „inneren" Widersprüche eines logischen Systems bezogen und daher selbstreferenzierend. „Dieser Satz ist falsch" ist logisch formulierbar, hat aber in der realen Welt keine Aussagekraft. Solche Formulierungen existieren „nur in künstlichen Welten sozialer Setzungen" (Neuberger, 2000: 197).

Die Paradoxie hat ihren sprachlichen Ursprung in der Konjunktion des griechischen „para" = „gegen" und „doxa" = „Meinung", „Erwartung" (Fontin, 1997)[24]. Die Begriffe „Erwartung" und „Meinung" im Wortstamm ermöglichen eine Konkretisierung des Paradoxiebegriffs. Während Widersprüche eine Systemeigenschaft sein können, ist für die Identifizierung einer Paradoxie immer ein Mensch mit seiner persönlichen Erwartungshaltung erforderlich. Wenn etwas gegen eine Meinung oder eine Erwartung ist, muss dazu eine Meinung oder Erwartung vorhanden sein. PUTNAM bezeichnet das Denken in Paradoxien als *logische Paradoxien*. Er grenzt sie damit von der Kategorie der *operativen Paradoxien* bzw. *pragmatische Paradoxien* ab, welche auf das Handeln in paradoxen Situationen kennzeichnet (vgl. Putnam, 1986: 153).

Die Zeit hat in dieser Form von Widersprüchen keine Relevanz. Paradoxien sind dadurch charakterisierbar, dass sie über die Zeit hinweg bestehen bleiben, da sie ansonsten nicht mehr als identisch bezeichnet werden könnten. Paradoxien entstehen dann, wenn die zeitlose Logik des „Entweder-Oder" in einen zeitlichen Bezug gestellt wird (vgl. Geyer, 2002: 12f.). Wenn es stimmt, dass, wie ASCHENBACH es formuliert, in jedem logisch geschlossenen System Paradoxien auftreten (vgl. Aschenbach, 1996: 159), dann wird die Widersprüchlichkeit zu einer immanenten Systemeigenschaft.

---

24   In der Antike wurde die Paradoxie als Gegenbegriff zu dem heute nicht mehr gebräuchlichen Wort *Endoxie* (mit der Meinung der meisten übereinstimmend, allgemein bekannter Sachverhalt) benutzt (vgl. Fontin, 1997: 16). Die im älteren Sprachgebrauch vorgenommene Trennung zwischen den Antinomien als „wirklichen" Widersprüchen und den Paradoxien als „scheinbaren" Widersprüchen ist heute kaum noch anzutreffen (vgl. Blasche/Mittelstraß, 1995: 40).

Logische wie auch pragmatische Paradoxien sind mit den Worten HEINZ VON FOERSTERS „im Prinzip unentscheidbar" (Foerster, v., 1993: 73) und bedürfen genau deswegen einer Entscheidung (und nicht einer Berechnung). Für die Bewältigung von Widersprüchen, die im Verlaufe der Zeit auflösbar sind, sind zwei Handlungsformen denkbar: Die der Routine und die des Dilemmas. In der Routine besteht keine Notwendigkeit den Widerspruch zu thematisieren. Die Entscheidung ist bereits gefallen und wird ohne weiteres Hinterfragen ausgeführt.[25] Das Dilemma hingegen lässt den Widerspruch erfahrbar werden, da dilemmatische Situationen die Notwendigkeit zur Handlung bzw. Entscheidung in sich tragen.

2.2.4 Dilemma

Seine sprachlichen Wurzeln hat der Begriff Dilemma im Griechischen. „Di" bedeutet „zwei" und „lemma" bezeichnet Aussage oder Satz. Bei Handlungs- und Entscheidungsschwierigkeiten wird von einem Dilemma gesprochen. Wenn Menschen in dualistisch begrenzten Kontexten zwischen zwei gleichwertigen Alternativen wählen müssen, stehen sie vor einem Dilemma. Im Lateinischen ist der Begriff Dilemma mit „Angustiae" = missliche Lage, Bedrängnis verwandt (vgl. Fontin, 1997; Stowasser, 1987). Dilemmatische Situationen beschreiben immer eine Bedrängnis. In der deutschen Umgangssprache hat sich für diese Situationen das Bild des in „der Zwickmühle" stecken ausgeprägt. Damit wird eine ausweglose Situation im Schach- oder Mühlespiel beschrieben. Derjenige, der vor einer Entscheidungs- oder Handlungsnotwendigkeit steht, ist zwischen zwei gleichwertigen Alternativen gefangen. Die Konsequenzen der Entscheidung oder Handlung können dabei positiv (konstruktives Dilemma) oder negativ (destruktives Dilemma) sein (vgl. Fontin, 1997: 22).

Insbesondere mit Bezug auf Führung ist der Begriff des Dilemmas intensiv bearbeitet worden (vgl. Neuberger, 2002). Unter einem Führungsdilemma wird eine Situation verstanden, in der „ein Entscheidungsträger vor die Schwierigkeit der

---

25 Wenn der duale Modus der Welterschließung Widersprüchlichkeit als immanente Eigenschaft mit sich bringt, kann angenommen werden, dass der überwiegende Teil der Widersprüche bereits in Routinen entschieden ist. Ansonsten wäre Handeln nahezu undenkbar.

Wahl zwischen einander widersprechenden Handlungslogiken gestellt wird" (Müller-Stewens/Fontin, 1997: 3). NEUBERGER umreißt im Rahmen seiner führungstheoretischen Arbeiten den Begriff des Dilemmas: „Es muss eine Entscheidung getroffen werden zwischen mindestens zwei gegebenen, gleichwertigen und gegensätzlichen Alternativen" (Neuberger, 2002: 337). FONTIN ergänzt dieses Verständnis noch um eine Zielkomponente und definiert das Dilemma als eine Situation, „in der bezogen auf ein Ziel scheinbar gleichzeitig zwei sich gegenseitig ausschließende Handlungen durchgeführt werden müssen." (Fontin, 1997: 28) Folgende Bestandteile und Rahmenbedingungen sind demnach notwendig, um von einem Dilemma sprechen zu können:

- Ein Ziel
- Eine persönliche Interpretation der Situation und die Konsequenzen der Handlung ("scheinbar")
- Die Gleichzeitigkeit der Alternativen
- Der gegenseitige Ausschluss der Optionen (Widerspruch)
- Das Vorhandensein von zwei Entscheidungs- oder Handlungsoptionen
- Ein Zwang zu handeln ("müssen")

Ein, dem Dilemma sehr ähnliches Phänomen, um widersprüchliche Handlungserwartungen zu beschreiben, hat GREGORY BATESON schon in den 1960er Jahren erforscht. Er nannte dieses Phänomen Doppelbindung - double bind (vgl. Bateson, 2001). BATESON formuliert, dass der Adressat eines double binds die Handlungsaufforderung als unauflösbar empfindet, weil

- eine Wahl im Sinne der widersprüchlichen und als paradox interpretierten (Schein-) Alternativen nicht möglich ist,
- die der sprachlich korrekten Botschaft innewohnende Paradoxie nicht erkannt werden kann/darf (z. B. unterstützt durch Verbot einer Metakommunikation)[26],

---

26 In ähnlicher Weise beschreibt ARGYRIS seine Beobachtung der „mixed messages" von Führungskräften. Nachdem eine inkonsistente Handlungsaufforderung formuliert worden ist,

- er sich aufgrund eines Abhängigkeitsverhältnisses gezwungen sieht, der Aufforderung dennoch zu entsprechen und
- die Situation nicht verlassen werden kann (vgl. Bateson, 2001: 278ff.)

In dieser Form des Dilemmas sind ebenfalls Dualität, Zwang und die Unmöglichkeit der Wahl vorhanden. Allerdings werden diese um das Verbot der Metakommunikation und der Voraussetzung, den Kontext oder die Situation nicht verlassen zu können, ergänzt. Die Unmöglichkeit der Wahl kann erneut als eine Variante des aristotelischen Satz des ausgeschlossenen Dritten verstanden werden und ist ebenfalls Bedingung der Unentscheidbarkeit im Sinne VON FOERSTERS (vgl. Foerster, v., 1993).

In der Konsequenz kommt es im Dilemma[27] dazu, dass Handlungsalternativen nicht logisch-rational entscheidbar sind. Würden die Gesetzmäßigkeiten der Logik und Rationalität angewandt, würden die widersprüchlichen Alternativen permanent oszillieren. Sie erscheinen zeitpunktbezogen wahlweise als richtig oder falsch. Es entsteht eine Situation der Unentscheidbarkeit, die den Fortgang „des Unterscheidens, des Theoretisierens, aber auch der alltäglichen Kommunikation blockiert." (Bühl, 2003: 236) und genau dadurch der Entscheidung bedarf. Das Dilemma, welches sich aus konträren oder kontradiktorischen Widersprüchen ergibt, bildet somit das zentrale Widerspruchskonzept für die vorliegende Arbeit.

2.3 Vom Projektmanagement zum Projektorientierten Management

Projektmanagement und projektorientiertes Management[28] unterscheiden sich hinsichtlich ihrer Handlungsebene. Während das Projektmanagement auf der

---

wird so gehandelt, als sei diese konsistent. Entscheidend ist auch in diesem Verfahren sowohl das Verbot der Kommunikation über die Inkonsistenz der Handlungsaufforderung als auch das Verbot der Kommunikation über das Verbot (Metakommunikation) (vgl. Argyris, 1988: 258f.).

27 Wie auch in pragmatischen Paradoxien

28 Management wird hier als die Gesamtheit des operativen, strategischen und normativen Führungshandelns in Organisationen verstanden (vgl. Vahs, 2009).

operativen Ebene anzusiedeln ist, ist das projektorientierte Management sowohl auf der operativen als auf der strategischen Ebene verortet. Projektorientiertes Management findet als Projektorientierung seinen Ausdruck im normativen Management.

Projektmanagement und projektorientiertes Management sind nicht eine Sammlung von Methoden, sondern eine spezifische Erscheinungsform von Management und Organisation (vgl. Patzak/Rattay 2004: 29, Johansson/Löfström/Ohlsson, 2007: 458). Daher muss in einem ersten Schritt das hier zugrunde liegende Verständnis von Projektorientierung herausgearbeitet werden[29]. Nach einer historischen Einordnung der Projektarbeit (→ 2.3.1) wird die Idee der Projektorientierten Organisation näher spezifiziert. Dazu werden die Begriffe, wie Projekt (→ 2.3.2), Projektmanagement (→ 2.3.3), das Konzept des projektorientierten Managements (→ 2.3.4) und schließlich die Begrifflichkeit der Projektorientierten Organisation (→ 2.4) dargestellt.

2.3.1 Historische Entwicklung der Projektarbeit

SCHELLE (2007), LUNDIN/SÖDERHOLM (1995) oder ANELL/WILSON (2002) weisen darauf hin, dass es aus historischer Sicht bereits seit sehr Langem zeitlich begrenzte Formen koordinierter Arbeit gibt. Der Bau der Pyramiden, die Erschaffung von Stonehenge, aber auch große Kriege haben Eigenschaften und Elemente, die heutzutage eine Bezeichnung als Projekt gerechtfertigt scheinen ließen. „Moderne Projekte" (auch als wissenschaftliche Kategorie) zeichnen sich durch Projektmanagement als explizite und systematische Steuerungsmethode aus. Dieser Begriff ist ein soziale Konstruktion, die erst möglich wurde, als das Denken über Organisationen nicht mehr ausschließlich vom stabilitätsorientierten Strukturverständnis geprägt wurde (vgl. Anell/Wilson, 2002: 172f.).

Aus historischer Sicht wird der moderne Projektbegriff mit Großvorhaben in der amerikanischen Rüstungs- und Raumfahrtindustrie in Verbindung gebracht.

---

29   Erst Sprachklarheit führt, Denkklarheit vorausgesetzt, zu Handlungsklarheit (vgl. Ohlig, 2005: 15ff.)

„Der erste dokumentierte Ansatzpunkt für das Projektmanagement findet sich in den USA zur Zeit des Zweiten Weltkriegs. Das Manhattan Engineering District Project (1941) zur Entwicklung der ersten Atombombe erforderte völlig neue Organisationsstrukturen, um Informations- und Koordinationsprobleme in den Griff zu bekommen" (Huemann, 2002: 38). Auch andere Herausforderungen, wie zum Beispiel die erfolgreiche Mondlandung, konnten in den festgelegten Grenzen einzelner Organisationen, wie der NASA[30], bzw. innerhalb der Grenzen ihrer Organisationsteile nicht mehr bewältigt werden. Organisationen waren gezwungen, (abteilungs-)übergreifende Zusammenarbeit in temporärer Form (zwei Grundmerkmale der Projektarbeit) zu organisieren (vgl. Madauss, 2000). Aufgrund der Komplexität der Aufgaben reichten die formalen Regelungen und etablierten Koordinationsmechanismen der bisherigen Organisation nicht mehr aus. Mit der etablierten Organisation waren solch neuartige Vorhaben nicht mehr steuerbar (vgl. Heintel/Krainz, 2001: 9).

Seit den 1950er Jahren wird von der Entwicklung des modernen Projektmanagements gesprochen (vgl. Dworatschek, 1994: 401). In den 1960er und 1970er Jahren wurden die Methoden und Prinzipien des Projektmanagements auch auf industrielle Branchen außerhalb der Rüstungs- und Raumfahrtindustrie übertragen. Zeitgleich wurden erste Projektmanagementverbände, wie etwa die International Project Management Association – IPMA (Vorläufer INTERNET gegr. 1965 in Wien) oder das Project Management Institute - PMI (gegr. 1969 in Pennsylvania) gegründet (vgl. Bergmann/Garrecht, 2008: 210). Diese branchenübergreifende Verbreitung des Projektmanagements kann als die zweite Entwicklungsphase des Projektmanagements bezeichnet werden.

Mit dem Beginn der 1990er Jahre setzte die Diskussion um das Projektmanagement als organisationale Strategie ein und markiert damit den dritten Entwicklungsschritt des Projektmanagements (vgl. Gareis, 2005: 21; Gareis, 1990). Seitdem rücken Themen zu den Schnittstellen zwischen Stammorganisation und Projektlandschaft (vgl. Dammer/ Gemünden, 2006) stärker ins Blickfeld. Das Portfoliomanagement (vgl. Lomnitz, 2008; Hirzel, 2006) als die Auswahl und das

---

30 National Aeronautics and Space Administration

Berichtswesen der richtigen Projekte (Effektivität), Ressourcenmanagement (vgl. Kühn, 2006; Scheuring, 2009) zum optimalen Einsatz des Personals und der verfügbaren Mittel (Effizienz) oder auch das projektorientierte Personalmanagement (vgl. Kessler/Hönle, 2002; Huemann, 2002) als Unterstützung und Absicherung der Qualifikationen und des Potenzials der Mitarbeiter (Kompetenz und Nachhaltigkeit) gewinnen zunehmend an Bedeutung. Die Forschung zum Projektmanagement nimmt damit den gleichen Weg wie die klassische Organisationsforschung. Nach einer ausführlichen Auseinandersetzung mit den inneren Prinzipien rückt der Kontext des Organisationsprinzips in das Blickfeld (vgl. Johansson/Löfström/Ohlsson, 2007: 457). Diese dritte Phase wird in dieser Arbeit in Abgrenzung zum Einzel-Projektmanagement als projektorientiertes Management bezeichnet.

2.3.2 Projekt

Was ist ein Projekt? Die konstruktivistische Antwort auf diese Frage könnte lauten, alles sei ein Projekt, was als solches bezeichnet wird, „weil das Management sich davon mehr Erfolg verspricht als von der Durchführung dieses Vorhabens in der Linienorganisation" (Zöllner, 2003: 23). In der Praxis ist dieser Definitionsansatz nutzbringend, für die wissenschaftliche Diskussion hingegen sind nachvollziehbare Kriterien erforderlich. Es existieren zahlreiche Bemühungen, den Projektbegriff objektiv erfassbar zu machen.

DIN

Das von den Projektmanagement Berufsverbänden unabhängige Deutsche Institut für Normung e.V. (DIN) definiert in der Norm 69901-5:2009 ein Projekt als ein „Vorhaben, das im Wesentlichen durch Einmaligkeit der Bedingungen in ihrer Gesamtheit gekennzeichnet ist" (DIN, 2009: 11). Als einmalige Bedingungen werden die Zielvorgabe, die zeitlichen, finanziellen oder personellen Begrenzungen oder die projektspezifische Organisation genannt.

PMBOK

In der deutschen Ausgabe des Project Management Body of Knowledge (PMBOK) des PMI ist ein Projekt definiert als „ein zeitlich begrenztes Vorhaben zur

Schaffung eines einmaligen Produktes oder Dienstleistung" (PMI, 1996: 16). Auch in dieser Definition werden somit die zeitliche Begrenzung und die Einmaligkeit als bestimmende Merkmale hervorgehoben. Darüber hinaus wird auf die Ergebnisorientierung eines Projekts Bezug genommen.

ICB
In der International Competence Baseline (ICB) 3.0 der IPMA ist ein Projekt als „a time and cost constrained operation to realise a set of defined deliverables (the scope to fulfil the project's objectives) up to quality standards and requirements" (IPMA, 2006: 13) definiert. Diese Definition vereint die Merkmale der DIN und PMBOK Ansätze und führt darüber hinaus die Festlegung von Qualitätsstandards und Anforderungen der erbrachten Ergebnisse als weiteres Merkmal eines Projekts auf.

PRINCE2
Der als Best-Pratice Ansatz etablierte Prozessstandard „Projects in Controlled Environment" (PRINCE2) des britischen Office of Government Commerce (OGC) hebt ebenfalls die zeitliche Begrenzung sowie die Ergebnisorientierung von Projekten hervor. Dort ist ein Projekt definiert als „a temporary organization that is created for the purpose of delivering one or more business products according to an agreed Business Case" (OGC, 2009: 17). Formulieren die ersten drei genannten Definitionsversuche Projekte als Aufgaben (Vorhaben, operation), so wird in der PRINCE2 Formulierung die Sichtweise eines Projekts als Organisationsform deutlich.

Die bestimmende Eigenschaft der Form „Projekt" ist ihre zeitliche Begrenztheit. Projekte sind eine temporäre Organisationsform (vgl. Kenis/Janowicz-Panjaitan/Cambré, 2009). Der Projektinhalt lässt sich beispielsweise in Investitionsprojekte, Forschungs- und Entwicklungsprojekte oder Organisationsprojekte unterscheiden. Innovationsprojekte unterscheiden sich von Routineprojekten durch den Grad der Neuartigkeit der Aufgabe. Die fachliche und soziale Komplexität unterscheidet Standard-, Akzeptanz-, Potenzial- und Pionierprojekte voneinander (vgl. Gessler, 2009b: 35; Patzak/Rattay, 2004: 23).

2.3.3 Projektmanagement

Projektmanagement ist gemäß der DIN 69901-5:2009 die „Gesamtheit von Führungsaufgaben, -organisation, -techniken und -mitteln für die Initialisierung, Definition, Planung, Steuerung und den Abschluss von Projekten" (DIN, 2009: 14). Projektmanagement wird oftmals mit der planerisch-technokratischen Anwendung einer Methodensammlung gleichgesetzt, die über die Sammlung von Best-Practise Ansätzen hinaus theoretisch nicht fundiert sei. Die von HAGEN aufgezeigte Entwicklungslinie des Projektmanagements (→Abbildung 8) zeigt deutliche Parallelen zu den in Kapitel 2.1.1 dargestellten Entwicklungslinien der Organisationstheorie. Entscheidend ist, dass die Weiterentwicklungen des Projektmanagementverständnisses die etablierten Sichtweisen nicht ersetzt, sondern ergänzt haben. Auch heute gibt es noch Vorhaben, die durch ein ingenieurwissenschaftlich-technischen Projekt- und Projektmanagementverständnis geprägt sind. Insofern ist es nicht sinnvoll, von einem aktuellen Projektmanagementbegriff zu sprechen. Jedes Projektverständnis hat seine Gültigkeit, allerdings hat die „Differenziertheit und Variabilität des Projektmanagements [..] wesentlich zugenommen" (Hagen, 2009: 50).

SÖDERLUND betont, dass neben dem rein methodischen Entwicklungsstrang auch eine organisationstheoretische Perspektive des Projektmanagements existiert[31]: „One would thus conclude that there exist two main theoretical traditions in project management research. The first tradition with intellectual roots in the engineering science and applied mathematics, primarily interested in the planning techniques and methods of project management. The other tradition with its intellectual roots in the social sciences, such as sociology, organization theory and psychology, especially interested in the organizational and behavioral aspects of project organizations." (Söderlund, 2004: 185)

---

31   HUEMANN unterscheidet in ähnlicher Weise einen methodenorientierten und einen organisationstheoretisch-systemischen Projektmanagement-Zugang (vgl. Huemann, 2002: 46 ff.)

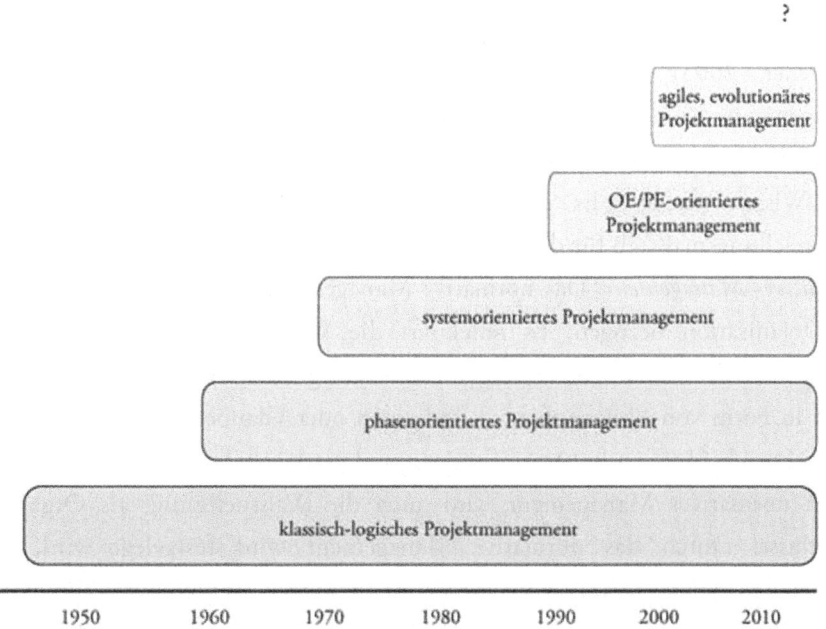

Abbildung 8: Entwicklung des operativen Projektmanagementbegriffs
Quelle: Eigene Darstellung in Anlehnung an Hagen (2009: 39)

2.3.4 Projektorientiertes Management

Neben der inhaltlichen Differenzierung des Begriffs Projektmanagement können jedoch auch mehrere Handlungsebenen unterschieden werden. Für HAGEN impliziert der Begriff Projektmanagement zwei unterschiedliche Handlungsebenen. Die eine bezeichnet er als „operativ-ausführende Ebene", die andere als „strategisch-konzeptionelle Ebene" bezeichnet (vgl. Hagen, 2009). Das St. Gallener Drei-Ebenen Modell des Managements unterscheidet darüber hinaus auch noch die Ebene des normativen Managements (vgl. Rüegg-Stürm, 2002).

Operatives Management: Das operative Management ist auf die Umsetzung des Tagesgeschäftes ausgerichtet. Ziel ist es, dabei einen möglichst hohen Nutzen mit möglichst geringem Ressourceneinsatz zu erreichen. Dies kann ökonomische, jedoch auch ökologische, soziale und weitere Aspekte betreffen. Betrachtungsgegenstand ist jedoch immer das Kosten-Nutzen-Verhältnis. Der Zielerreichungsmaßstab für die operative Leistung ist somit die Effizienz.

Strategisches Management: Das strategische Management betrachtet einen längerfristigen Horizont, weil es sich mit den zukünftigen „Erfolgspotenzialen" (Gälweiler, 2005) des Unternehmens befasst. Die Aufgabe des strategischen Managements ist es somit, die Rahmenbedingungen zu schaffen, damit das Unternehmen in Zukunft über die richtigen Fähigkeiten, Kompetenzen, Mittel oder Wissen verfügt. Es geht darum, „die richtigen Dinge zu tun". Der Zielerreichungsmaßstab für den strategischen Erfolg ist daher die Effektivität.

Normatives Management: Das normative Management ist auf die Grundprinzipien der Organisation bezogen. Es reflektiert die Werte und Normen sowie deren Einfluss auf das Verhalten der Organisationsmitglieder. Normatives Management liefert in Form von Philosophien, Paradigmen oder Glaubenssätzen einen Rahmen für die Entscheidungen in Organisationen und generiert den organisationalen Sinn. Durch normatives Management wird auch die Wahrnehmung als Organisation beeinflusst. Durch das normative Management wird festgelegt wird, welche Probleme in einer Organisation überhaupt „gesehen" werden (vgl. Ulrich, 2001: 427). Der Zielerreichungsmaßstab ist die Nachhaltigkeit (vgl. Müller-Christ, 2007b). Die

Tabelle 3 gibt einen Überblick über die verschiedenen Projektmanagementbegriffe[32]:

Tabelle 3: Projektmanagementbegriffe

Projektmanagementbegriffe			
Bezeichnung	Projektmanagement, Programmmanagement	Portfoliomanagement	Projektorientiertes Management
Handlungsebene	operativ	strategisch	normativ
Zielsetzung	Steuern eines einzelnen Projekts/Programms	Steuern der Projektlandschaft	Ausrichten der Organisation auf Projektarbeit
Fokus	Effizienz	Effektivität	Nachhaltigkeit
Leitfrage	Machen wir Dinge richtig?	Machen wir die richtigen Dinge?	Was ist der Maßstab für richtig?

Quelle: Eigene Darstellung

---

32 Vgl. ähnlich: Hagen, 2009: 34.

Kennzeichnend für das operative Verständnis „ist die Darstellung von PM als einem vom unternehmerischen Geschehen losgelösten Prozess, das heißt, Projekte werden als Ganzheiten bzw. geschlossene Systeme betrachtet, die nur bottom-up über die konkreten Projektziele mit dem Unternehmenserfolg verbunden sind." (Rietiker, 2006: 31f.). Im Vordergrund stehen entweder die Methoden und Techniken oder ein personenorientierter Ansatz, der den Projektleiter „ins Zentrum des Projektgeschehens und der Trainingsanstrengungen rückt" (Rietiker, 2006: 32).

Projektmanagement bleibt im operativen Managementverständnis immer auf das einzelne Projekt beziehungsweise auf ein Programm[33] beschränkt. Das strategische Verständnis beschäftigt sich mit dem Management der Projektlandschaft. Der normative Managementbegriff eröffnet eine Annäherung an die Prinzipien des projektorientierten Managements.

Der Begriff des projektorientierten Managements ist als Konzept in der organisationswissenschaftlichen Diskussion bisher nicht etabliert. In der Projektmanagement-Literatur wird der Begriff der Projektorientierung seit Beginn der 1990er Jahre genutzt (vgl. Balck, 1996). Wegweisend war hierbei der zehnte INTERNET (heute IPMA) World Congress of Project Management 1990, welcher „Managemant by projects" und die „Projektorientierte Organisation" zu übergreifenden Themen des Kongresses und damit gleichfalls zum Forschungsgegenstand machte (vgl. Gareis, 1990). In der Zwischenzeit sind Ansätze zur Projektorientierung einzelner Personen, Gruppen, Organisationen, gesamter Branchen oder sogar Gesellschaften, (vgl. Gareis/Huemann, 2001) beschrieben worden.

Die DIN-Norm 69901-5 der Projektmanagementbegriffe verwendet den Begriff Projektorientierung, auf eine eigene Definition wird jedoch verzichtet (vgl. DIN, 2009; Wagner, 2009a). In der International Competence Baseline (ICB) der International Project Management Association (IPMA) nimmt die Projektorientierung eine exponierte Position als sogenannte Kontextkompetenz ein:

---

33   Auch als Projektprogramm bezeichnet, kennzeichnet eine „Serie von spezifischen, zusammenhängenden Projekten [...] die alle zusammen definierte Ziele innerhalb einer gemeinsamen Strategie anstreben" (Motzel, 2006: 144).

In der ICB wird der Begriff der Projektorientierung folgendermaßen beschrieben: „Project Orientation is the term used to describe the orientation of organisations to managing by projects and the development of project management competence." (IPMA, 2006: 128)[34]. Das dort formulierte Verständnis von Projektorientierung nimmt somit zwar Bezug auf den organisationalen Kontext, verweist jedoch rekursiv auf die Orientierung auf „managing by projects" als Handlungsstrategie. Darüber hinaus liegt der Fokus auf der organisationalen Projektmanagement-Kompetenz. Projektorientierung bezeichnet damit sowohl die Strategie, als auch die Fähigkeit, Aufgaben in Form von Projekten zu erledigen.

MOTZELS Projektmanagement-Lexikon definiert die Projektorientierung als auf „die Leistungserbringung in Form von Projekten ausgerichtetes Denken und Handeln" (Motzel, 2006: 169). Mit dieser Definition und insbesondere der Differenzierung zwischen dem Denken und Handeln wird die Nähe zum Konzept des Organisationsprinzips deutlich.

Die Kernmerkmale einer Projektorientierung sind nach MOTZEL die:

- strategische und strukturelle Grundausrichtung
- Projektmanagement-Kompetenz
- grundsätzliche Werthaltung sowie
- Projekt- und Projektmanagementkultur (vgl. Motzel, 2006: 169)

Projektorientierung und projektorientiertes Management spannen den Bogen vom Management eines einzelnen Projekts hin zum ganzheitlichen Management einer Organisation. Projekte und ihre Wechselbeziehungen mit der sozialen und unternehmerischen Umwelt können so betrachtet werden. Projektorientiertes Management als Organisationsprinzip stellt nicht die Frage danach, wie Projekte

---

34   Die Deutsche Gesellschaft für Projektmanagement (GPM) hat eine übersetzte Version der International Competence Baseline (ICB) 3.0 als National Competence Baseline (NCB) veröffentlicht (vgl. GPM, 2008). Auf dieser Basis ist das zur Zeit umfassendste deutschsprachige Projektmanagementwerk entstanden: Kompetenzbasiertes Projektmanagement (PM3): Handbuch für die Projektarbeit, Qualifizierung und Zertifizierung auf Basis der IPMA Competence Baseline Version 3.0 (Gessler, 2009a).

erfolgreich durchgeführt werden, sondern wie Unternehmen durch Projekte erfolgreich.[35]

2.4 Projektorientierte Organisation

Das Konzept „Projektorientierte Organisation" wird hier als eine übergeordnete Kategorie verstanden. In einem ersten Schritt wird daher der Begriff gegen verwandte Konzepte wie die Projektorganisation, die projektbasierte Organisation oder die Projektgesellschaft, abgegrenzt. Anschließend wird das bisher diskutierte Verständnis konkretisiert.

Projektorganisation
Der Begriff der Projektorganisation bezeichnet klassischerweise die Organisation eines einzelnen Projekts und dessen Einbindung in die Stammorganisation. Die DIN 69901:5 2009 folgt diesem Verständnis und definiert die Projektorganisation als die „Gesamtheit der Organisationseinheiten und der aufbau- und ablauforganisatorischen Regelungen zur Abwicklung eines bestimmten Projekts." (vgl. DIN, 2009) In diesem Verständnis ist die Projektorganisation eine temporäre Sekundär-Organisation, die nach dem Ende eines Projekts wieder aufgelöst wird (vgl. Wolf, 2005). Diese Organisationsform rückt insbesondere das Thema der Kompetenzverteilung in den Fokus. Wenn Projekte in der Organisation keinen eigenen, etablierten Leistungsprozess darstellen, muss die Einbindung eines Projekts in die Stammorganisation für jedes Projekt neu festgelegt werden. Die Elemente der spezifischen Projektorganisation, für die in der Regel der Projektleiter verantwortlich ist, sind beispielsweise:

---

35 Außerhalb der Organisationswissenschaften werden in pädagogischen Kontexten seit den späten 1970er Jahren projektorientierte Unterrichts- und Lernformen unter dem Oberbegriff des Projektunterrichts diskutiert. Kennzeichnend für diese Konzepte ist eine fachübergreifende Verbindung von Inhalten in zeitlich abgegrenzten Lerneinheiten. Dass die Nutzung der Projektorientierung mit den Paradigmen der angestammten Organisation in Konflikt gerät, wird auch an der bildungswissenschaftlichen Diskussion um den Projektunterricht deutlich. Dies wird zum Beispiel deutlich bei: Geisler, W. (1976): Projektorientierter Unterricht – Lernen gegen die Schule?

- Kompetenzregeln im Projekt
- Berichtswesen und Eskalationsverfahren
- Meetingtermine
- Gremienstrukturen

Auch die dauerhafte Verzahnung der Projektlandschaft mit der Stammorganisation kann als Projektorganisation bezeichnet werden (vgl. Motzel, 2006: 168f.). In der Literatur finden sich nebeneinander Begriffe, wie Projektgesellschaft, projektbasierte Organisation oder Projektorientierte Organisation, mit denen zum Teil überschneidende Konzepte bezeichnet werden. Während die Projektorganisation temporär-spezifisch festgelegt werden für das einzelne Projekt festgelegt werden muss, besteht die Projektorientierte Organisation dauerhaft und hat sowohl temporäre, wie auch dauerhafte Elemente. Damit ist die Frage verknüpft, wann und in welchem Maße Methoden und Formen temporärer Organisation und wann und in welchem Maße Methoden und Formen permanenter Organisation genutzt werden.

Projektgesellschaft

Der Begriff der Projektgesellschaft kennzeichnet den formalen Rahmen einer Organisation. Als Projektgesellschaft wird eine rechtlich selbstständige Organisation bezeichnet, die temporär zur Erreichung eines in der Regel einmaligen Ziels gegründet wird. Nach dem Erreichen des Projektziels wird die Organisation wieder aufgelöst. Sie stellt somit die eindrucksvollste Form der temporären Organisation dar. Die Risiken, die sich aus großen und komplexen Projekten ergeben, werden oftmals von der Stammorganisation in eine rechtlich unabhängige Projektgesellschaft verlagert. So kann verhindert werden, dass das Scheitern eines Projekts die Existenz der Stammorganisation gefährdet.

Projektbasierte Organisation

Der Begriff der Projektbasierten Organisation bezieht sich auf den Leistungsprozess. Wird der gesamte Leistungsprozess einer Organisation in Projektform erbracht, bezeichnet man diese als projektbasiert. Im anglo-amerikanischen Sprachraum werden solche Organisationen als „Professional Services Firm" bezeichnet (vgl. Maister, 2003). Gebräuchlich ist diese

Organisationsform für Dienstleistungsorganisationen, wie Unternehmensberatungen, Anwaltskanzleien oder auch Softwarehersteller. In diesen werden in der Regel lediglich die unterstützenden Prozesse (wie das Personalmanagement oder der Einkauf) und die Steuerungsprozesse (wie die Geschäftsplanung) als Linienprozesse organisiert. Projektbasierte Organisationen bilden damit das Gegenstück zu den traditionellen, eher technokratisch-hierarchisch ausgerichteten Unternehmen, deren herausragendes Merkmal die repetitive Abarbeitung immer gleicher Prozesse ist. Um den etablierten Begriff der Projektorganisation nicht zur verwässern, wird zur Beschreibung einer Organisation, die als Organisationsprinzip das Projektorientierte Management anwendet und die sowohl Elemente der temporären Organisation als auch der permanenten Organisation auf Projektarbeit ausrichtet mit dem Begriff der Projektorientierten Organisation bezeichnet[36].

Projektorientierte Organisation
Zu den Elementen der generellen Projektorientierten Organisation[37], für welche die Unternehmensleitung die Verantwortung trägt, gehören nach GAREIS:

- Management by Projects ist eine explizite Organisationsstrategie
- Projekte und Programme werden als temporäre Organisationen eingesetzt
- Projekte-Netzwerke, Projekte-Ketten und Projektportfolien sind Betrachtungsobjekte des Managements
- Projektmanagement, Programmmanagement und Projektportfolio-Management sind spezifische Prozesse
- die Know-how-Sicherung erfolgt in Expertenpools
- die Projektmanagement-Kompetenz wird durch ein PM Office und von einer Projektportfolio Group gesichert und

---

36 In der Literatur findet sich auch der Begriff des Projektmanagement-Systems. Die DIN 69901:2009 definiert in Teil 5: Begriffe ein „Projektmanagementsystem" als „System von Richtlinien, organisatorischen Strukturen, Prozessen und Methoden zur Planung, Überwachung und Steuerung von Projekten".

37 In Abgrenzung zur spezifischen Projektorganisation vgl. 2.3.5.1.

- ein neues Management-Paradigma, das durch Teamarbeit, Prozessorientierung und Empowerment charakterisiert ist, wird angewandt (vgl. Gareis, 2005: 25).

Auch RIETIKER beschreibt Themengebiete, die auf der Ebene des Unternehmens im Projektgeschäft miteinander interagieren (vgl. Rietiker, 2006: 166f.). Welche dieser Aufgaben in der permanenten Organisation und welche in der temporären Organisation durchgeführt werden sollten, ist nicht pauschal zu beantworten. Allerdings legt die unten stehende Abbildung nahe, dass es Themengebiete gibt, die der Projektabwicklung näher sind (z. B. Risikomanagement) und von ihr weiter entfernt sind (z. B. Projektportfolio). Ziel sind nicht die Bestimmung eines Abstands, sondern das Erkennen und Verstehen von Unterschiedlichkeiten. Die Analyse der Funktion des jeweiligen Themengebiets hilft bei der Entscheidung.

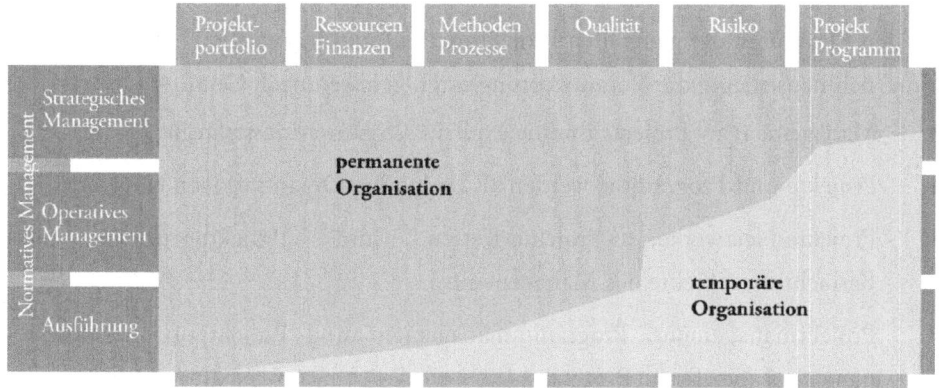

Abbildung 9: Handlungsebenen und Themen der Projektorientierten Organisation

Quelle: Eigene Darstellung in Anlehnung an Rietiker (2006)

Die Projektorientierte Organisation bezeichnet demnach die Summe aus der Funktion, der Ordnung und der Identität aller am Projektgeschäft beteiligten Personen, Einheiten und Prozesse. Um das Organisationsprinzip des Projektorientierten Managements der wissenschaftlichen Analyse zugänglich zu machen, werden nun die drei im Vorfeld erarbeiteten Dimensionen des Organisationsbegriffs auf das Konzept der Projektorientierten Organisation angewandt werden.

3 Modellentwicklung: Widersprüche in Organisationen

Der erste Forschungsauftrag (FA 1.1) dieser Arbeit ist die Entwicklung eines Modells zur Analyse von Widersprüchen in Organisationen. Mit der Ableitung der institutionalen, funktionalen und instrumentalen Dimension der Organisation aus der historischen Entwicklung der Organisationstheorien auf der einen Seite sowie der Erarbeitung unterschiedlicher Arten von Widersprüchen auf der anderen Seite ist dafür die Basis gelegt worden. Nun werden die drei Organisationsdimensionen weiter detailliert und für eine wissenschaftliche Analyse operationalisiert[38]. Im ersten Schritt wird dazu jede der drei Dimensionen in drei Kategorien unterteilt: Organisationen existieren, da sie sich von ihren Umwelten (→ 3.1.1) durch Grenzen (→ 3.1.2) unterscheiden. Durch die Existenz der Grenze wird es möglich, identitäts- und sinnstiftende Zwecke (→ 3.1.3) zu formulieren. Die Zwecke einer Organisation werden durch Ziele (→ 3.2.1) konkretisiert und durch arbeitsteiliges Handeln unterschiedlicher Personen realisiert. Die Arbeitsteilung (→ 3.2.2) erfordert wiederum Koordination (→ 3.2.3) damit das Handeln an den Zielen ausgerichtet werden kann. Die Koordination manifestiert die Ordnung sich in Organisationen in Form von Strukturen (→ 3.3.2) und Regeln (→ 3.3.1). Die personalisierte Form von Ordnung lässt sich anhand von Rollen (→ 3.3.2) und den darin zugewiesenen Kompetenzen analysieren. Abbildung 10 verdeutlicht diese Systematik. Im zweiten Schritt wird erarbeitet, in welcher Weise diese Kategorien in der Organisationsforschung thematisiert werden und welche widersprüchlichen Ausprägungen daraus ableitbar sind. Folgende Fragen werden mit diesem Kapitel beantwortet:

 a) *Welche Kategorien konkretisieren die institutionale, die funktionale und die instrumentale Dimension von Organisationen?*

 b) *Welche Ausprägungen der Kategorien werden in der Organisationsforschung diskutiert?*

 c) *Welche Arten von Widersprüchen ergeben sich aus den Ausprägungen?*

---

38 Die Dimensionen von Organisation stellen keine überschneidungsfreien Konzepte dar und bedingen einander teilweise. Daher sind sie nicht als logisch-holistischer Ansatz zu verstehen. Ihr Wert liegt darin, Erkenntnisgewinnung über die Ursachen, die Existenz sowie die Funktion und den Umgang mit Widersprüchen zwischen und innerhalb von Organisationsprinzipien zu ermöglichen. Die Dimensionen erklären, für sich genommen, nichts. Sie bezeichnen etwas zu Erklärendes.

© Springer Fachmedien Wiesbaden GmbH, ein Teil von Springer Nature 2010
D. Thyssen, *Projektorientiertes Management als Organisationsprinzip*,
Edition KWV, https://doi.org/10.1007/978-3-658-24353-1_3

Abbildung 10: Strukturmodell der Organisation
Quelle: Eigene Darstellung

3.1 Institutionale Dimension

„Das Unternehmen ist eine Organisation" (Bergmann/Garrecht, 2008: 2). So lautet die Grundaussage des institutionalen Organisationsverständnisses, bezogen auf Unternehmen. Die Aussage könnte jedoch auch anders formuliert werden. Das Unternehmen besteht aus vielen Organisationen! Auch Untereinheiten, wie beispielsweise Abteilungen, Gruppen, Teams oder eben auch Projekte werden mit dem Organisationsbegriff analytisch fassbar.[39] Um sowohl die Existenz von

---

[39] „Moderne" Organisationen sind intern in unzählige funktionale und nichtfunktionale Subsysteme differenzierbar. Sie operieren häufig über Länder- und Kulturgrenzen hinweg und weisen so eine hohe kulturelle Diversität auf. Damit wird die Bestimmung einer „Einheit der Organisation" zum Problem. PAETOW weist darauf hin, dass die Konstruktion eines „Wir" naiv sei. Aufgrund von interner Multikulturalität, fehlender kollektiver Erlebnisse bzw. Interpretationen und der unterschiedlichen funktionalen Selbstverständnisse über Hierarchie- und Abteilungsgrenzen hinweg ist eine Einheitskonstruktion kaum denkbar (vgl. Paetow, 2004: 284f.).

Unternehmen als auch ihrer Untereinheiten analysieren und verstehen zu können, muss beschrieben werden, was diese ausmacht, was diese von anderen unterscheidet. Erst dies ermöglicht es, eine „Ganzheit von anderen Ganzheiten zu unterscheiden und den Rahmen festzulegen, in den sich ihre Handlungen einfügen" (Grunwald, 2006: 193).

Organisationen grenzen sich hinsichtlich ihres Außen ab und bestimmen damit auch ihr Innen. Mit der Bezeichnung als ihr Außen rücken die Umwelten (→ 3.1.1) in den Fokus der Betrachtung. Den Unterschied zwischen dem Innen und dem Außen markiert die Grenze (→ 3.1.2) der Organisation. Spezifisch für Organisationen sind ebenfalls ihre Funktion, ihr Nutzen, die sie für ihre Umwelten in sich tragen. Dieses kann als der Zweck (→ 3.1.3) der Organisation bezeichnet werden.

Die Merkmale der Umwelten, der Grenzen und des Zwecks operationalisieren die funktionale Dimension der Organisation und ermöglichen damit eine Analyse der Identität und des Sinns sowohl auf Ebene der Organisation als auch auf der Ebene ihrer Untereinheiten. Die Organisationen sind anders als ihre Umwelt und unterscheiden sich von dieser, weil sie sich durch ihre Ideologien, spezifischen Werte, Normen und Handlungsmuster von der Umwelt abgrenzen (vgl. Willke, 2000: 32).

3.1.1 Umwelten

Um das weite Feld der Umwelten beschreibbar zu machen, werden die folgenden Fragen bearbeitet:

- Was wird als Umwelt verstanden?
- In welcher Beziehung stehen Umwelt und Organisation zueinander?

SCHREYÖGG schlägt eine inhaltliche und eine formale Perspektive auf die Unternehmensumwelt[40] vor (vgl. Schreyögg, 2003: 308 ff.). Die inhaltliche

---

40   Umwelt wird hier nicht als scharf konturiertes Außen, sondern als Unterscheidung des "Nicht-Innen" verstanden. Umwelt kann sich aus vielschichtigen Anspruchsgruppen, wie zum Beispiel Markt, Gesetzgeber oder Interessenverbände zusammensetzen (vgl. Willke 2000: 53).

Perspektive betrachtet, wer mit welchen Anliegen mit der Organisation interagiert. Die formale Perspektive versucht, die übergreifenden Eigenschaften oder Charaktermerkmale der Umwelten zu erfassen.

Aus inhaltlicher Sicht bietet das „St. Gallener Managementmodell" (vgl. Rüegg-Stürm, 2002; Dubs et al., 2004) einen breiten Zugang. In ihm wird die Umwelt in Umweltsphären und Anspruchsgruppen unterteilt. Anspruchsgruppen sind beispielsweise konkurrierende Unternehmen, Lieferanten, der Staat, die Öffentlichkeit, die Mitarbeitenden[41], die Kunden oder die Kapitalgeber. Die Anspruchsgruppen werden in diesem Modell den Umweltsphären Gesellschaft, Natur, Technologie oder Wirtschaft zugeordnet (vgl. Rüegg-Stürm, 2002: 22, Dubs et. al, 2004: 72). Beide Auflistungen sind nicht abschließend und müssen für das jeweilige Unternehmen konkretisiert werden.

Das Benennen der Anspruchsgruppen und der Umweltsphären stellt den Versuch dar, spezifische Teile der Unternehmensumwelt zu separieren. So sollen die Wechselwirkungen zwischen der Umwelt und den Unternehmen beobachtbar und beschreibbar werden. Die Anforderungen und Erwartungen, die unterschiedlich Umwelten an Unternehmen stellen, sind dabei keineswegs homogen. Widersprüchliche Anforderungen werden aus der Umwelt an das Unternehmen und ihre Mitglieder herangetragen (vgl. Grunwald 2006: 197). Eine Grundannahme der Organisationsforschung lautet daher, dass die Existenz von Widersprüchen in der Organisation als eine Konsequenz der in der Summe widersprüchlichen Ansprüche an die Organisation begründet liegen könnte (vgl.

---

41   Die auf den ersten Blick verwirrende Zuordnung der Mitarbeitenden einer Organisation zu ihrer Umwelt ist eine Konsequenz der Konzepte der Theorie der sozialen Systeme. Dieser Zuordnung liegen zwei Gedanken zugrunde. Zum einen sind Mitarbeitende immer nur mit einem Teil ihrer Persönlichkeit in der Organisation präsent. Der Mensch als Gesamtheit (als Ehemann, als Vater, als Freund etc.) bleibt ausgeblendet und ist Bestandteil der Welt außerhalb des Unternehmens (vgl. Gessler, 2003: 50). Luhmann vermeidet daher den Begriff des Individuums und spricht stattdessen von Personen (ad Personam = Maske) in ihren Rollen. Zum anderen sind in der Konzeption Luhmanns nur Kommunikationen Bestandteil von Organisationen. Ihre „Mitglieder sind als zu motivierende Persönlichkeiten nämlich Teil der Umwelt des Sozialsystems" (Luhmann, 1973: 143). Vertiefend dazu: Martens/Ortmann (2006: 445ff.).

Mintzberg, 1992). Widersprüchliche Anforderungen in Unternehmen können somit als ein Problem des Verhältnisses von System und Umwelt umformuliert werden. Sie werden dadurch nicht als ein Denk- oder Konstruktionsfehler verstanden, sondern als ein Hinweis auf ein Phänomen interpretiert (vgl. Baecker, 1999: 28).

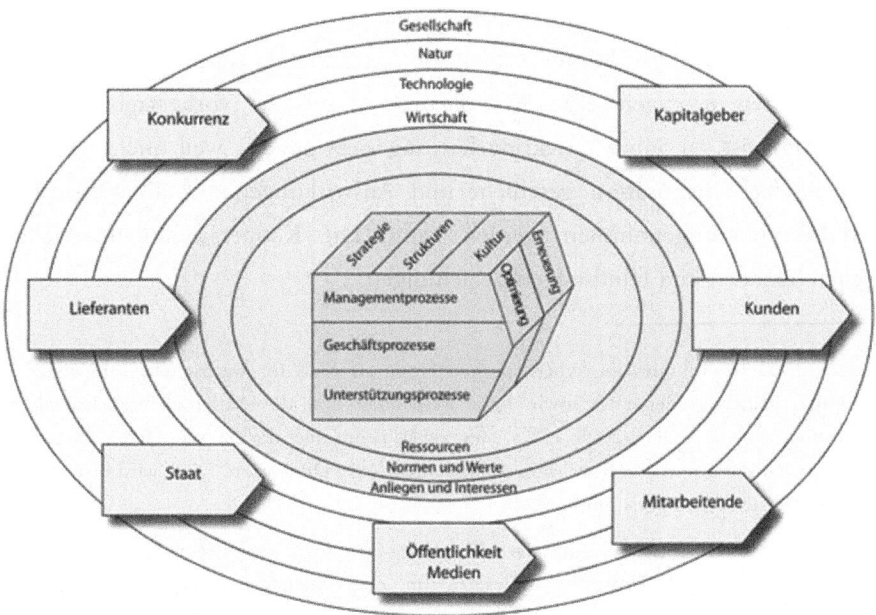

Abbildung 11: Umwelten im St. Gallener Managementmodell
Quelle: Eigene Darstellung nach Rüegg-Stürm (2002: 22)

Ein großer Teil der organisationstheoretischen Literatur versucht, das Umweltverständnis mit formalen Beschreibungsdimensionen erfassbar zu machen (vgl. Schreyögg, 2003: 309). In Anlehnung an MINTZBERG können drei Dimensionen für das Verständnis von Organisationsumwelten unterschieden werden (vgl. Mintzberg, 1992: 186ff.). Diese formalen Merkmale sind Umweltdynamik/

-stabilität, Umweltkomplexität/ -simplizität[42] und Umweltkooperativität/ -kompetivität[43].

Die Dynamik als Veränderung der Umwelt über die Zeit wird durch Faktoren, wie Konkurrenz, wechselnde Technologien, veränderte Kundenerwartungen oder politische Verhältnisse, beeinflusst (vgl. Bresser, 1989). Dynamische Umwelten sind nur schwer vorhersehbar. Gleiches gilt für ein Umweltverständnis, das mit Komplexität operiert.[44] Die Anzahl der Anspruchsgruppen, ihre Interdependenzen untereinander und die dynamischen Umweltsphären erzeugen eine Komplexität, die nicht vorhersagbar ist. Die Organisation ist zu einer Selektionsleistung gezwungen, weil nicht alles, was außerhalb der Organisation geschieht und Auswirkungen auf die Organisation haben könnte, aufgenommen werden kann. Die Kooperativität unterscheidet zwischen liberalen und feindseligen Beziehungen.

---

42 Komplexität wird hier im kybernetischen Sinne als Maß für wechselseitig abhängige, sich unterscheidende Elemente, sowie ihrer Relationen und die Aktivität ihrer Interaktionen verstanden (vgl. Willke, 2000: 17ff.). MINTZBERG nennt über die drei o.g. Dimensionen hinaus noch die Marktdiversität bzw. –homogenität als weitere Dimension. Diese wird hier unter dem Komplexitätsverständnis subsumiert.

43 In der deutschen Übersetzung der „Mintzberg-Struktur" wird der Begriff „hostility" des Originaltextes mit „Hostilität" übersetzt. Im Zusammenhang organisationsübergreifender Zusammenarbeit in Form von Netzwerken hat sich die Bezeichnung als kooperative und kompetitive Strategien durchgesetzt (vgl. Sydow, 1992).

44 Systemtheoretisch lässt sich formulieren: „Die Grenze einer Organisation und ihrer Umwelt verläuft demnach entlang eines Komplexitätsgefälles. […] Nur die fortgesetzte Grenzziehung, also die Erhaltung des Komplexitätsgefälles zwischen der Organisation und ihrer Umwelt, ermöglicht die (Selbst-) Identifikation der Organisation als eigenständige soziale Ordnung" (Arndt, 2007: 227). Diese Funktion der Komplexitätsreduktion ist gleichzeitig sowohl eine Fähigkeit als auch eine Notwendigkeit. Die Umwelt mit all ihren Relationen, Elementen und deren Dynamik würde die Wahrnehmungsfähigkeit eines Unternehmens bei Weitem übersteigen. Durch wiederholte Kommunikation werden Erwartungsstrukturen ausgeprägt, welche die Menge der möglichen Reaktionen einschränken. So werden Handlungsfähigkeit, oder allgemeiner formuliert, Anschlussfähigkeit an die Umwelt und Ordnung im Inneren hergestellt. Organisationen begrenzen die Möglichkeiten individuellen Handelns. Diese Grenzen werden aber immer weiter hinausgeschoben (vgl. Kieser/Walgenbach, 2007: 86).

Die formalen Kriterien können von der Ebene des Unternehmens auf die Untereinheiten übertragen werden. Dynamik, Komplexität und Kooperation sind ebenfalls Merkmale der Umwelten von Abteilungen, Gruppen oder Projekten.

Die inhaltlichen Kriterien müssen an die jeweilige betrachtete Untereinheit angepasst werden, sind konzeptionell jedoch ebenso denkbar. Auch Abteilungen oder Projekte operieren mit Anspruchsgruppen, wie Kunden und Lieferanten und ggf. sogar internen Konkurrenten. Als neue Anspruchsgruppe kommt für die Untereinheiten des Unternehmens das Unternehmen selbst hinzu. Das Unternehmen wird zur relevanten Umwelt. Die Umwelten können jedoch auch außerhalb des Unternehmens liegen. Für eine funktional separierte Finanzbuchhaltung oder ein regulatorisches Projekt werden staatlich-legislative Umwelten bedeutsam.

Dies führt nach der Beantwortung der Frage, was als Umwelt eines Unternehmens wahrgenommen wird, zu der Frage, in welcher Beziehung Umwelt und Organisation zueinander stehen. In der organisationstheoretischen Literatur können die deterministischen und die interaktionistischen Sichtweisen unterschieden werden (Schreyögg, 2003).

Die deterministische Sichtweise findet sich unter anderem in den evolutionstheoretischen Ansätzen (z. B. Populationsökonomie (vgl. Hannan/Freeman, 1979) und der Kontingenztheorie[45] (vgl. Burns/Stalker, 1961; Kieser, 2006c: 215ff.; Kieser/Walgenbach, 2007: 200ff.)). In diesen Theorien ist die Grundannahme verankert, dass die Organisation zur Anpassung an eine vorgegebene Umwelt gezwungen sei, um zu überleben. Die Umweltfaktoren determinieren, welche Unternehmensform geeignet ist und weiter besteht kann. Ob die Form des Unternehmens das Ergebnis einer zufälligen Variation ist (Evolutionstheorie) oder

---

[45] Umfangreiche empirische Studien haben versucht zu belegen, welchen Umwelten mit welchen organisatorischen Strukturen und Strategien am besten zu begegnen sei. SCHREYÖGG gibt jedoch zu bedenken, dass diese Denkrichtung bis heute keine einheitliche Ergebnisse zu Tage gefördert hat (vgl. Schreyögg, 2003: 355ff.). In dieser Tradition steht auch die Orientierung an „Best-Practice-Modellen", wie sie z. B. von Normierungs- als auch von Unternehmensberatungsseite propagiert wird. Nach unterschiedlichen Maßstäben erfolgreiche Unternehmen werden zum Referenzmodell erklärt.

das Ergebnis rationalen Managementhandelns (situativer Ansatz) ist dabei unerheblich. Die Idee des „survival of the fittest" und die damit verbundene Vorstellung der „natürlichen Selektion" erfolgreicher und nicht erfolgreicher Unternehmensformen zwingen zur Anpassung (vgl. Schreyögg, 2003: 329) Die Spezifika des einzelnen Unternehmens und seiner Umwelt bleiben ausgeblendet. Damit wird ein adaptives Verhalten erforderlich, das Gestaltungsspielräume oder Alternativen unberücksichtigt lässt.[46]

Dem deterministischen steht ein interaktionistisches Verständnis davon, wie Umwelt und Organisation sich gegenseitig beeinflussen, entgegen. Beispiele für das interaktionistische Verständnis sind im Resource-based-View (vgl. Freiling, 2001) oder auch den Theorien der inter-organisationalen (Netzwerk-)Beziehungen (vgl. Gessler, 2003; Sydow/Windeler, 1994) zu finden. Sie gehen davon aus, dass grundsätzlich Handlungsstrategien, wie Integration[47], Kooperation oder Intervention zur Verfügung stehen, mit denen die Organisation auf die Umwelt einwirken kann. Die Annahme ist, dass Handlungsspielräume und Freiheitsgrade bestehen, die neben der „Umweltanpassung" auch die aktive „Umweltänderung" als Möglichkeit begreifen. Die Theorie der inter-organisationalen Beziehungen erweitert den Fokus vom einzelnen Unternehmen auf strategische Gruppen, Netzwerke oder Kartelle (vgl. Ortmann/Sydow, 2001). Die Unternehmensstrategie wird durch eine kollektive Strategie ersetzt und die Bestimmung und der Erhalt der

---

46   Aus der Tatsache, dass den evolutionstheoretischen Ansätze eher ein deterministisches Umweltverständnis zugrunde liegt, kann nicht gefolgert werden, dass die Art und Weise, wie Organisationen mit ihrer Umwelt verbunden sind, entscheidend für die deterministische oder interaktionistische Sichtweise ist. Operationelle Geschlossenheit ist kein Kriterium, da sowohl evolutionstheoretische Ansätze als auch neuere systemtheoretische Ansätze von der selbstreferentiellen, operativen Geschlossenheit einer Organisation ausgehen.

47   Zur Reduktion von Unsicherheiten, die mit einer nicht überschaubaren Umwelt zusammenhängen, ist die Integration, also beispielsweise der Kauf von Marktteilnehmern, eine weitverbreitete Strategie, um direkt auf die Umwelt Einfluss zu nehmen. Dieses als vertikale Integration bezeichnete Vorgehen ist absolut konträr zur Anpassungsprämisse des deterministischen Umwelt-/Organisations-Verständnisses. Hier wird die Umwelt bewusst zum Bestandteil der Organisation gemacht.

Systemgrenze treten als neue Probleme hervor (vgl. Schreyögg, 2003: 389ff.). Durch die Bildung von Verbünden oder Kollektiven wird die Umwelt aktiv mitgestaltet. Die bis hierhin erarbeiteten Unterscheidungen können als Attribute für das Verständnis der Umwelt und ihres Zusammenwirkens mit der Organisation festgehalten werden.

Umwelten können formal unterschieden werden als:

- dynamisch/statisch
- kompliziert/simpel
- vorhersagbar/nicht vorhersagbar

Das Verhältnis von Organisation und Umwelt kann unterschieden werden als:

- kooperativ/kompetitiv

3.1.2 Grenzen

Das interaktionistische Umwelt/Organisationsverständnis weist bereits daraufhin, dass die Grenzen einer Organisation Gegenstand organisationstheoretischer Überlegungen sein müssen. „Wer von der Umwelt einer Organisation redet, hat schon eine konzeptionelle Festlegung getroffen, nämlich, dass es eine Grenze zwischen Organisation und Umwelt, eine Differenz zwischen Innen und Außen gibt" (Schreyögg, 2003: 303).[48] Die Grenze einer Organisation ist die Grundunterscheidung, die Trennlinie zwischen der Umwelt und der Organisation. Entlang der Unterscheidung Unternehmen/Nicht-Unternehmen ist alles das, was nicht zum Unternehmen gehört, der Umwelt zuzurechnen.

Wie lässt sich nun der Charakter dieser Grenze beschreiben? Naheliegend ist die Unterscheidung von formaler und informaler Grenze. Werden Unternehmen als rechtliche Einheiten betrachtet, ist die Grenze formal-juristisch eindeutig

---

[48] Es entsteht nicht erst die Organisation und dann die Grenze, sondern beides zugleich, oder genauer: beides in einer zirkulären, rekursiven Dynamik, einem rekursiven Konstitutionsverhältnis (vgl. Ortmann, 2003b).

bestimmbar. Die Rechtsform[49] eines Unternehmens definiert die Rahmenbedingungen und legt fest, was zum Unternehmen gehört und was nicht. In abgeschwächter Form gilt dies auch für die Untereinheiten der Organisation. So werden beispielsweise Abteilungen formal schon durch Bezeichnungen voneinander abgegrenzt. Diese haben nicht die formale Substanz eines Gesetzes, sind aber dennoch nicht informal. Informale Grenzen sind beispielsweise im Umfeld von Teams beobachtbar. Dabei ist Informalität nicht mit Undifferenziertheit gleichzusetzen. Auch wenn die Grenze nicht formal definiert ist, können die Mitglieder klar benennen, wer dazu gehört und wer nicht, wer durch die Grenze ein- und wer oder was ausgeschlossen wird.

Die soziologisch-systemische Organisationstheorie[50] schreibt der Grenze eine besondere Bedeutung zu. Organisationen als soziale Systeme verstanden, reproduzieren die Grenzen zu ihrer Umwelt durch operational geschlossene Kommunikation permanent selbst.[51] Die Organisation ist in diesem Sinne nicht zu

---

49 Die möglichen Rechtsformen und deren Rahmenbedingungen werden in Deutschland im Wesentlichen durch das Handelsgesetzbuch (HGB), das Aktiengesetz (AktG) und das GmbH-Gesetz (GmbHG) geregelt.

50 Zur weiteren Operationalisierung des Begriffs der Grenze wird hier auf die Theorie der sozialen Systeme (vgl. Luhmann, 2000; Willke, 2000, 2001) zurückgegriffen.

51 Zur Erklärung, wie soziale Systeme diese Reproduktionsleistung vollbringen, hat LUHMANN das Autopoiese-Konzept, welches von MATURANA und VARELA für lebende Systeme (Organismen) entwickelt wurde (vgl. Maturana/Varela, 1990) auf soziale Systeme übertragen (vgl. Luhmann, 1987). Er erklärt damit, dass Systeme sich selbst reproduzieren, indem sie Operationen und Strukturen, aus denen sie bestehen, selbst produzieren. Die Autopoiesis sozialer Systeme besteht darin, dass flüchtige Kommunikationen sich dauernd in rekursiven – aufeinander zurückgreifenden – Schleifen verknüpfen und dadurch erwartbare Strukturen ausbilden, die sie von ihrer Umwelt unterscheiden. „Kommunikation (re-)produziert das soziale System über die Differenz von Umwelt und System permanent neu" (Luhmann, 2000: 36), Organisationen erschaffen sich damit selbst. Für ihre Kontinuität ist fortlaufende Kommunikation zwingend. Während Menschen zwar einzeln handeln können, sind zur Kommunikation und damit für die Existenz eines sozialen Systems immer mindestens zwei Menschen erforderlich. Systemtheoretisch formuliert, hat das System durch seine Selbstreferentialität Einfluss darauf, was an der Organisationsgrenze als bedeutend und damit Handlung ermöglichend wahrgenommen wird und was nicht (vgl. Willke, 2000: 43). Doch wie kommt es zur

verstehen als „die Organisation einer Einheit, sondern [als] die Organisation einer Differenz" (Baecker, 1999: 20), die durch eine permanente Reproduktion der Grenze zur Außenwelt sich selbst als identifizierbares Gebilde erhält. Grenzen schaffen unterscheidbare Einheiten und damit die Möglichkeit zum Entstehen einer Identität (vgl. Willke, 2000: 57). „Systeme müssen [...] als Identitäten begriffen werden, die sich in einer komplexen und veränderlichen Umwelt durch Stabilisierung einer Innen-Außen-Differenz erhalten" (Luhmann, 1973: 175). Damit ist die Fähigkeit einer Organisation beschrieben, ihre Grenzen im relationalen, nicht im strukturellen Sinne zu stabilisieren (vgl. Arndt, 2007: 226).[52] Wie LUHMANN formuliert, muss *eine* Differenz, nicht *die* spezifische Differenz erhalten werden. Wie die Grenze verläuft, was sie ein- und ausschließt, bestimmt die Organisation als soziales System im Verlauf der Zeit immer wieder neu. Die Grenzen sind damit im systemtheoretischen Sinne nicht vollkommen stabil und starr, sondern fragil und flexibel.

Grenzziehung generiert eine zweifache Herausforderung, die als Balance in der Beschäftigung mit Innen und Außen verstanden werden kann: Die Organisation muss von der komplexen Umwelt so „abgetrennt" werden, dass

---

Auseinandersetzung von Unternehmen mit ihren zahlreichen Umwelten? Dazu hat Luhmann das Konzept der operationalen Geschlossenheit entworfen. Die Theorie sozialer Systeme folgt nicht den vereinfachten Input-Output Kausalitäten technischer Systeme, um die Relationen des Systems zur Umwelt zu beschreiben. Mit operationaler Geschlossenheit wird die Eigenschaft sozialer Systeme bezeichnet, dass die Umwelt nicht direkt auf das Unternehmen einwirken kann. Umwelt wird nur insofern wahrgenommen, wie sie zum Gegenstand von Kommunikation wird. Was nicht Gegenstand von Kommunikation werden kann, wird auch nicht wahrgenommen. Oder, wie Simon es prägnant formuliert: „Was nicht in die Kommunikation kommt, existiert sozial nicht" (Simon, 2006: 91 (Hervorhebung im Original)). Sogenannte blinde Flecken des Unternehmens bezeichnen den Teil, der in dem Unternehmen nicht kommunikativ abgebildet werden kann (vgl. Martens/Ortmann, 2006: 434).

52 Die Besonderheit sozialer Systeme liegt darin, „dass sie einen Grad von Eigenkomplexität und Umweltdifferenzierung erreicht haben, der ihnen die Bildung interner Außenweltmodelle und mithin aufgrund interner reflexiver Prozesse Selbstbewusstsein und die Thematisierung der eigenen Identität ermöglicht" (Willke, 2000: 43).

überhaupt Handeln möglich wird. Gleichzeitig muss die Grenze so viel Informationsaufnahme ermöglichen, dass die relevanten Veränderungen in der Umwelt wahrgenommen werden können. Organisationen „müssen sich abgrenzen, um überhaupt sinnvolle Fragen und damit Problemlösungsformen zu erzeugen [...] Sie dürfen dabei aber auch den Anschluss an ihre Umwelt nicht verlieren" (Krusche, 2008: 58). Die Herausforderung besteht darin, dass nicht alles, was in ihren Umwelten geschieht, relevant für die Organisation ist. Und selbst die Veränderungen und Ereignisse in der Umwelt, die Relevanz besitzen, übersteigen die Verarbeitungskapazität der Organisation um ein Vielfaches. Daher müssen Organisationen ihre Aufmerksamkeit auf das „systemspezifisch Sinnvolle begrenzen" (Willke, 2000: 51). Auch diese Funktion wird von der Grenze übernommen. Die Annahme der Systemtheorie lautet dazu, dass durch die Grenzziehung ein Komplexitätsgefälle zwischen der Organisation und der Umwelt entsteht. Die Umwelt ist komplexer als die Organisation. Durch die Reduktion der Komplexität im Vergleich zur Umwelt entsteht im sozialen System eine höhere Ordnung mit weniger Möglichkeiten. Es ist leicht nachzuvollziehen, dass in der Umwelt mehr Möglichkeiten existieren als die, welche in der Organisation bearbeitet werden können. Erst die Existenz einer Grenze ermöglicht somit Handlung. Organisationen werden etabliert, um aus der unüberschaubaren Kontingenz[53] der Umwelt Probleme bearbeitbar machen zu können.

Die Funktion der Grenze ist damit, die Summe der Möglichkeiten zu reduzieren und zu selektieren, „worauf und wie das System reagiert" (Gessler, 2003: 60). Umweltkontingenz wird eingeschränkt, Handeln wird ermöglicht. WILLKE formuliert dazu: „Der Sinn von Grenzen liegt in der Begrenzung von Sinn" (Willke, 2000: 51).[54] GRIMM bezeichnet diesen Unterschied an der Grenze von Organisationen als das Paradox der Öffnung und Schließung (vgl. Grimm, 1999:

---

53 lat. contingentia = Möglichkeit. Als Kontingenz wird die Annahme bezeichnet, dass mehr Möglichkeiten vorhanden sind, als ausgeprägt werden. Der Konstruktivismus basiert auf der Idee der Kontingenz, wenn er formuliert, dass die Wahrnehmung der Welt nur eine der Möglichen ist.

54 Sinn unterscheidet soziale/psychische Systeme von Maschinen (vgl. Luhmann, 1987: 18).

85).[55] Organisationen müssen sich nach außen öffnen, um relevante Informationen aufzunehmen, Organisationen müssen aber auch nach innen abgeschlossen sein, um die Menge der Einflüsse zu begrenzen.

Zusammenfassend lassen sich folgende Unterscheidungen für die Grenze der Organisation festhalten:

- formal/informal
- starr/flexibel
- stabil/fragil
- innenorientiert/außenorientiert
- offen/geschlossen

3.1.3 Zwecke

Der Zweck einer Organisation sind ihr Nutzen und ihre Funktion für die Umwelten. Der Begriff des Zwecks ist also immer an die Umwelten gebunden. Im St. Gallener Managementmodell (vgl. Seite 51) wird von „Anliegen und Interessen" der diversen Umweltgruppen gesprochen. Schon MAX WEBER (2006, erstmals 1921) bezeichnete seinen „Idealtypus" (Weber, 2006: 218) der Bürokratie zwar als die „*rationalste* Form" (ebd.: 224) der Verwaltungsorganisation und machte damit dessen Funktion für das Staatswesen deutlich. Er nimmt jedoch auch den Zweck für andere Umwelten in den Blick, wenn er formuliert, dass die „Berechenbarkeit für den Herren wie für die Interessenten" eine herausragende Eigenschaft der Bürokratie sei (ebd.: 224). Daher wird hier bewusst von Zwecken in der Mehrzahl gesprochen. Ebenso wenig, wie Organisationen nur eine Umwelt haben, ist davon auszugehen, dass ihnen nur ein Zweck zugeschrieben werden kann und in ihnen repräsentiert ist.

Im zweckrationalen Verständnis der Organisationsforschung wird der Zweck mit dem Gründungsanlass der Organisation gleichgesetzt. Es muss jedoch angenommen werden, dass Organisationen im Rahmen ihrer Identitätsbildung und

---

55 Dieses ist im relationalen Sinn und nicht im operationalen Sinn der systemtheoretischen Sichtweise zu verstehen.

ihrer Auseinandersetzung mit der Umwelt selbst und sich selbst unterschiedlichste Verständnisse von Zwecken entwickeln. Dass „Organisationen oft zum Erreichen konkreter Ziele ins Leben gerufen werden, ändert nichts an ihrer davon unabhängigen Eigenlogik" (Simon, 2007a: 29). Die Fähigkeit zur Re-Interpretation und Besetzung mit unterschiedlichen Zwecken erklärt die Dauerhaftigkeit von Organisationen, deren Funktion nicht die repetitive Produktion und damit ein stabiler Zweck ist. Wäre ihre Existenz allein rational zweckgebunden, würden sich viele Organisationen nach dem Erreichen der Zwecke, dem Erfüllen der Funktion auflösen müssen.[56]

Nach BAECKER ermöglicht die Frage nach der Funktion einer Organisation die Suche nach funktionalen Alternativen (vgl. Baecker, 1999: 211). Das Wissen um die Funktion einer Organisation öffnet die Diskussion dafür, wie ähnliche Probleme mit anderen Organisationsmodellen gelöst werden könnten. Nur eine funktionsgebundene Analyse ermöglicht den Vergleich von Organisationsmodellen und Aussagen über deren spezifische Eignung. „Irritierend könnte sein, dass Steuerungstheoretiker [...] diese Modelle penibel entwickeln, elaborieren, ihre Vorzüge und Nachteile abwägen, etc., sich aber nur sehr pauschal um die Typik der Probleme kümmern, die erst den Bedarf für diese[s] oder jenes Modell schaffen" (Willke, 2001: 71)[57]. Zur Analyse des Zwecks einer Organisation ist an dieser Stelle eine Beschäftigung mit den spezifischen Inhalten und Aufgabenstellungen notwendig. Vor welcher Art von Aufgabenstellung steht die Organisation, welche Probleme sollen bearbeitet werden, was ist der Anlass für das Bestehen der Organisation? Im Zweck der Organisation kommt ihre Funktion im Zusammenspiel mit ihrer Umwelt zum Ausdruck. Der Zweck eines IT-Dienstleisters kann beispielsweise die Bereitstellung von Internetangeboten sein.

---

56   Der Widerspruch von Dauerhaftigkeit und Temporalität von Organisationen wird in der Auseinandersetzung mit der Projektorientierung als Organisationsprinzip vertieft.

57   In der Breite der organisationstheoretischen deutschsprachigen Lehrbücher findet keine Beschäftigung mit den zu bearbeitenden Problemen von Organisationen statt (vgl. Kieser/Ebers, 2006; Schreyögg, 2003; Kieser/Walgenbach, 2007; Vahs, 2009, Bergmann/Garrecht, 2009).

Die Frage nach dem Zweck einer Organisation kann entweder den Inhalt der Aufgaben oder den Charakter der Aufgaben beschreiben.[58] Als inhaltliche Unterscheidung wären beispielsweise die Kategorisierung in Agrarwirtschaft, Industrieproduktion, Dienstleistung oder Wissen- und Informationsleistung denkbar.[59] Dies würde zwar eine Unterscheidung der Gegenstände organisationalen Handelns ermöglichen, allerdings ist diese Unterscheidung für Widersprüche innerhalb von Organisationen wenig aufschlussreich, da eine Organisation in der Regel nicht gleichzeitig mehreren Kategorien angehört.

Aufschlussreicher erscheint die Beschäftigung mit dem Charakter der Aufgabe. Organisationen zeichnen sich dadurch aus, dass sie in der Lage sind, zielorientiert Aufgaben zu bearbeiten und Probleme zu lösen, die für eine einzelne Person aufgrund ihrer Komplexität[60] nicht bearbeit- oder lösbar wären (vgl. Schreyögg, 2003). Aufgaben und Problemlösung sind dabei zwei Themen, die auf

---

58 Der Begriff des Zwecks wird hier damit bewusst in einem sehr engen Verständnis auf die Inhalte des Handelns in Organisationen begrenzt, ohne damit die Positionen des zweckrationalen Organisationsverständnisses zu übernehmen. Selbstverständlich haben je nach Betrachter Organisationen noch weitere Zwecke. Schon die Frage danach, welche Zwecke eine Organisation für ihre Mitarbeiter erfüllt, kann mit Formulierungen von „Lebensunterhalt sicherstellen" bis „Sinnerfüllung" beantwortet werden (Simon, 2007: 29ff.).

59 Diese Kategorien folgen der volkswirtschaftlichen Unterteilung in den primären, sekundären, tertiären Sektor und quartären Sektor. Dem primären Sektor werden die Lieferanten für Rohstoffe zugeordnet. Dies sind z. B. die Land- oder die Forstwirtschaft. Der sekundäre Sektor wird auch industrieller Sektor genannt und umfasst in erster Linie Industrie und Handwerk. Im tertiären Sektor werden Dienstleistungen, wie Handel, Logistik, oder klassische Dienstleistungen, wie Gesundheitsdienste, zusammengefasst. Zum quartären Sektor werden wissensintensive Bereiche, wie beispielsweise die Informationstechnologie oder die Rechts- oder Steuerberatung gezählt. Daher wird dieser Bereich auch als Informationssektor bezeichnet (vgl. Friedrich/Wiedemeyer, 1998).

60 Komplexität kann aus systemtheoretischer Sicht als ein Maß für die Menge der beteiligten Elemente, der Anzahl der Verbindungen und Kommunikationen untereinander sowie der Stabilität der Verbindungen verstanden werden. Der Begriff der Komplexität zielt damit sowohl auf die Dynamik als auch die hohe Vielfalt an Beziehungen ab. Eine relative Zieloffenheit kann dabei genauso zu einem Anstieg der Komplexität beitragen wie die Vernetzung und Dynamik der sachlichen und sozialen Beziehungen (vgl. Willke, 2001).

der Grenze der Organisation zu lokalisieren sind. „Aufgabe" bezeichnet eine inputorientierte Perspektive, „Problemlösung" bezeichnet eine outputorientierte Perspektive (vgl. Luhmann, 2000: 262).[61] LUHMANN weist darauf hin, dass die Unterscheidung der Input- und Outputgrenze gleichzeitig eine Unterscheidung von Vergangenheit und Zukunft ist (ebd.: 260). Mit der Festlegung einer Aufgabe trägt diese die Bedingungen und Konsequenzen für das Handeln bereits in sich. Vor der Handlung sind Regeln für die Bearbeitung der Aufgabe im Rahmen der Aufgabendekomposition bereits ausgeprägt worden. Es gilt: „Was nicht erlaubt wird, ist verboten" (ebd.: 266)[62]. Eine Orientierung an der Problemlösung und damit an der Zukunft determiniert Handeln hingegen nicht. Das Problem könnte auf die eine, aber auch auf andere Arten gelöst werden. Es gilt daher: „Was nicht verboten ist, ist erlaubt" (ebd.: 266). Die Aufgabenbearbeitung und das Problemlösen unterscheiden sich daher im Grad der Handlungsfreiheit. Das problemlösende Handeln benötigt weniger vorgedachte Regeln und macht damit Handeln auch in komplexen Situationen und mit geringem Koordinationsbedarf möglich.

Neben der Unterscheidung zwischen Aufgabe und Problemlösung kann auch zwischen Aufgabe und Problem unterschieden werden. Wie lassen sich diese Formen differenzieren? Die Kognitionspsychologie widmet dem Prozess des individuellen Problemlösens große Aufmerksamkeit.

---

61   In der Theorie der sozialen Systeme wird diese Unterscheidung als Konditionalprogramme (Input) und Zweckprogramme (Output) bezeichnet. Die Programme fokussieren die Wahrnehmung und ermöglichen dann situationsbezogene Entscheidungen (vgl. Luhmann, 2000: 261f.).

62   Erneut wird deutlich, dass die hier betrachteten Organisationsdimensionen nicht unabhängig voneinander sind. Die Aufgabenorientierung setzt Regelungen (→3.3.1) voraus, deren Dichte in der Organisation mit der Unterschiedlichkeit der zu bearbeitenden Aufgaben ansteigen muss. Der Koordinationsbedarf, der sich aus der Zerlegung der Aufgabe in Teilaufgaben ergibt, steigt ebenfalls mit der Komplexität der Aufgaben (→3.2.3).

Als Kriterien für die Unterscheidung einer Aufgabe von einem Problem können in Anlehnung an DÖRNER[63] folgende Dimensionen analysiert werden:

- der Definitionsgrad der Ausgangssituation,
- der Bekanntheitsgrad der Mittel
- und die Klarheit der Ziele

Aus den Kombinationen der drei Faktoren können folgende Typen abgeleitet werden. Der Übergang von der klar definierten Aufgabe zum unscharf konturierten Problem ist dabei fließend.

Sowohl die Bekanntheit der Mittel als auch die Klarheit des Ziels sind dabei nicht unabhängig vom Problemlöser. Das Wissen über die Fachlichkeit und den Kontext der Aufgabenstellung bzw. der Problemsituation bedingen die Lösungsoperation. Dies muss sowohl für einzelne Personen als auch für die Organisation gelten (vgl. Gessler, 2009b: 36). Auch solche Herausforderungen, die anfänglich ein Problem darstellen, da Ausgangssituation, Mittel/Wege und Ziel unklar sind, werden durch Wiederholung zu einer Aufgabe. Probleme werden einmal gelöst. Wird die gleiche Herausforderung erneut bearbeitet, gewinnt sie zunehmend den Charakter einer Aufgabe.

Zusammenfassend lassen sich für die Zweck einer Organisation und ihrer Untereinheiten folgende Unterscheidungen formulieren:

- vergangenheitsorientiert/zukunftsorientiert
- Aufgabenbearbeitung/Problemlösung
- wiederholend/einmalig
- stabilisieren, routinieren/verändern

Diese Dualitäten des Zwecks sind keine absoluten Werte, sondern im Sinne der einleitend dargestellten Widerspruchssystematik als komplementäre Widersprüche zu verstehen. Routine und Innovation bilden die beiden Extreme einer Skala.

---

63 DÖRNER diskutiert die Dimensionen „Bekanntheitsgrad der Mittel" (= „Geschlossenheit des Operatorinventars") und „Klarheit der Zielkriterien" (= „Geschlossenheit der Zielsituation") und erarbeitet aus ihnen die Grundlage für die Ableitung von drei „Barrieretypen", die es in Problemsituationen zu bewältigen gilt (vgl. Dörner, 2009; erstmals 1989).

Tabelle 4: Aufgaben- und Problemtypen

Ausgangssituation	Mittel/Wege	Klarheit des Ziels	Typ
gut definiert	bekannt	hoch	Berechnung, Routine
gut definiert	bekannt	gering	Kombinatorik
gut definiert	unbekannt	hoch	Entwicklung
gut definiert	unbekannt	gering	Forschung
schlecht definiert	bekannt	hoch	Fehlerberechnung
schlecht definiert	bekannt	gering	Gesetzesauslegung
schlecht definiert	unbekannt	hoch	Fehlersuche
schlecht definiert	unbekannt	gering	Entdeckung, Innovation

Quelle: Eigene Darstellung

3.2 Funktionale Dimension

Die funktionale Dimension betrachtet die Organisation als die Tätigkeit des Organisierens (vgl. Weick, 1995). Bevor die instrumentale Dimension die Frage beantwortet, welche Formen von Ordnung entstehen, wird hier die Frage thematisiert, wodurch Ordnung entsteht. Damit schließt die funktionale direkt an die institutionelle Dimension an und ist Voraussetzung für die instrumentale Dimension.

Die Zwecke der Organisation konkretisieren sich in Handlung steuernden Zielen (→ 3.2.1). Eine bedeutsame Eigenschaft von Organisationen ist in der Folge ihre Fähigkeit zum arbeitsteiligen Handeln (→ 3.2.2). Organisationen „können tun, was einzelne Menschen nicht tun können" (Simon, 2007a: 117). Sie ermöglichen es, widersprüchliche Ziele, die sich aus möglicherweise widersprüchlichen Ansprüchen und Interessen der Umwelten ergeben, unterschiedlichen Personen zuzuweisen (vgl. Schreyögg, 2003: 10). Arbeitsteiliges Arbeiten erfordert wiederum Koordination (→ 3.2.3), damit die getrennt voneinander bearbeiteten Aufgaben ein funktionierendes Ganzes ergeben können.

3.2.1 Ziele

In den meisten Definitionsansätzen zum Organisationsbegriff wird die Zielgerichtetheit als hervorgehobenes Kennzeichen betont (vgl. Kieser/Walgenbach, 2007: 7). Auch WEICK formuliert, die meisten Organisationstheoretiker gingen „davon aus, dass Organisieren unternommen wird, um die Zielerreichung voranzutreiben" (Weick, 1995: 33). Genauso weist SCHREYÖGG darauf hin, dass Organisationstheorien die Ordnung in der Regel als ein Mittel zum Zweck der Zielerreichung[64] der Organisation verstehen (vgl. Schreyögg, 2003:6).

Ziele lassen sich sowohl inhaltlich als auch in ihrer zeitlichen Perspektive unterscheiden. Beispiele für inhaltliche Zielunterscheidungen wären Termin-, Budget-, Produktivitäts- oder Ergebnisziele. Zeitlich lassen sich Ziele in kurz-, mittel- und langfristige Ziele unterteilen. Nicht alle Ziele eines Unternehmens werden dabei konkret ausgearbeitet, in messbare Werte transferiert und dienen daher als eindeutige Handlungsleitlinien. Aber auch nicht-operationale Ziele erfüllen eine Funktion. Gerade wegen ihrer Unbestimmtheit können sie von nahezu allen Organisationsmitgliedern akzeptiert werden. Dadurch, dass sie zur Integration der Organisationsmitglieder beitragen und das Unternehmen von vergleichbaren Organisationen abgrenzen, steuern sie erheblich zur Identität des Unternehmens bei. Sie geben darüber hinaus eine Werthaltung vor, die das Handeln der Mitarbeiter beeinflussen kann (vgl. Kieser/Walgenbach, 2007: 9). Operationale Ziele dienen zur Fokussierung eines Zufriedenheitsniveaus und sind damit klar definiert („Wir wollen eine Eigenkapital-Rendite von 25 % erreichen"). Nicht operationale Ziele vermitteln Werte und schaffen Identität und sind damit interpretierbar, ja, müssen interpretiert werden, um handeln zu können („Unser höchstes Gebot ist die Zufriedenheit der Kunden").

In den Theorieansätzen des strategischen Managements wird ein direkter Bezug zwischen der zeitlichen Bedeutung von Zielen und den Ebenen des

---

64   Die Verwendung der beiden Begriffe Ziele und Zweck ist nicht trennscharf. Zweck und Ziel gehen etymologisch beide auf den griechischen Begriff telos (τέλος) zurück. Im Englischen wird der Unterschied zwischen dem Beweggrund und dem Ergebnis des Handelns durch „purpose" (Zweck) und „objective" (Ziel) verdeutlicht.

(Management-) Handelns hergestellt. So formulieren beispielsweise WELGE/AL-LAHAM: „Das oberste strategische Ziel einer Unternehmung besteht in der Sicherung der Überlebensfähigkeit der Unternehmung. Dieses Globalziel konkretisiert sich auf einer zweiten Hierarchieebene in der Erzielung eines langfristigen Erfolges" (Welge/Al-Laham, 2003: 129). Das als Globalziel gekennzeichnete Ziel kann mit dem oben beschriebenen permanenten Zweckverständnis gleichgesetzt werden. Die Aufgabe des strategischen Managements ist es dann, langfristige Ziele zu formulieren, die auf der operativen Ebene weiter ausdefiniert werden müssen.[65] Das Ergebnis dieses Prozesses wäre eine vom Organisationsziel ableitbare eindeutige Zielhierarchie bis auf die Ebene der Einzelziele.

Dieses Zielfindungsverständnis als Ergebnis von rationalem Managementhandeln kann als realitätsfern kritisiert werden, da es auf die Existenz nur eines übergreifenden „Organisationsziels" als Verhalten steuernd[66] für die Organisationsmitglieder zurückgreift (vgl. Hauschildt, 1981; Simon, 2007a, 2007b). In den verhaltenswissenschaftlich geprägten Organisationstheorien werden Ziele als Ergebnisse von Aushandlungsprozessen verstanden. Individualziele werden durch einen (macht-) legitimierten Einigungsprozess in Organisationsziele transformiert (vgl. Cyert/March, 1963). In den Ansätzen des strategischen Managements sind die Organisationsziele das Ergebnis eines expertengestützten Strategieprozesses, der neben den individuellen Zielen auch die Einflüsse von Organisation und Umwelt berücksichtigt (vgl. Welge/Al-Laham, 2003: 103ff.).[67]

---

[65] Die im Zitat von Welge/Al-Laham implizit enthaltene Gleichsetzung von Handlungsebenen und Hierarchieebenen wird im Abschnitt 3.3.2 Strukturen thematisiert.

[66] Den Zielen kommt insofern eine fundamentale Bedeutung zu, als das Handeln der Mitarbeiter durch Ziele ausgerichtet werden soll. Dies kommt in der den Zielen zugeschriebenen Orientierungs- und Steuerungsfunktion zu (vgl. Bea, 2001: 67f.).

[67] Zur Kritik dieser Idee der rationalen Zielfindung, insbesondere der Möglichkeit konträrer Zielsetzungen, siehe HAUSCHILDT (1981). Menschen und Organisationen sind nicht identisch. Jeder Mensch hat seine eigenständige Identität. Daher müssen auch die Ziele einzelner Menschen und Organisationen nicht übereinstimmen (vgl. Luhmann, 2000; Simon, 2007:

„Moderne" Unternehmen sind durch eine Vielstimmigkeit von unterschiedlichsten Interessen, Zielen und Paradigmen gekennzeichnet und haben es mit einer Vielzahl von Anspruchsgruppen und Umweltsphären zu tun. Da nicht davon ausgegangen werden kann, dass alle organisationsintern ausgehandelten Ziele konsistent sind, ist mit Konflikten zwischen den einzelnen Zielen zu rechnen. Um zu erklären, warum Organisationen (genauer formuliert ihre Mitglieder) trotzdem handlungsfähig bleiben, wird der Begriff der „lokalen Rationalität" verwandt. Die Organisation differenziert sich in unterschiedliche Subsysteme, die durchaus in der Lage sind, konkurrierende Ziele zu verfolgen (vgl. Simon, 2007a: 119f.). Laut GEBERT sind „partiell gegensätzliche Zielorientierungen der Unternehmensführung" allgegenwärtig und der zentrale Hintergrund für Dilemmata in Organisationen (Gebert, 2004: 195).

WOLF hat mehrere entscheidungstheoretische Ansätze[68] systematisiert und herausgearbeitet, welche Entscheidungsmodelle diesen Ansätzen zugrunde liegen[69]. Er erkennt drei grundlegende Unterscheidungen im Verständnis und Umgang mit Zielen. Erstens ist es unterschiedlich, ob sich die Ansätze mit einzelnen organisationsweiten oder mehreren, zum Teil konträren Zielsetzungen beschäftigen. Die Ziele werden zweitens als veränderbar oder statisch konzeptionalisiert. Des Weiteren sind die entscheidungstheoretischen Ansätze drittens danach differenzierbar, ob sie bei der Entscheidung von einer vollkommenen Informationsbasis oder einer unvollkommenen Informationsbasis ausgehen. Demnach wären Entscheidungen und Handlungen entweder in einem von Sicherheit, in einem von Risiko oder in einem von Unsicherheit geprägten Umfeld notwendig (vgl. Wolf, 2005: 112).

16ff.). „Organisationen können zwar als Mittel zum Zweck verstanden werden, aber dann sind sie Mittel zu unterschiedlichen, oft *konkurrierenden* und manchmal sogar sich *gegenseitig ausschließenden* Zwecken" (Simon, 2007: 30).

68 Beispiele sind die Ansätze der Spieltheorie (vgl. Rieck, 2007) oder die Rational Choice Ansätze (vgl. Coleman/Fararo, 1992)

69 Da die Zielformulierung als formale Darstellung einer Entscheidungsregel verstanden werden kann, lässt sich an diesen Modellen auch ablesen, welches Zielverständnis implizit oder explizit zugrunde liegt (vgl. Laux, 1995).

Gemeinsam ist allen Varianten, dass sie einen anzustrebenden Zustand in der Zukunft definieren. Sie nehmen Zukunft vorweg und sagen Zukunft voraus (vgl. Bergmann/Garrecht, 2008: 40). Während der Zweck einer Organisation permanent existiert, definieren Ziele Vorgaben und Sollwerte für einen konkreten Zeitraum und unterliegen selber wieder Veränderungen im Laufe der Zeit. Durch Ziele sollen ohne Vorgabe von konkreten Wegen die Handlungen der betroffenen Organisationsmitglieder koordiniert werden. Die Ziele unterscheiden sich von den Regeln durch einen höheren Freiheitsgrad im Handeln und bedingen daher im Umkehrschluss eher eine Orientierungs- als eine Ordnungsfunktion.

Zusammenfassend lassen sich der Charakter und die Zeitgebundenheit von Zielen folgendermaßen unterscheiden:

- operational/nicht-operational
- langfristig/kurzfristig
- konsistent/konkurrierend
- veränderlich/statisch
- strategisch/operativ
- kollektiv/individuell

3.2.2 Arbeitsteilung

Wenn eine zu bearbeitende Aufgabe in mehrere Teilaufgaben aufgeteilt wird, entsteht ein Bedarf nach Koordination (vgl. Kieser/Walgenbach, 2007: 77ff.). Nach KIESER/WALGENBACH stellt die Arbeitsteilung das „Ausgangsproblem" der organisatorischen Ordnungsentstehung dar. Die Arbeitsteilung und die Koordination sind gleichzeitig Bestandteile, aber auch die Gründe, für Ordnung in Organisationen.

Die Arbeitsteilung ist das Zerlegen einer Gesamtaufgabe in Teilaufgaben. Die Leistungsfähigkeit von Organisationen mit geregelter und koordinierter Arbeitsteilung wird „gemeinhin als Grund für die Entstehung von Organisationen angesehen" (Schreyögg, 2003: 10). Da Arbeitsteilung konstitutiv für das Entstehen der Form „Organisation" angesehen wird, bilden die Arbeitsteilung und die damit oftmals gleichgesetzte Spezialisierung in vielen Organisationstheorien eine nicht infrage gestellte Grundannahme.

Der Begriff der Arbeitsteilung ist älter als die Disziplin der Organisationsforschung selbst. ADAM SMITH (1723-1790) brachte den Begriff mit seinem Werk „Der Wohlstand der Nationen" (im Original: „An inquiry into the nature and causes of the wealth of nations" (vgl. Smith, 1776)) in die volkswirtschaftliche Diskussion ein. Er formulierte darin seine Beobachtung, dass unter anderem die Arbeitsteilung und die Spezialisierung die Grundlagen für den steigenden Wohlstand einer Nation bilden. Die Produktivitätssteigerungen werden seiner Beobachtung zufolge erst dadurch ermöglicht, dass Menschen bei sich wiederholenden Aufgaben eine hohe Geschicklichkeit entwickeln, wodurch die Fehlerquote sinkt und die Arbeitsleistung steigt (vgl. Bergmann/Garrecht, 2008: 24). Die Beschäftigung mit der Arbeitsteilung ist aber noch viel älter. Schon in der „Politea" Platons (5/4. Jh. v. Chr.)[70] lassen sich Belege für die Arbeitsteilung im „Alten Griechenland" finden, wenn PLATON die unterschiedliche persönliche Eignung von Menschen für Ackerbau, Werkzeugherstellung oder Baumeisterei feststellt (vgl. Kieser, 2006b: 94).

Ähnlich, wie ADAM SMITH im 18. Jahrhundert dies für die Produktion von Stecknadeln beobachtete, sprach WEBER der bürokratischen Arbeitsteilung zu, die bis dato effizienteste Organisationsform für Verwaltungsorganisationen zu sein. In den klassischen Organisationstheorien von FAYOL oder TAYLOR bildet die Arbeitsteilung ebenfalls den Ausgangspunkt der organisatorischen Gestaltung (vgl. Wolf, 2005: 95). Insbesondere der arbeitswissenschaftliche Ansatz von TAYLOR hat die Vorteile der Arbeitsteilung und der Spezialisierung mit empirischen Methoden, wie beispielsweise „Zeit und Bewegungsstudien" zu belegen versucht.[71] Auch

---

70 Politea (griechisch) = Staat, Verfassung. Die „Politea" ist um 370 v. Chr. entstanden und wird als das bedeutendste Werk Platons bezeichnet (vgl. Kersting, 1999).

71 Der wissenschaftliche Bedeutungszuwachs der Arbeitsteilung und Spezialisierung fällt zeitlich mit der Verbreitung der Industrialisierung zusammen. In dieser Zeit standen nicht ausreichend qualifizierte Mitarbeiter zur Verfügung, welche die neuartigen Maschinen hätten bedienen können. Die Zerlegung von Arbeitsprozessen in einzelne, einfach zu erlernende Handgriffe kann daher sowohl als Folge der Arbeitsteilung (Arbeit wird geteilt, daher ist keine Qualifizierung notwendig) als auch als der Auslöser derselben angenommen werden (Arbeit muss geteilt werden, da nicht ausreichend Qualifikation vorhanden ist).

aktuelle mathematisch-entscheidungstheoretische Ansätze beschäftigen sich mit dem Finden von optimalen Teilungsformeln und Zergliederungsmaßen von Arbeit.

Schon die klassischen Ansätze haben nicht nur die Vorteile der Arbeitsteilung im Blick gehabt, sondern sich auch mit den Nachteilen auseinandergesetzt. Kritisiert wurden die Monotonie von Aufgaben, die zunehmende Entfremdung von den Arbeitsergebnissen, aber auch die Tatsache, dass aufgrund der vorgeplanten Arbeitsschritte kein individueller Wissensaufbau notwendig und möglich war. Aufgrund der „technischen Überlegenheit", des Produktivitätszuwachses und der fehlenden Fachkräfte für komplexere Aufgaben wurden diese Nachteile jedoch in Kauf genommen. Insbesondere die Gewerkschaften standen den Folgen der Spezialisierung zu Beginn der Industrialisierung negativ gegenüber. Weil sie jedoch davon ausgingen, dass auch die Arbeiterschaft vom zukünftigen Wohlstand profitieren würde, wurde das System der Arbeitsteilung und Spezialisierung zunehmend als gegeben akzeptiert. Die Forderungen und Verhandlungen verlagerten sich auf die Ausgestaltung innerhalb des Systems und stellten nicht mehr die Grundprinzipien infrage (vgl. Schreyögg, 2003: 42).

Die Human Relations Bewegung thematisierten die Nachteile, wie die Monotonie der Arbeit, die geringe Identifikation mit dem Arbeitsergebnis und in der Folge den hohen Krankenstand und die große Mitarbeiterfluktuation (vgl. Kieser/Walgenbach, 2007: 81ff.). Die Human Resources Ansätze erneuerten die Kritik an der Arbeitsteilung und der Spezialisierung. Aufgrund eines aus der humanistischen Psychologie entliehenen Menschenbildes sehen die Vertreter Spannungen zwischen der Spezialisierung und dem den Menschen innewohnenden Reifestreben und der Tendenz, Initiative und Verantwortungsbewusstsein zu entwickeln. Allerdings hat auch diese Richtung der Organisationstheorien die Arbeitsteilung nicht grundsätzlich infrage gestellt. Mit Konzepten wie „Job rotation", „Job enlargement" oder „Job enrichment" wird versucht, die Nachteile der Arbeitsteilung innerhalb ihrer Rahmenbedingungen abzumildern (vgl. Becker, 2002).

Die Arbeitsteilung erfüllt die Funktion der Differenzierung und ist damit ein Instrument zur Komplexitätsbewältigung. Der Komplexität einer Aufgabe wird die Komplexität im Inneren entgegengestellt. Als Alternative dazu wird seit dem Beginn der 1990er Jahre die Prozessorganisation als vollkommene Ausrichtung an der Lösung oder dem Ergebnis eines Prozesses diskutiert. Business Process Management (vgl. Hammer/Champy, 1995; Osterloh/Frost, 2006; Gaitanides, 2008) ist ein Ansatz zur Reduzierung der Arbeitsteilung. Der Hebel für weitere Produktivitätssteigerungen wird nicht in einer zunehmenden Differenzierung, sondern in der Reduktion von Schnittstellen und Leerlaufzeiten in der Bearbeitung von Aufgaben gesehen. In der Arbeitsteilung wie in der Koordination spiegeln sich mit dem Differenzieren und dem Integrieren die konträren Funktionen der Organisationsfunktion und damit der Ordnung wider (vgl. Schreyögg, 2003).

Da vorausgesetzt werden kann, dass die Funktion der Komplexitätsbearbeitung auch in Zukunft notwendig ist[72], muss die Differenzierung durch ein anderes Instrument ersetzt werden. Insbesondere moderne Informationstechnologien sollen die Notwendigkeit der Spezialisierung reduzieren. Die Verfügbarkeit von Expertenwissen zur gleichen Zeit an verschiedenen Stellen und die Nutzbarkeit schneller Suchprozeduren sollen den Einzelnen in die Lage versetzen, sachlich, zeitlich, räumlich und operativ komplexe Aufgaben zu bearbeiten (vgl. Hammer/Champy, 1995: 53ff.).[73] Die Spezialisierung Vieler wird dann durch die Befähigung Einzelner zur möglichst abschließenden Bearbeitung ersetzt. Damit wird letzten Endes auch eine Forderung der Human Relations/Human Resources Ansätze realisiert. Denn die Arbeitsgestaltung unterscheidet sich damit deutlich hinsichtlich der Vielfältigkeit, des Ganzheitscharakters und des Bedeutungsgehalts der Aufgabe, sowie der Autonomie des Handelns und der Rückkopplung der Ergebnisse.[74] Mit dieser Umstellung wird die Hoffnung auf eine bessere und

---

72 Hinter dieser Aussage steht die Annahme, dass die Komplexität sowohl der Aufgaben als auch der Lösungen und Produkte im Verlaufe der Zeit eher zu- als abnimmt.

73 Die hohen Erwartungen, die mit dem Paradigmenwechsel der Prozessorganisation verknüpft worden sind, konnten bis heute nicht eingelöst werden (Da die Verfügbarkeit von Informationen in IT-Systemen nur für Routine-Probleme nutzbar ist.

74 Diese fünf Dimensionen sind dem „Job-Characteristics-Model" der Motivationspsychologen HACKMAN/OLDHAM entliehen. Es wird angenommen, dass eine hohe Ausprägung dieser fünf Faktoren zu einer erhöhten Arbeitsmotivation und damit zu einer besseren Leistung führt. Nach dem Job-Characteristics-Model müssen folgende Bedingungen einer Arbeitssituation erfüllt sein, damit eine hohe Arbeitsmotivation entsteht: „1. Sie erfordert verschiedenartige

effizientere Aufgabenerledigung verbunden. Der empirische Beleg für diese Erwartungshaltung ist bis heute nur für das Anwendungsgebiet der Routineprozesse erbracht (vgl. Diller/Ivens, 2006: 14ff.; Schreyögg, 2003: 206). Mit der Weiterentwicklung von Informationssystemen hin zu Business Intelligence Systemen wird jedoch erneut die Hoffnung verknüpft, dass die Prozessorganisationen die Nachteile der Arbeitsteilung nicht nur bei der Routine, sondern auch bei den Innovationsprozessen reduzieren können (Gaitanides, 2008; Osterloh/Frost, 2006).

Aus dieser Neuorientierung ergeben sich zwei grundlegende Konsequenzen. Zum einen begründet die Abkehr von der funktionsorientierten Spezialisierung zur prozessorientierten Spezialisierung[75] eine neue Fachlichkeit. Es entsteht der Bedarf nach neuen interdisziplinären Ausbildungs-, Studien- und Berufsbildern und den dazu notwendigen Qualifizierungswegen, welche die etablierten Funktionalen ergänzen. Die zweite Konsequenz ist, dass der Zeitpunkt der Komplexitätsbearbeitung aus der a priori geplanten Ordnung in das ad hoc des Handelns verlagert wird. Wird der Aspekt der Zeit betrachtet, muss mit dieser Verlagerung von Entscheidungen aus der Vergangenheit in das Jetzt der Situation die Verlagerung von einer Qualifikations- zu einer Kompetenzorientierung

---

Fertigkeiten und Fähigkeiten für die erfolgreiche Aufgabenbewältigung. 2. Sie erfordert die Herstellung eines "ganzen" Produkts oder eines erkennbaren Stücks davon. 3. Sie beinflußt das Leben oder die Tätigkeit anderer Personen in bedeutsamer Weise. 4. Sie gibt ausreichenden Handlungsspielraum für die individuelle Aufgabenerfüllung. 5. Sie führt zu direkten und klaren Handlungsergebnissen, die von der Person unmittelbar beobachtbar sind." (Kil/Leffelsend/Metz-Göckel, 2000: 116). Faktorenanalytische Prüfungen auf Basis des Job Diagnostic Survey (JDS) bestätigen die Existenz mehrerer, unabhängiger Merkmale und Dimensionen, die Auswirkungen auf das Motivationspotenzial von Arbeitssituationen haben (vgl. Schmidt/Kleinbeck, 1999: 219ff). KIL ET AL. haben beispielsweise die Variablen Zielklarheit, Beanspruchung und Organisationsbindung ergänzt.

75 An dieser Stelle wird bewusst das naheliegende Wortpaar Spezialisierung/Generalisierung vermieden. Mit der Unterscheidung von funktionsorientierter und prozessorientierter Spezialisierung soll verdeutlicht werden, dass das Wissensniveau (nicht der Inhalt) vergleichbar bleibt.

einhergehen. Entscheidend für ein erfolgreiches Handeln ist nicht mehr die Beherrschung bereits zuvor erdachter Lösungen, sondern die Fähigkeit, eigene Lösungen aus der neuartigen Verknüpfung von Informationen zu generieren.

Die Auseinandersetzung zwischen den Formen der Arbeitsteilung und der Aufgabenintegration ist in der Theorie bis heute nicht entschieden, in der Praxis wird es nur schwer gelingen, (größere) Organisationen zu finden, deren Gestaltungsansatz nicht zum überwiegenden Teil auf dem Prinzip der Arbeitsteilung basiert.

Aus dem Vergleich unterschiedlicher und alternativer Ansätze zur Arbeitsteilung lassen sich für die Unterscheidung von Organisationsmodellen folgende Attribute zusammenfassen:

- monothematisch/interdisziplinär (Vielfältigkeit der Aufgabe)
- Aufgabenbearbeitung/Problemlösung (Ganzheitscharakter der Aufgabe)
- fremdbestimmtes Arbeiten/selbstbestimmtes Arbeiten (Autonomieerleben)
- qualifikationsorientiert/kompetenzorientiert
- funktionsorientiert/prozessorientiert

3.2.3 Koordination

„Arbeitsteilung erzeugt *Koordinationsbedarf*" (Kieser/Walgenbach, 2007: 100). Durch das Aufteilen einer Gesamtaufgabe auf eine Vielzahl unterschiedlicher organisatorischer Einheiten (Stellen, Abteilungen, Standorte, Schichten, etc.) entsteht die Notwendigkeit, die „separat erledigten Teile wieder zusammenzuführen, so dass eine geschlossene Leistungseinheit entstehen kann" (Schreyögg, 2003: 155).

In diesen Aussagen spiegeln sich mit den Worten „aufteilen" und „zusammenführen" die Funktionen von Arbeitsteilung und Koordination wider. Die Arbeitsteilung und die Koordination verhalten sich widerstrebend zueinander (vgl. Schreyögg, 2003: 113). Die Differenzierung und die Integration sind grundlegend konträre Funktionen, mit denen Komplexität bearbeitet und handhabbar gemacht wird (vgl. Willke, 2001). Es wird angenommen, dass differenzierte Systeme hinsichtlich ihrer Fähigkeit, Komplexität zu bearbeiten, deutlich leistungsfähiger als undifferenzierte Systeme sind (vgl. Luhmann, 1999: 73). Eine hohe Differenziertheit kann jedoch das Risiko des Identitätsverlustes in sich tragen (vgl. Schreyögg, 2003: 155ff.).

Während die Arbeitsteilung das Merkmal der Differenzierung und damit die Fähigkeit zur Komplexitätsbearbeitung erhöht, integriert die Koordination und reduziert damit genau diese Fähigkeit wieder. „Das zentrale Risiko von Koordination [...] ist Gleichschaltung, oder weniger drastisch ausgedrückt, *Entdifferenzierung*" (Willke, 2001: 112). SCHREYÖGG beschreibt diese Dualität als Rückkopplung von Differenzierung und Integration als Grundproblem der organisatorischen Gestaltung (vgl. Schreyögg, 2003: 206). Die immanente Tendenz zur Differenzierung einer Organisation macht organisatorische Integration in Form von Koordination notwendig. Diese löst eine Rückkopplung zwischen den beiden Funktionen aus.

Während Arbeitsteilung und Koordination noch getrennt gedacht werden können und so eine getrennte Bearbeitung von Differenzierung und Integration möglich machen, trägt die Ordnung als Vergegenständlichung von Arbeitsteilung und Koordination dieses Spannungsfeld in sich.

In der historischen Betrachtung der Organisationsforschung sind folgende Formen der Koordination erarbeitet worden (vgl. zu ähnlichen Kategorisierungen Kieser, 2006c: 220; Kieser/Walgenbach, 2007: 108; Vahs, 2009: 117):

- Koordination durch Selbstabstimmung
- Koordination durch Normen und Werte
- Koordination durch persönliche Weisung
- Koordination durch Standardisierung (Programme, Pläne, Ziele)
- Koordination durch interne Märkte

Selbstabstimmung
Die Selbstabstimmung kann als die historisch älteste und einfachste Form der Koordination angesehen werden. Sie beruht auf der direkten Kommunikation der Organisationsmitglieder miteinander und versetzt diese dadurch in die Lage, Entscheidungen in der Gruppe dann zu treffen, wenn Abstimmung notwendig ist. „Auf Koordinationsaufgaben spezialisierte Personen (Führungskräfte) gibt es nicht

(vgl. Vahs, 2009: 118). Da sich die betroffenen Mitglieder selbst abstimmen, wird diese Form auch als Selbstkoordination, Selbststeuerung[76] oder Teilautonomie bezeichnet. Das Prinzip der Selbstabstimmung sieht vor, dass es nicht eine Stelle der Koordination gibt, sondern, dass sich die Steuerung aus den Eigenschaften der Objekte und deren dynamischen Relationen zueinander selbst ergibt (vgl. Sydow, 2003).[77] In dieser Ausprägung ist die Koordination nicht formalisiert. „Die formale Koordination von Handlungen hat in Kleingruppen noch keine Bedeutung; man kennt die wechselseitigen Handlungsgewohnheiten und kann über zukünftiges Handeln miteinander sprechen" (Schreyögg, 2003: 32). Das Mittel der informalen Koordination der Selbststeuerungslogik ist die direkte Kommunikation aller Beteiligten miteinander. Sie ist in erhöhtem Maße notwendig, um Abstimmungsprozesse durchzuführen. Ist dies aus zeitlichen, räumlichen Gründen oder aufgrund der Anzahl der Beteiligten (und der damit verbundenen Abstimmungsaufwände) nicht möglich, entstehen Formen der formalen Koordination. Von einer institutionalisierten Koordination durch Selbstabstimmung kann dann gesprochen werden, wenn diese Koordinationsform „offiziell" vorgesehen ist. Dies ist beispielsweise in den Ansätzen zu teilautonomen

---

76 Auf Personen bezogen, ist die Selbststeuerung besonders als Konzept der pädagogischen Lernpsychologie bekannt. SCHIEFELE/PEKRUN betonen den komplementären Charakter dieser Dualität, indem sie hervorheben, dass „Lernen sowohl fremd- als auch selbstgesteuert ist" (Schiefele/Pekrun, 1996: 250). Die Unterscheidung zwischen Selbst- und Fremdsteuerung ist folglich nur zu analytischen Zecken sinnvoll, da keine von beiden Formen ohne die jeweils andere denkbar ist.

77 Zwei Eigenschaften von sozialen Systemen sind dabei entscheidend. Dies ist zum einen die Komplexität, von der angenommen wird, dass sie nicht im Voraus in Entscheidungsmodellen abgebildet werden kann. Des Weiteren ist dies die Eigenschaft der Emergenz (=Entstehen von etwas Neuem aus bekannten Konfigurationen, das aus der Kenntnis über die Elemente nicht vorhergesehen werden kann. Das Neue ist daher mehr als die Summe der Teile (vgl. Neuberger, 2002: 625)). Damit wird die Indeterminiertheit des Systemverhaltens bezeichnet. Jede Reaktion, die ein System erzeugt, hätte potentiell auch anders geschehen können. Organisationsstrukturen, denen die Prämisse der Fremdsteuerung zugrunde liegt, sind hingegen hierarchisch angeordnet. Jede Entscheidung eines Unternehmens wird nur an genau einer vorher festgelegten Stelle getroffen.

Gruppen in Industrieunternehmen der Fall und wenn die Organisation Ressourcen (Zeit oder Räume) für diese Selbstabstimmung zur Verfügung stellt.

In den klassischen Organisationstheorien wird die Selbstabstimmung als Koordinationsform nicht thematisiert.[78] Das entstehende Bild des Managements als bewusster Unternehmensgestaltung blendete diese Form als nicht relevant aus. Die Erkenntnis, dass die Organisationsmitglieder sich auch außerhalb geplanter Kommunikationswege verständigen und dadurch koordinieren, wurde seit den Human Relations Ansätzen (ab 1930) als zu behebende Schwäche der formalen Koordinationsformen diskutiert. In jeder Organisation wird ein Teil der Koordination durch Selbstabstimmung geleistet (vgl. Mintzberg, 1992). Allerdings unterscheiden sich die Organisationsprinzipien darin, ob sie dies als Konstruktionsfehler und mangelnde Planung bewerten, oder ob sie dies als eine Fähigkeit der Organisation und ihrer Mitglieder betrachten. Aus der ersten Perspektive der klassischen Ansätze und ökonomischen Ansätze ist der Mangel mit noch höherer formaler Koordination zu beheben. In den postmodernen und systemtheoretischen Ansätzen wird die Selbstabstimmung als gegeben und funktional für die Organisation erachtet. Die Human Relations Ansätze wiederum verknüpfen mit Formen der Selbstabstimmung die Möglichkeit zur Demokratisierung der Arbeitswelt (vgl. Schreyögg, 2003).

Normen und Werte
Für die Organisationskultur als Koordinationsform (vgl. Schein, 1996, 2006) wird angenommen, dass sich das Handeln der Organisationsmitglieder auf Basis von gemeinsam getragenen Wertvorstellungen und Normen ausrichtet. Diese

---

78   Daraus darf nicht geschlossen werden, dass diese Form der Koordination nicht existierte. Vielmehr ist der Grund darin zu sehen, dass gerade die Erfolge der geplanten Arbeitsteilung Gegenstand der Beobachtungen war. TAYLOR, FAYOL und auch WEBER beschrieben die neuen Funktionen des Managements und die Vorzüge des Idealtyps der Bürokratie. WOLF weist beispielsweise darauf hin, dass bereits FAYOL in seinen Arbeiten die Koordination nicht notwendigerweise als geplant, sondern auch als im Verlaufe des Handlungsprozesses notwendig ansah (vgl. Wolf, 2005: 85).

funktionalistische Sichtweise auf die Organisationskultur[79] orientiert sich an der integrativen Fähigkeit von kulturellen Orientierungsmustern. Diese Muster bilden sich organisationsspezifisch historisch aus. In den Untereinheiten der Organisation, die über einen eigenen historischen Erfahrungsraum verfügen, bilden sich sogenannte „Sub-Kulturen". Die Normen sind Vorstellungen davon, was richtiges und was falsches Verhalten ist. So formulieren KIESER/WALGENBACH: „Je mehr Mitglieder in einer Unternehmung in ihren Überzeugungen übereinstimmen und je stärker diese Übereinstimmung ist, desto eher werden diese Vorstellungen handlungsleitend, desto eher können sie eine Koordination der Aktivitäten verschiedener Organisationsmitglieder bewirken" (Kieser/Walgenbach, 2007: 131).

Der Begriff „Kultur" ist von EDGAR SCHEIN in die organisationstheoretische Diskussion eingebracht worden. Die Grundannahmen, wie Werte und Normen sind demnach nicht sichtbar und damit implizit. Sie können nur (re-)konstruiert werden, indem man Handlungen, aber auch Symbole und Artefakte analysiert (vgl. Schein, 2006). Im Rahmen der verhaltenswissenschaftlichen Organisations- und Managementansätze sind auch Annahmen formuliert worden, wie sich Kultur durch formale Instrumenten beeinflussen lässt. Dieser Richtung sind Konzepte, wie Führungsgrundsätze, Unternehmensleitlinien oder Unternehmensphilosophien, zuzuordnen. Diese Instrumente sind so ausgeprägt, dass sie keine konkrete Koordination von Handlung ermöglichen. Vielmehr versuchen sie, ein Wertegerüst zu vermitteln, das die „richtige" Interpretation in der Handlungssituation ermöglicht (vgl. Wunderer, 1980).

Persönliche Weisung
Durch persönliche Weisung erfolgt die Koordination im Rahmen der vertikalen Hierarchiestruktur. Die Hierarchie legt die Zuständigkeit für jede Entscheidungssituation fest, bevor die Entscheidung überhaupt getroffen werden muss. Diese Form der Koordination ist der Handlungssituation nachgelagert (vgl. Vahs, 2009: 118). Das bedeutet, eine Abstimmung findet erst dann statt, wenn

---

79 Davon abzugrenzen ist die kognitiv-interpretative Perspektive, die Unternehmenskultur als sinnstiftend versteht.

Probleme im Handeln aufgetreten sind. Erst dann wird die Entscheidungsbefugnis der Hierarchie aktiviert. Die Voraussetzung dafür sind formale Über- und Unterordnungsbeziehungen und eine hohe Qualifikation der Entscheidenden, da zwar die Entscheidungs-Orte formal definiert sind, die Entscheidungsinhalte jedoch situativ festgelegt werden müssen. Die persönliche Weisung bildet zusammen mit der Koordinationsform der Standardisierung die am besten ausgearbeitete Form der Organisationsforschung.[80] Bis zum Beginn der Industrialisierung war das Wirtschaftsleben durch handwerkliche Betriebe mit wenigen Mitarbeitern geprägt. In dieser Unternehmensform bedurfte es weniger bis keiner formalisierten Organisationsprozesse oder Strukturen, da alle Fragestellungen durch persönliche Weisungen geregelt werden konnten (vgl. Gomez, 2004: 432).

Standardisierung

Während die persönliche Weisung die Entscheidungskompetenz einer Person zuordnet, ist bei der Koordinationsform der Standardisierung die Entscheidung bereits personenunabhängig formalisiert. Diese Formalisierung geschieht zum Beispiel in Richtlinien, Verfahrensanweisungen oder Organisationshandbüchern, welche die entsprechenden Regeln und Ziele[81] vorgeben (vgl. Kieser/Walgenbach, 2007: 115). Generelle Festlegungen sollen die Einzelfallentscheidung der Führungskraft ersetzen und damit die Entscheidungswege der Hierarchie entlasten. Auf Basis von konzeptionellen Überlegungen oder erfolgreichen Handlungen wird vor dem Eintreten der Handlungssituation festgelegt (koordiniert), wie die Handlung zu erfolgen hat.

In der Organisationsforschung wurde mithilfe von Standardisierungs- und Formalisierungsmaßen untersucht, in welchem Umfang Organisationen das Handeln determinieren (vgl. Pugh et al., 1969). Die Vorteile der Standardisierung werden darin gesehen, dass die Handlung durch bereits getroffene Entscheidungen beschleunigt werden kann. Da es allerdings unwahrscheinlich ist, dass alle zu treffenden Entscheidungen a priori entschieden werden können, wird das

---

80   vgl. 3.3.2

81   vgl. 3.3.1 und 3.2.1

Hauptproblem der Koordination durch die Standardisierung darin gesehen, dass die Regeln auch in solchen Situationen angewendet werden, in denen die Routinen nicht passend sind. Die Entscheidungen müssen präventiv getroffen werden, auch um die kognitiven Fähigkeiten der Mitarbeiter zu entlasten. Dies eröffnet den Vorteil der Geschwindigkeit im Entscheidungsprozess, birgt aber auch die Gefahr, dass die Situation, für welche die Entscheidung im Voraus getroffen worden war, eine andere ist, als die aktuell zu entscheidende.

In jedem Fall wird sowohl in der präventiven als auch in der situativen Entscheidungsdelegation die Entscheidung selbst aus der Situation heraus auf einen externen Entscheider verlagert. In den Konzepten der Fremdverantwortung und Selbstverantwortung (vgl. Bronner, 2000) werden die Konsequenzen dieser Verlagerung thematisiert. Im Zentrum steht die Frage, ob die Entscheidungsinstanzen nur für die Ergebnisse oder auch für die Handlungen der zugeordneten Mitarbeiter die Verantwortung tragen (vgl. Bergmann/Garrecht, 2008: 83). Diese Frage stellt sich auch aus der Perspektive der Mitarbeiter. Die Organisationsprinzipien unterscheiden sich daher durch das Verhältnis von Fremd- und Eigenverantwortung sowohl für die Entscheidungen als auch für das Festlegen der Entscheidungsregeln.[82]

Markt

Die Koordination durch die Schaffung organisationsinterner Märkte wird als weitere Form der nicht formalen Ordnung im Rahmen der Institutionenökonomischen Ansätze diskutiert (vgl. Frese, 2005; Walgenbach, 2006a). Dabei bilden interne Verrechnungspreise und die Schaffung von eigenständigen Profit-Centern die häufigsten Koordinationsinstrumente (vgl. Kieser/Walgenbach, 2007: 124f.). Mit der Einrichtung von Profit-Centern und der damit verbundenen Übertragung der Umwelt-/Organisations-Relation in das Innere der Organisation geht die Erwartung einer steigenden Autonomie einher. Dies bildet jedoch gleichzeitig den größten Nachteil dieser Koordinationsform. Sie ist die am

---

82 In Abgrenzung zu diesen Konzepten wird mit der Entscheidungspartizipation der Grad der gemeinsamen Entscheidungsfindung bezeichnet (vgl. Wunderer, 1999).

wenigsten integrativ wirkende Form, da sie grundsätzlich dazu auffordert, die eigenen Identitäten und persönliche Zielsetzung auszuprägen. Werden diese Bestrebungen wiederum durch integrierende Maßnahmen begleitet (wie z. B. Planvorgaben oder Regelungen) ist die Reduktion des Koordinationsbedarfs infrage gestellt (vgl. Vahs, 2009: 121f.). Zusammenfassend lassen sich die Koordinationsformen in ihrer Unterschiedlichkeit wie folgt darstellen (vgl. Tabelle 5).[83] Aus dem Vergleich der Koordinationsformen lassen sich folgende Unterscheidungen ableiten, die zur Analyse von Organisationsmodell dienen können:

- formal/informal
- Selbststeuerung/Fremdsteuerung
- geplant/situativ/nachgelagert
- zentral/dezentral
- horizontal/vertikal

Tabelle 5Aus dem Vergleich der Koordinationsformen lassen sich folgende Unterscheidungen ableiten, die zur Analyse von Organisationsmodell dienen können:

- formal/informal
- Selbststeuerung/Fremdsteuerung
- geplant/situativ/nachgelagert
- zentral/dezentral
- horizontal/vertikal

---

[83] In diese Tabelle fließen die Formen der Koordination, Demokratie, Markt, Hierarchie und Verhandlung, wie sie WILLKE beschreibt, mit ein. Er unterscheidet darüber hinaus die Koordinationsmedien Geld, Macht und Wissen (vgl. Willke, 2001). Auf diese Dimension wird hier bewusst verzichtet. Sie wäre auf jede der Koordinationsformen anwendbar und würde somit keine weitere Unterscheidung ermöglichen.

Tabelle 5: Koordinationsformen in Organisationen

Koordinations-form	Koordinations art	Koordinations-verfahren	Koordinations-instrument	Koordinations-zeitpunkt	Koordinations-richtung
Selbst-abstimmung	informal	Selbststeuerung (Demokratie, Verhandlung)	Kommunikation (dezentral)	Situation	horizontal
Kultur	informal, ggf. formal	Selbststeuerung (Historie)	Normen, Werte (dezentral)	vorgelagert	horizontal/ vertikal
Weisung	formal	Fremdsteuerung (Hierarchie)	Struktur (zentral)	nachgelagert	vertikal
Standardi-sierung	formal	Fremdsteuerung (Formalisierung)	Regeln, Ziele (zentral)	vorgelagert	vertikal
interner Markt	informal, ggf. formal	Selbststeuerung (idealisierter Markt)	Preise, Rentabilität (dezentral)	Situation	horizontal

Quelle: Eigene Darstellung

3.3 Instrumentale Dimension

Die Organisation in ihrem instrumentalen Begriffsverständnis thematisiert die Ordnung eines Unternehmens. Im Zentrum steht die Frage: Was ist die Ordnung des Unternehmens? Relativ einfach zu beantworten ist die folgende Frage: Was wäre, wenn es keine Ordnung gäbe? „Ohne Ordnung herrscht Chaos, was in der Übersetzung nichts anderes als totale Verwirrung oder Durcheinander bedeutet" (Vahs, 2009: 10). KIESER/WALGENBACH beschreiben neben der Arbeitsteilung und der Koordination drei weitere Hauptdimensionen, mit denen sich Ordnung in Organisationen beschreiben lässt (vgl. Kieser/Walgenbach, 2007: 77ff). Dies sind:

- Konfiguration (Leitungssystem)
- Formalisierung
- Entscheidungsdelegation (Kompetenzverteilung)

Auch diese Dimensionen stehen in einer logischen Beziehung zueinander: Aus den beiden Grundfunktionen der Arbeitsteilung und der Koordination entsteht die Ordnung. Diese soll hier mithilfe der Instrumente Regeln (Formalisierung) (→ 3.3.1), Strukturen (Konfiguration) (→ 3.3.2) und Rollen (Kompetenzverteilung) (→ 3.3.3) analysierbar gemacht werden. In diesen Instrumenten manifestiert sich das Ordnungsbestreben als Form eines Unternehmens. Die Instrumente umfassen dabei nicht nur schriftlich und offiziell fixierte Formen, sondern auch informelle, historisch ausgeprägte Varianten, die auch als Unternehmenskultur bezeichnet werden können. Ebenso wenig wird die Ordnung nur als ein Ergebnis planvollen Führungshandelns verstanden. „Ordnung in sozialen Systemen ist zwar […] die Folge menschlichen Handelns, aber nicht (unbedingt) menschlicher Absicht" (Neuberger, 2002: 625).[84] LUHMANN bezeichnet den Aspekt der Ordnungsentstehung als „Organisation der Organisation" (Luhmann, 2000: 302), mit dem in erster Linie die Stabilisierung des Unternehmens erreicht wird und welches das Spannungsverhältnis von Differenzierung und Integration in beobachtbare Formen überträgt.

3.3.1 Regeln

Die Regeln sind Instrumente, mit denen Handlungen und Kommunikationen der Organisationsmitglieder vorherbestimmt werden sollen. Die Regeln legen fest, was richtiges und was falsches Verhalten in der Organisation ist und bringen damit Ordnung in das Handeln. Die Organisationen sind von Regeln und Regelungen durchsetzt. Die geläufigste Unterscheidung trennt diese in formale und informale

---

84 Die klassische Organisationsforschung sieht die Veränderungen von Ordnung als Folge intentional Managementhandelns an. Diese Ansicht lässt sich schon bei TAYLORS Überlegungen zum „scientific management" finden, welcher die Aufgabe der Organisationsgestaltung als Aufgabe der Unternehmensführung formulierte (vgl. Taylor, 1913). In dieser Arbeit wird Ordnung aber nicht nur als rational geplant und formalisiert angesehen. In diesem Sinne unterscheidet sich der hier verwandte Ordnungsbegriff vom herkömmlichen instrumentalen Organisationsbegriff im Sinne eines rationalen Mittel-Zweck-Verständnisses.

Regeln.[85] Lange Zeit wurden formale und informale Regeln als konkurrierende Formen von Ordnung diskutiert: Auf der einen Seite die formalen Regeln als offizielles Ordnung schaffendes Instrument der Unternehmensleitung, auf der anderen Seite die informalen Regelsysteme als selbstgeschaffene Realitäten der Mitarbeiterinnen und Mitarbeiter, welche formale Regeln unterlaufen oder ihnen zumindest in Teilen zuwiderlaufen können (vgl. Schreyögg, 2003: 14f.).[86] Formale Regeln werden oft in Organisationshandbüchern zusammengefasst und sind besonders in größeren Unternehmen von Bedeutung (vgl. Bergmann/Garrecht, 2008: 38). Informale Regeln existieren hingegen in allen Unternehmen und werden kommunikativ vermitteltet.[87] Die Regeln können sich in „Wenn Ereignis A, dann Handlung B" Formulierungen manifestieren und werden mit zunehmender Anwendung zu einer von Entscheidung entlastenden, impliziten Routine der Unternehmen (vgl. Schreyögg, 2003: 169f.).[88]

Um die Regelungsdichte einer Organisation zu bestimmen, bezieht sich die Organisationsforschung meist auf die jeweils vorliegenden, schriftlich fixierten Regeln (vgl. Kieser/Walgenbach, 2007: 196). Es wird dazu beispielsweise ermittelt, welche Artefakte (Stellenbeschreibungen, Verfahrensrichtlinien, Führungsgrundsätze, Arbeitsplatzanweisungen, Sicherheitsvorschriften etc.) vorliegen, wie umfangreich diese ausgestaltet sind, wie verbindlich die Regelungen sind, wie die Einhaltung überprüft wird und welche Maßnahmen bei Nichteinhaltung

---

[85] Diese Unterscheidung wird auch als Begriffspaar von formellen und informellen Regeln, bzw. formeller und informeller Ordnung verwandt (vgl. Schreyögg, 2003: 14).

[86] Der Blick auf die stabilisierende Funktion der informalen Regeln und ihre Fähigkeit, als Korrektiv für die Schwächen der formalen Ordnung zu wirken, lässt formale und informale Regeln heute als gleichwertige Formen von Ordnung erscheinen.

[87] Dieses Verständnis rückt die informalen Regeln in die Nähe der Unternehmenskultur-Konzepte (vgl. Fichtner, 2008; Schein, 2006), in denen sie als Obergriff für handlungsleitende Werte und Normen der Organisationsmitglieder genutzt werden.

[88] Insbesondere die Strukturationstheorie von GIDDENS beschäftigt sich mit der verhaltenssteuernden Wirkung von formalen und informalen Regeln. Die Regeln stabilisieren die Interaktion und die Kommunikation. Formale Strukturen sind aus dieser Sicht nur als Interpretation von Regeln wirksam (vgl. Kieser/Walgenbach, 2007: 63).

vorgesehen sind. Diese einzelnen Aspekte können zu einem Formalisierungsgrad zusammengefasst werden. „Der Formalisierungsgrad bezeichnet das Ausmaß von schriftlichen fixierten organisatorischen Regeln, Verfahren, Anweisungen, schriftlicher Information und Kommunikation" (vgl. Bergmann/Garrecht, 2008: 85). PUGH ET AL. unterscheiden im Rahmen ihrer situativen Ansätze beispielsweise drei Arten von Formalisierung (vgl. Kieser/Walgenbach, 2007: 169ff.).:

(1) Strukturformalisierung als schriftliche Fixierung organisatorischer Rollen („Formalization of Role Definition")
(2) Aktenmäßigkeit als Formalisierung des Informationsflusses („Information Passing") und
(3) Leistungsdokumentation als formal-disziplinarische Erfassung und Beurteilung („Recording of Role Performance") (Pugh et al., 1968: 76)

Die Unternehmen können dabei auf einer Skala als tendenziell „hoch" oder „niedrig" reguliert eingeschätzt werden. Die Formalität ist eine Relation, die sich im Grad der Formalisierung im Vergleich zu anderen Unternehmen oder als Vergleich zwischen zwei Organisationsprinzipien ausdrücken lässt.[89] Insbesondere dann, wenn Organisationen einer starken externen Kontrolle unterliegen, neigen sie dazu, ihr Handeln durch formalisierte Regeln abzusichern (Mintzberg, 1992: 237).

Mit der Formalisierung geht gleichzeitig eine Versachlichung oder Entpersonalisierung einher, da die Arbeitsergebnisse und Entscheidungen mit zunehmendem Formalisierungsgrad unabhängig von den in der Situation agierenden Personen werden sollen. Die Formalisierung ist dabei stets unpersönlich, wie schon in dem folgenden Zitat WEBERS deutlich wird: „Im Namen nicht einer persönlichen Autorität, sondern im Namen der unpersönlichen Norm wird befohlen [...]. Der „Beamte" ist der Träger der Befehlsgewalt, und niemals übt er

---

[89] Dieses Verständnis von Formalisierung spiegelt sich auch in der empirischen Organisationsforschung wider. Während die ersten Untersuchungen im Rahmen des situativen Ansatzes oft Nominalskalen verwendeten (hoch-niedrig, stark-schwach), entwickelte insbesondere PUGH Intervallskalen, die eine präzisere Messung und organisationsübergreifende Vergleiche erlaubten (vgl. Kieser/Ebers, 2006: 220). Eine Übersicht über Maße zur Messung der Organisationsstruktur findet sich bei KUBICEK (1985).

sie zu eigenem Recht aus, sondern stets trägt er sie zu Lehen von der unpersönlichen „Anstalt", dem durch gesatzte Regeln normativ beherrschten spezifischen Zusammenleben bestimmter oder unbestimmter, aber nach regelhaften Merkmalen angebbaren Menschen" (Weber, 1988: 267). Das Funktionieren dieser Entpersonalisierung kann für den Weberschen Idealtyp der Bürokratie angenommen werden. Allerdings ist fraglich, ob Organisationen sowohl zeitlich als auch ressourcenmäßig in der Lage sind, alle Entscheidungen einer Organisation vorauszudenken. An dieser Stelle wird wieder auf die Hierarchie und die Person des Entscheidenden zurückgegriffen: „Wenn eine Aufgabe nicht im Detail programmiert werden kann, steigen die Anforderungen an die Person des Entscheiders" (Luhmann, 2000: 226).

Die Funktion der Formalisierung liegt in ihrer vergangenheits- und zukunftsgerichteten Transparenz und der steigenden Erwartbarkeit von Entscheidungen und damit von Handeln: Vergangenheitsgerichtet in dem Sinne, als bereits vollzogene Prozesse und Entscheidungen schriftlich dokumentiert und so objektiv nachvollziehbar und kontrollierbar gemacht werden können. Zukunftsorientiert in dem Sinne, als Formalisierung Unsicherheit reduziert. Strukturen und (Kommunikations-)Prozesse zu formalisieren, erzeugt Erwartbarkeit und damit Vertrauen in genau diese Strukturen und Prozesse (vgl. Luhmann, 2000). Die Formalisierung dokumentiert Entscheidungen, um diese dann in der einzelnen Situation nicht mehr entscheiden zu müssen.

Bezogen auf die Komplexität, kommt der Formalisierung damit eine Doppelfunktion zu: Die Formalisierung reduziert die soziale Komplexität durch Erwartbarkeit und steigert die sachliche Komplexität durch ein Mehr an Regeln. Die Funktion (und damit das Ziel des Instrumentes) von Regeln ist der Ausschluss von Möglichkeiten, die Determinierung von Handlung, die Reduktion von Optionen. Um das Instrument der Regeln fruchtbar für die Unterscheidung von Organisationsprinzipien zu machen, wird daher an dieser Stelle erneut auf das Konzept der Kontingenz zurückgegriffen.

Die Kontingenz bezeichnet „Das-so-und-auch-anders-möglich-Sein" (vgl. Martens/Ortmann, 2006: 427; Ortmann, 2006a). Situationen, Handlungen und Strukturen sind immer auch anders denkbar – sie sind undeterminiert. Als kontingent kann all das bezeichnet werden, was möglich, aber nicht notwendig ist.

Die Kontingenz von Handlungen ist nicht unbegrenzt, aber ihr Möglichkeitsraum ist immer größer als die aktuelle Lösung. MARTENS/ORTMANN schlagen daher vor, in diesem Zusammenhang den Begriff der Kontingenz im Sinne von „Unterdeterminiertheit" von Ordnung zu verstehen (Martens/Ortmann, 2006: 427). Der Unterschied zwischen den Organisationsprinzipien, der mit diesem Konzept sichtbar gemacht werden kann, bezieht sich auf das Wechselspiel von „Bestimmung und Möglichkeit" oder „Determinismus[90] und Kontingenz"[91]. MÜLLER-CHRIST sieht in diesen Dualitäten sogar den grundlegenden organisationalen Widerspruch, dem alle weiteren zugrunde liegen (vgl. Müller-Christ, 2007a: 141). Traditionen oder Glaubenssysteme, wie etwa Religionen, definierten über Jahrhunderte hinweg, wie richtiges Verhalten auszusehen habe. „Kontingenz ist das Signum der Moderne. [...] In vormoderner Zeit waren die wichtigen Angelegenheiten der Menschen nicht kontingent. [...] In Fragen des Konsums, der Produktion, der Erziehung, des Lebensstils etc. gab es keine Freiheit, wie wir sie heute kennen, aber auch nicht die Qual der Wahl – die Nötigung, sich zu entscheiden" (Martens/Ortmann, 2006: 428). Das Paradoxe der Regeln ist, dass sie mit zunehmender Eingrenzung wiederum befreien. Die Regeln befreien von Kontingenz. Die Organisationen können nur dann existieren, wenn sie nicht

---

90   Lat. determinare: begrenzen, bestimmen (Stowasser, 1987: 316). Lehre, dass der menschliche Wille von äußeren Ursachen bestimmt und daher nicht frei sei (vgl. Wahrig-Burfeind, 2004: 206).

91   Diese Dualität wird auch als Begriffspaar aus Determinismus und Voluntarismus bezeichnet. Dieses Begriffsverständnis impliziert ein subjektivistisches Verständnis von Wahlfreiheit, das sich auch in den Entscheidungstheorien finden lässt (vgl. Walgenbach, 2006a: 422). Die Figur des Determinismus versus Voluntarismus findet sich auch in der Persönlichkeits- und Entwicklungspsychologie wieder. Zum einen herrscht ein Widerstreit bezüglich der Entwicklungsrichtung. Ist ein Mensch zu Beginn seines Lebens vollkommen frei und wird er erst durch die (gesellschaftlichen) Entwicklungsprozesse immer mehr in seinem Denken und Handeln determiniert oder ist er durch seine Affekte zu Beginn seines Lebens determiniert und entwickelt zunehmend die Fähigkeit, frei zu handeln und zu denken? (vgl. Fichtner, 2000). Der neuronale Determinismus (vgl. Roth, 2008) geht davon aus, dass es gar keinen freien Willen gibt, sondern die Entscheidungen neuronal determiniert sind. Zur Kritik an diesem Ansatz siehe POHL (vgl. Pohl, 2006).

permanent alle Entscheidungen auf weitere Entscheidungsmöglichkeiten hin überprüfen müssen (vgl. Bull, 2005: 19). Die Rationalisierung als „Entzauberung der Welt" (Max Weber) macht die Reflektion und die Infragestellung von Regeln überhaupt erst möglich, indem die monistischen Weltbilder durch dualistische ersetzt werden - für WEBER der entscheidende Schritt auf dem Weg in die Moderne (vgl. Kieser, 2006a: 67ff.).

Zusammenfassend lässt sich formulieren, dass durch die Regeln die Handlungsweisen der Organisationsmitglieder bestimmt werden (sollen) und damit vorhersagbar oder doch zumindest erwartbar gemacht werden. In den Regeln sind die Entscheidungen für gleichartige Probleme vorweggenommen, so dass diese nicht jedes Mal aufs Neue durch Instanzen entschieden werden müssen. Als „Programmierungen von Routineentscheidungen" (Schreyögg, 2003: 169) werden sie häufig auch als (Entscheidungs-) Programme bezeichnet (vgl. Luhmann, 2000: 225; Kieser/Walgenbach, 2007). Die Regeln unterscheiden sich nach dem Grad der Determinierung und im Umgang mit der Kontingenz.

Aus diesen unterschiedlichen Dimensionen der Formalisierung lassen sich die konträren Funktionen der Organisationsprinzipien ableiten, die hier mit dem Gegensatzpaar „Erwartbarkeit versus Kontingenz" beschrieben werden sollen. Stark ausgeprägte Regeln sichern Erwartbarkeit. Dies setzt jedoch Wiederholbarkeit der Situation voraus. Hoch formalisierte Organisation basieren auf der Annahme, dass regelmäßig gleichartige Situationen zur Entscheidung gelangen und eine vorweggenommene Entscheidung eine Zeitersparnis bedeutet. Gering formalisierte Organisationen eröffnen die Möglichkeit, in jeder Situation neu zu entscheiden, mit der Folge relativ höherer Aufwände für diese Entscheidungen. Je weniger formale Regeln formuliert und als einzuhalten definiert sind, desto unterschiedlichere Verhaltensweisen werden ermöglicht, oder genauer gesagt, möglich gelassen. Regeln selektieren eine Menge erlaubter Handlungsalternativen aus der Menge der möglichen. Zusammenfassend können folgende formale Merkmale von Regeln festgehalten werden:

- formalisiert/informal
- hohe Reglungsdichte/geringe Reglungsdichte (Tiefe und Breite)
- regelbasiert/situativ

Die Funktion der Regeln lässt sich als Pendeln zwischen einschränken/befreien konzeptionalisieren. Dies verweist auf die Grunddualität von Determinismus und Kontingenz (vgl. Grimm, 1999).

3.3.2 Strukturen

Die Strukturen[92] eines Unternehmens können hinsichtlich ihrer Form und ihrer Funktion unterschieden werden. Beispiele für Strukturformen sind die Aufbauorganisation oder die Ablauforganisation. Die Funktion von Strukturen besteht, allgemein formuliert, in der Stabilisierung der Ordnung.

Seit Anbeginn der Organisationsforschung ist der „Aufbauorganisation" große Aufmerksamkeit geschenkt worden (vgl. Schreyögg, 2003; Remer, 2004; Wolf, 2005; Olfert, 2006; Kieser/Walgenbach, 2007; Bergmann/Garrecht, 2008).[93] Die Aufbauorganisation eines Unternehmens bezeichnet die äußere Form der organisatorischen Einheiten und die dadurch vorbestimmten Informationsflüsse sowie die Entscheidungs-/Weisungsbefugnisse. Dabei reicht der Gestaltungsansatz von der kleinsten organisatorischen Struktureinheit einer Stelle[94], über die Strukturierung von Abteilungen und Bereichen, bis hin zur Konzern- oder Holdingstruktur eines Unternehmens (vgl. Bergmann/Garrecht, 2008: 59ff.). Diese äußere Form wird auch als Konfiguration oder Leitungssystem bezeichnet. Die

---

92   Der Begriff „Struktur" wird oftmals auch als kategorialer Oberbegriff für die Ordnung einer Organisation benutzt. Hier wird mit der Aufbauorganisation bewusst ein sehr eng begrenzter Strukturbegriff verwandt.

93   Der situative Ansatz der Organisationstheorie hatte zum einen zum Ziel, die verschiedenen in der Praxis anzutreffenden Varianten von Organisationsstrukturen zu beschreiben. Im weiteren Verlauf wurden Messinstrumente und Analysedimensionen (Spezialisierung, Standardisierung, Formalisierung, Zentralisierung, Konfiguration) entwickelt, mit denen Unternehmensstrukturen vergleichbar gemacht werden sollten. Auf diesem Wege sollten Aspekte, wie zum Beispiel die Formalisierung oder Bürokratisierung, messbar gemacht werden. Eine bis heute maßgebliche Rolle spielen dabei die Analysen von HALL und die Untersuchungen der Aston-Gruppe um DEREK S. PUGH (vgl. Kieser, 2006b: 215ff.)

94   Eine Stelle entsteht nach durch Zuordnung von (Teil-)Aufgaben und gegebenenfalls Sachmitteln auf einen einzelnen Aufgabenträger (vgl. Vahs, 2009).

Darstellung erfolgt in der Regel in Organisationsschaubildern, sogenannten Organigrammen (vgl. Kieser/Walgenbach, 2007: 137).[95] Die Organisationsschaubilder und Stellenbeschreibungen sind zwei Instrumente der Strukturformalisierung (vgl. Bergmann/Garrecht, 2008: 86ff.). Stellenbeschreibungen sind die detaillierten Ergebnisse einer dauerhaften Verteilung von Aufgaben und Kompetenzen (vgl. Schreyögg, 2003: 124). Da die Aufgabenverteilung der Sache nach geschieht, gilt für die Stellenbildung das Prinzip der Personenunabhängigkeit, ebenso wie für die gesamte formale Organisation. Die Stelle bildet die kleinste organisatorische Einheit und ist damit die Grundsubstanz, aus der sich die gesamte funktional differenzierte Organisation zusammensetzen lässt. Die Bestandteile der Stellenbeschreibungen sind neben den Hauptaufgaben, den Verantwortlichkeiten und grundlegenden Anforderungen an den Stelleninhaber auch die aufbauorganisatorische Einbindung der Stelle.[96]

Das gebräuchlichste Strukturprinzip der Aufbauorganisation ist die Hierarchie[97]. Sowohl die Hierarchie als auch die komplementäre Heterarchie stammen vom griechischen „archein" – herrschen ab. Hierarchie (von „hieros" – heilig, zu den Göttern gehörig, priesterlich) bezeichnet die Herrschaft weniger „Eingeweihter", während Heterarchie (von „heteros" – verschieden, anders) die

---

95 Verbreitete Strukturformen sind z. B. die Einlinienorganisation, die Mehrlinienorganisation, die Stabs-Linienorganisation oder die Matrixorganisation, welche jeweils nach Sektoren, Funktionen oder Objekten gegliedert werden können. Ein Überblick über die verschiedenen Strukturformen und die spezifischen Vor- und Nachteile findet sich bei OLFERT (vgl. Olfert, 2006).

96 Für einen Überblick über die Inhalte und Ausprägungen von Stellenbeschreibungen siehe SCHWARZ (vgl. Schwarz, 1995).

97 Trotz des Schreibens vom „Ende der Hierarchie" (vgl. Lauterburg, 1980), der „Hierarchiekrise" (vgl. Heintel/Krainz, 2001) oder dem Postulat „Schluss mit der Hierarchie" (vgl. Fuchs/Fuchs, 2007)" ist die „sanfte Organisationsrevolution" (vgl. Schmidt, 1993) zur Abschaffung der Hierarchie nicht in der Breite der Unternehmen zu beobachten (vgl. Kühl, 2002: 15ff.). Es wird sogar formuliert, dass die Hierarchie in ihrer vertikalen Form „zu den kaum zu ersetzenden Notwendigkeiten des Aufbaus komplexer Organisationen gehört" (Luhmann, 2000: 20).

Herrschaft verschiedener oder verteilter Instanzen charakterisiert (vgl. Schwaninger, 2000: 4). Formale Kennzeichen für Hierarchien sind die eindeutige Über- und Unterordnung im Weisungsgefüge der organisatorischen Einheiten. Diese Strukturen legen darüber hinaus Kommunikations- und Entscheidungswege fest. Für jede Abstimmungsschwierigkeit, die zwischen den organisatorischen Einheiten (Stellen, Abteilungen, etc.) auftritt ist ein formaler Entscheidungsort vorgesehen. In der Hierarchie ist damit zwar die Zuständigkeit (Ort) für die Abstimmungen festgelegt, allerdings nicht deren Inhalt. Dieser wird fallweise von den Entscheidungsstellen (Führungskräften oder Gremien) auf Basis von Regeln oder Handlungsprämissen bestimmt (vgl. Schreyögg, 2003: 158). Während die Hierarchie für eine machtlegitimierte-monozentrische Ordnung steht, trägt die Heterarchie die Idee einer professionell-polyzentrischen Ordnung in sich. Dem Mechanismus der vertikalen Integration durch die Entscheidung wird die horizontale Integration durch Verhandlung entgegengesetzt (vgl. Reihlen, 1999: 283; Willke, 2001: 19, und 116ff.). Das Weisungsprinzip wird durch das Verhandlungsprinzip ersetzt, welches dem einzelnen Handelnden eine größere potenzielle Entscheidungsautonomie verleiht. Das Prinzip der linearen und unidirektionalen Weisungs- und Informationswege wird zu dem Prinzip der wechselseitigen Beziehungen. Als Strukturprinzip stehen sich Hierarchie und Heterarchie, als Strukturform Linie und Netzwerk gegenüber (vgl. Bienert, 2002).

Organisationsmodelle mit pluralistischen Entscheidungsansätzen sind spätestens seit den vergleichenden Studien zu mechanistischen und organischen Organisationsformen von BURNS/STALKER in der Diskussion (vgl. Burns/Stalker, 1961). Die Autoren, die z. B. Netzwerkstrukturen als organisatorische Struktur darstellen, postulieren eine erhöhte Informationsverarbeitungskapazität[98], die Fähigkeit zu Komplexitätsbewältigung und die Bereitschaft zur Dynamisierung von netzwerkartigen Organisationen (vgl. Bienert, 2002; Hanft, 1997; Sydow, 2003). Netzwerke werden als besser geeignet für den Umgang mit Unsicherheit, Komplexität und Dynamik angesehen, als „baumartige", hierarchische

---

98 Zu der These, dass Netzwerke über eine erhöhte Informationsverarbeitungskapazität verfügen, vgl. insbesondere ETZIONI (1994: 356ff.) und MARCH (1994: 192ff.).

Aufbaustrukturen (Gomez/Zimmermann, 1999). Diese Vorteile werden jedoch von ansteigenden Aufwänden für die Kommunikation und Abstimmung begleitet, wie MINTZBERG dies für die von ihm erarbeitete heterarchische Form der „Adhokratie" feststellt (Mintzberg, 1992: 370f.).

Bestandteil der Hierarchie ist auch die Entscheidungsbefugnis. Im betriebswirtschaftlichen Sinne bezeichnet die Entscheidungsbefugnis das Recht, „zukünftige Sachverhalte für die Organisation nach innen und/oder außen verbindlich festzulegen. [...] Eine Entscheidung ist auf eine bestimme Maßnahme bezogen und geht der Weisung voraus" (Kieser/Walgenbach, 2007: 163f.). Strukturen legen Instanzen (im Sinne von organisatorischen Einheiten) fest, denen eine entsprechende Entscheidungsbefugnis übertragen wird. Dabei wird zwischen der Entscheidungszentralisation und der Entscheidungsdezentralisation unterschieden. Im idealtypischen Falle der Entscheidungszentralisation werden alle Entscheidungsbefugnisse in der obersten Instanz eines Unternehmens gebündelt. Bei der Entscheidungsdezentralisation wird diese Befugnis auf die unteren Ebenen der Hierarchie verlagert. In jedem Fall verweist der Begriff der Entscheidung auf Personen als Entscheidende und bündelt damit sowohl das Herrschafts- als auch das Entscheidungsmodell (vgl. Luhmann, 2000: 305). Mit der Bildung der Struktur von Instanzen und organisatorischen Einheiten ist die äußere Erscheinungsform von Unternehmen beschrieben worden. Was aber ist die Funktion der Struktur?[99] BAECKER gibt auf diese Frage eine auf den ersten Blick triviale Antwort, wenn er

---

99 Mit dieser Frage erweitert diese Arbeit die Vorgehensweise und Systematik von KIESER/WALGENBACH. Die Autoren unterscheiden nicht zwischen der Form und Funktion der Organisation und beschreiben daher an dieser Stelle ausführlich die unterschiedlichen Aufbauorganisationsformen eines Unternehmens, die hier bereits im Abschnitt Strukturen (s. Seite 96) thematisiert worden sind (vgl. Kieser/Walgenbach, 2007). Die folgenden Ausführungen nehmen eine systemtheoretische Sichtweise ein. Je nach theoretischer Fundierung fällt die Bewertung der Funktion einer Ordnungsdimension unterschiedlich aus. So würde die neoinstitutionalistische Organisationstheorie (vgl. Powell/DiMaggio, 1991) beispielsweise annehmen, dass Konfigurationen die Funktion übernehmen, andere, erfolgreiche Unternehmen zu imitieren. Die spieltheoretischen Ansätze (vgl. Crozier/Friedberg, 1993; Hanft, 1996) hingegen würden eher den Machterhalt und die Mikropolitik als Funktion der Konfiguration thematisieren (vgl. Kieser/Walgenbach, 2007).

formuliert, dass die Funktion darin bestehe, „Erreichbarkeit und Konfliktlösung sicherzustellen" (Baecker, 1999: 211). „Das Problem lautet, dass Mitglieder mit ihren Entscheidungen andere Mitglieder erreichen können müssen und dass sie wissen können müssen, welche Entscheidungen im Konfliktfall zu Rate zu ziehen sind, um weitere Entscheidungen sicherzustellen" (Baecker, 1999:210). Strukturen nehmen also zum einen Entscheidungen über Entscheidungswege (nicht Entscheidungen) eindeutig vorweg. Des Weiteren erzeugen Strukturen Sicherheit über die Zuständigkeit – im BAECKERschen Sinne Erreichbarkeit – der Entscheidenden.[100] Ordnung entsteht dadurch, dass Strukturen eine Entscheidungen ermöglichende Funktion übernehmen (vgl. Simon, 2007a: 121).[101]

Auch dann, wenn Unternehmen in zunehmend kürzeren Zyklen ihre Aufbauorganisation verändern, sind ihre Strukturen grundsätzlich auf Dauer angelegt. Wandel gestaltet sich durch die Operationen[102] und Handlungen eines Unternehmens und seiner Mitarbeiter (vgl. Luhmann, 2000: 331). Die Strukturen sind ein Zeichen von Stabilität. Damit haben die Strukturen gleichzeitig eine ermöglichende und eine behindernde Funktion. Die Stabilität und die Annahme einer zeitlich unbegrenzten Gültigkeit der Struktur werden als untrennbare Voraussetzungen für die Produktivitätssteigerungen seit der Industrialisierung bewertet (vgl. Reihlen, 2003: 7). Dieses Paradigma nimmt die Stabilität als Regelzustand an, bis ein Eingriff eine Veränderung auslöst. Diese Annahme ist oft mit dem idealisierten Bild einer Maschine verglichen worden. Demgegenüber steht die Annahme, dass andauernde Stabilität die Existenz einer Organisation gefährdet, weil die einmal stabilisierte Ordnung die Veränderungen in der Umwelt und

---

100 Einlinienorganisationen legen eindeutig fest, wer wem gegenüber auf welchem Wege weisungsberechtigt ist. Bei Mehrlinienorganisationen kommt noch der Aspekt hinzu, in welcher Situation (zeitlich und inhaltlich) welche Stelle weisungsberechtigt ist (vgl. Schreyögg, 2003: 158ff).

101 Abstrakt bedeutet dies, dass sie Entscheidungen delegieren, bevor sie zur Entscheidung anstehen. Dennoch müssen Entscheidungen, die noch nicht getroffen worden sind, entschieden werden.

102 LUHMANN verweist darauf, dass Operationen immer Ereignisse sind, „die sich nicht ändern können, sondern mit ihrem Entstehen schon wieder vergehen" (Luhmann, 2000: 331).

Organisation nicht mehr angemessen abbildet. Organisatorische Strukturen bewegen sich somit demnach zwischen auf Dauer angelegter Stabilität und permanenter Veränderung. Anders formuliert: Die Strukturen schaffen stabile Referenzpunkte im permanenten Veränderungsprozess der organisatorischen Identität und reduzieren so die vorhandene Unsicherheit (vgl. Luhmann, 2000: 183f.). Die soziologische Systemtheorie verweist in diesem Zusammenhang auf das Paradox der Identität (vgl. Simon, 2007) oder auch auf das Paradox der Transformation (vgl. Luhmann, 2000: 330): „Die Organisation ist in verschiedenen Zuständen dieselbe"; eine Organisation bleibt nur dieselbe, wenn sie sich permanent verändert. Folgende Merkmale der Strukturen können genutzt werden, um die Ordnung in Organisationen zu analysieren:

- weisungsorientiert/verhandlungsorientiert
- zentral/dezentral
- dauerhaft/temporär
- Hierarchie/Heterarchie

3.3.3 Rollen

Die organisationale Rolle[103] ist das Bindeglied zwischen der Organisation und der Person[104]. Als Instrument der Ordnungsbildung dient auch sie der Erfüllung der Ziele der Organisation. Sie verbindet die differenzierende Wirkung der Arbeitsteilung mit den integrierenden Aspekten der Koordination, da in ihr sowohl die spezifischen Verantwortlichkeiten als auch das Zusammenwirken mit dem Rest der Organisation eingeschlossen sind.

---

103 In der soziologisch und sozialpsychologisch orientierten Literatur ist der Begriff der Rolle gebräuchlich. In der betriebswirtschaftlichen Literatur wird hingegen eher der engere Begriff der Stelle oder Funktion verwandt. Diese wird auch als organisatorische Rolle bezeichnet (vgl. Vahs, 2009). Hier wird der Begriff der Rolle benutzt. Er bietet die Möglichkeit, den Blick nicht nur auf die offiziell legitimierten Erwartungen an eine Person, sondern auch an die sozial generierten Erwartungen zu richten.

104 Dies gilt insbesondere dann, wenn Individuen selbst als Umwelt der Organisation verstanden werden, wie dies die soziologische Systemtheorie macht (vgl. 3.1.1).

In der organisationalen Rolle wird die Gesamtheit der Erwartungen einer Organisation an eine Person gebündelt. Die Erwartungen umschließen dabei die Handlungen, die in bestimmten Situationen ausgeführt werden sollen, aber auch die Regeln und Vorgehensweisen, nach denen beispielsweise Entscheidungen getroffen werden sollen. In Unternehmen werden die Rollen in der Regel durch Stellenbeschreibungen konkretisiert (vgl. Vahs, 2009; Wolf, 2009). „Die Festlegung des Tätigkeitsspektrums und der Entscheidungskompetenzen gehört hier beispielsweise ebenso dazu wie Verfahrensrichtlinien für die Bearbeitung von Vorgängen und die Festlegung der Beschwerdewege. Die Stellenbeschreibung kann dabei sowohl in Schriftstücken niedergelegt sein als auch durch andere Organisationsteilnehmer, etwa den Vorgesetzten, im Arbeitsvollzug kommuniziert werden" (Jost, 2000: 18). Wenn die Koordinierungsfunktion als Rolle ausgeprägt wird, entstehen Leitungsrollen. Deren besonderes Kennzeichen sind Befugnisse (fachlich/disziplinarisch) und Verantwortlichkeiten (Kosten/Ressourcen) (vgl. Bergmann/Garrecht, 2008: 61ff.).

Der Begriff der organisationalen Rolle stimmt in diesem Verständnis mit dem „Darsteller" aus der Theaterwelt überein, aus welcher der Begriff der Rolle ursprünglich entlehnt wurde (vgl. Neuberger, 2002: 314). Er suggeriert, dass Handelnde zeitweise fremde Figuren darstellen und dass eben diese Figuren und ihr Handeln sich vom „wahren Leben" abheben, da die Rollen von einem „Regisseur" entworfen worden sind und ihr Handeln auf einer Bühne stattfindet. Handeln wird so behavioristisch auf Verhalten reduziert. Andere geben vor, was zu tun ist und wie der Stelleninhaber zu sein hat. Die Steuerung des Verhaltens kommt von außen und erfolgt durch die Verinnerlichung der Erwartungen.

Organisationale Rollen werden in der Regel nicht von der handelnden Person selbst ausformuliert, sondern von einer Organisationsfunktion (Führungskräfte, Stabstellen etc.). Rollen können jedoch auch als (inter-)individuell entwickelter Satz von Handlungserwartungen aufgefasst werden, die durch den Rolleninhaber selbst beeinflusst werden können (ebd.: 311ff). NEUBERGER ist sogar der Meinung, „dass die Fremdsteuerung aus strukturellen (personenunabhängigen) Gründen unvollkommen sein muss" und daher neben den organisatorischen Rollen weitere Steuerungsmöglichkeiten notwendig sind (ebd.: 325). Er zeigt anschaulich innerhalb des Theaterbildes, dass die Vorstellung einer rein formellen Rolle aus sozial-psychologischer Sicht zu kurz greift: „Die Person muss manchmal erst herausfinden, bei welchem Stück sie eigentlich mitspielt oder sie ist nicht nur Spielerin, sondern zugleich Stückeschreiberin, die ihre eigene Moral von der Geschichte einbringt und den weiteren Fortgang mir ihren PartnerInnen aushandelt oder ihnen zudiktiert, mittendrin einen anderen Part übernimmt oder aussteigt, weil sie glaubt, bei einer anderen Aufführung mehr Erfolg zu haben." (ebd.: 315)

Von der organisationalen Rolle, auch als formelle Rolle bezeichnet, sind daher die informellen Rollen (!) zu unterscheiden.[105] In den informellen Rollen bündeln sich die Erwartungen[106] der anderen Organisationsteilnehmer an Personen, die in der Regel nicht direkt aufgabenbezogen sind (vgl. Jost, 2000: 19)[107]. Auch andere Personen haben Ansprüche und Bedürfnisse, die in Rollenerwartungen ihre Konkretisierung finden. Die Soziologie nimmt darum an, dass das Verhalten nicht nur durch die formellen Rollen, sondern auch durch die sonstigen Umstände, die Situation und auch die handelnde Person bestimmt wird. LUHMANN beschreibt die Rollen dementsprechend als „Typen zusammenhängender Verhaltensweisen, die allgemein erwartet und je nach den Umständen, nach Maßgabe der Person und Situation unterschiedlich durchgeführt werden" (Luhmann, 1999: 57). Des Weiteren muss betrachtet werden, dass die Organisation und ihre Mitglieder nicht der einzige Kontext sind, in dem sich Individuen bewegen. Organisationale Rollen bedeuten daher eine mehrfache Selektion. Zum einen selektiert die Mitgliedschaft

---

105 Diese Unterscheidung ist nicht die bereits mehrfach verwendete Unterscheidung zwischen formal im Sinne von formalisiert, schriftlich fixiert und informal im Sinne von kommunikativ vermittelt. Formell und informell unterscheidet zwischen offiziell, amtlich, öffentlich und privat. Formelle Rollen sind von der Organisation legitimiert. Informelle Rollen entstehen in der Interaktion der Personen miteinander und umschließen daher auch Aspekte, die vermeintlich außerhalb der Organisation liegen. Luhmann kennzeichnet diesen Unterschied als institutionalisiert/nicht institutionalisiert (vgl. Luhmann, 1999: 58).

106 In der Soziologie wird diesbezüglich zwischen Muss-, Soll- und Kann-Erwartungen unterschieden (vgl. Bosetzky/Heinrich/Schulz zur Wiesch, 2002: 119).

107 Dieser Aussage liegt die Annahme zugrunde, dass sich Personen in Organisationen gleichzeitig mit einer Vielzahl von Rollenerwartungen auseinandersetzen müssen. Sie sind vielleicht nicht nur Finanzbuchhalter, sondern auch noch Büronachbar, Abteilungskollege, Freund, etc..

in der Organisation, welches Set an Erwartungen aktiviert wird.[108] Im zweiten Schritt werden nur die Erwartungen selektiert, die offiziell von der Organisation legitimiert sind. Organisationale Rollen repräsentieren damit nur einen Ausschnitt der Erwartungen, die an eine Person in Organisationen gestellt werden, und einen noch geringeren Teil der Erwartungen, die an das gesamte Individuum gestellt werden.

Schon innerhalb der organisational-formellen Rolle, sicherlich aber dann, wenn informelle oder außerhalb der Organisation liegende Rollenerwartungen betrachtet werden, ist es „durchaus möglich, dass die Erwartungen an die Rolle kein klares Bild vermitteln, unterschiedliche Vorstellungen vorherrschen bzw. sie unklar wahrgenommen werden. In diesen Fällen besteht Rollenambiguität. Sie ist manchmal intendiert, um durch sie Freiräume (Rollenselbstgestaltung) und innovativen Druck zu ermöglichen. Hier kann man auch von einem Rollenkonflikt sprechen. Er kann sich als Intrarollenkonflikt durch verschiedenartige Erwartungen an einen Stelleninhaber zeigen (z. B. ungestörtes Mitarbeitergespräch vs. dringender Anruf eines Vorstands) sowie als Interrollenkonflikt eines Mitarbeiters (z. B. Stelleninhaber vs. Familienvater, Meister vs. Betriebsrat)" (Becker, 2002: 490). Unerheblich davon, ob die Rollen einen formellen oder informellen Charakter haben, hat die Rollentheorie eine Reihe von Phänomenen beobachtet, die in der Auseinandersetzung von Personen mit ihren Rollen zutage treten. Durch Konzepte, wie Rollendistanz, Rollenambiguität, Rollenüberlastung oder Rollenkonflikt, kommt das Spannungsfeld Individuum und organisatorische Rolle mit all den „psychischen und sozialen Kosten" in das Blickfeld (vgl. Willke, 2000: 229f.). Die organisationale Rolle, die Person und sicherlich das Individuum sind immer nur teilweise kongruent in Bezug auf die Ziele und Interessen. Daher kommt es zu einer

---

108 Diese Tatsache wird soziologisch mit dem Begriff der Partialinklusion beschrieben. Die Grundaussage besteht darin, dass ein Individuum nicht vollständig, sondern immer nur zu einem gewissen Anteil bzw. mit Ausschnitten seiner Persönlichkeit Bestandteil einer Organisation sein kann. Neben dem Mitarbeiter im Unternehmen kann ein Mensch auch noch Teil eines Familiensystems, einer Nachbarschaft, eines Vereines etc. sein. Der Begriff der Partialinklusion geht auf ALLPORT zurück. KUBICEK/THOM haben dafür den Begriff der „Mehrfachmitgliedschaft" gewählt (vgl. Luhmann, 2000).

Auseinandersetzung zwischen dem Freiheitsstreben und den Möglichkeiten des Individuums und der Anpassung an die Organisation.[109] Oder wie LUHMANN es formuliert: „Als Mitglied muss man es vermeiden, sich durch sich selbst stören zu lassen" (Luhmann, 2000: 85). Die Abgrenzung der organisationalen Rolle von den anderen Rollen der Person kann als das Bestreben der Organisation gewertet werden, sich nicht durch die Individuen „stören" zu lassen.[110] Rollen entsubjektivieren soziale Beziehungen. Dies kann in besonderem Maße für organisationale Rollen gelten. Denn Rollen charakterisieren im Unternehmenskontext eine Position und nicht eine Person (vgl. Neuberger, 2002: 318ff.). In diesem Sinne ist die Rolle eine Entpersonalisierung. BERGMANN/GARECHT betonen, dass organisationale Rollen in arbeitsteiligen Organisationen in der Regel aufgabenbezogen gebildet werden. Alternativ ist eine personenbezogene Rollenbildung denkbar. In diesem (selteneren) Fall werden die Aufgaben so zusammengestellt, wie sie einer Person am ehesten entsprechen (vgl. Bergmann/Garecht, 2008: 59). Die Festlegung der Rolle und deren Aufgaben sind dann an den Fähigkeiten der Person ausgerichtet. Auf der Ebene der Organisation verfolgen die Ansätze des „Resource Based View (RBV)" ähnliche Ideen. In diesen

---

109 Die Human-Relations-Bewegung hat diesen Widerspruch ebenfalls thematisiert, wobei in der Regel der Pol des Voluntarismus stark betont wurde (vgl. Schreyögg, 2003: 31ff.). Die Ausbalancierung zwischen den Notwendigkeiten des Unternehmens und dem freien Entfaltungswillen des Mitarbeiters wird als Widerspruch konstruiert. „Die Ursache für die Teilnahme eines Individuums an unterschiedlichen Organisationen ist darin zu sehen, dass eine Organisation in der Regel nicht in der Lage ist, alle persönlichen Wünsche und Lebensinteressen zu befriedigen." (Neugebauer, 1997: 36)

110 Sehr deutlich wird dieses Bestreben in den der Ausführung von Jost: „Eine informelle Rolle kann im Widerspruch zu den Zielen der Organisation stehen, etwa wenn in einer Unternehmung ein Mitarbeiter den Großteil seiner Arbeitszeit mit der Organisation eines innerbetrieblichen Toto-Wettbüros verbringt. Kein Widerspruch liegt hingegen vor, wenn sich durch die verbesserte[n] soziale[n] Kontakte das Arbeitsklima und damit die Aufgabendurchführung verbessert." (Jost, 2000: 19). An diesen Ausführung wird deutlich, dass auch das Ausfüllen informeller Rollen der gesamten Organisation zugute kommt, diese aber so lange als störend empfunden werden, bis sie legitimiert und damit quasi in den Rang der formellen Rolle erhoben worden sind.

Ansätzen werden möglichst nicht substituierbare und nicht imitierbare Ressourcen als der entscheidende wettbewerbsstrategische Vorteil betrachtet (vgl. Freiling, 2001).[111]

Mit den Begriffen aufgabenorientiert und personenorientiert kann aber nicht nur die Form einer organisationalen Rolle charakterisiert werden. Mit aufgabenorientiert versus personenorientiert können auch der Inhalt und die Erwartungen an eine Rolle bezeichnet werden. Entweder stehen Aufgaben und deren Erledigung im Vordergrund, oder die Beschäftigung mit Menschen und deren Bedürfnissen. Diese Unterscheidung steht in den organisationswissenschaftlichen Arbeiten, insbesondere im Rahmen der Führungstheorien, im Vordergrund.[112] Diese Trennung wird auch in den Kompetenzzuschreibungen nachvollzogen, wenn bestimmten Rollen disziplinarische Entscheidungskompetenzen und anderen fachliche Entscheidungskompetenzen zugeschrieben werden. Eine ähnliche Unterscheidung treffen BALES/SLATER, wenn sie zwischen Mitarbeiterorientierung und Leistungsorientierung differenzieren (vgl. Bales/Slater, 1969). Zusammenfassend lassen sich für den Charakter und den Inhalt einer organisationalen Rolle folgende Unterscheidungen festhalten:

- formell/informell
- reaktiv/interaktiv
- Generalist/Spezialist
- fachlich/disziplinarisch
- aufgabenorientiert/personenorientiert

Auch die Funktion der organisationalen Rolle besitzt als Instrument die Funktion, Erwartungen zu stabilisieren.

---

111 Beispiele für die Art der Rollen- oder Funktionsbeschreibung finden sich vorzugsweise im Kontext einer Führungsposition. Auch die Vergabe von Professuren kann ad personam (personenbezogen) erfolgen.

112 Bereits Frederick W. Taylor hat in seinen Schriften auf eine Trennung von fachlicher Arbeit und personenbezogener Arbeit im Sinne von Führung hingewiesen (vgl. Kieser/Walgenbach, 2006).

3.4 Modell der Widersprüche in Organisationen

Im vorherigen Abschnitt sind die erwartbaren Widersprüche erarbeitet worden. Diese Widersprüche werden nun tabellarisch zusammengefasst:

Tabelle 6: Theoretisch erwartbare Widersprüche in Organisationen

Dimension	Kategorie	Zu erwartender Widerspruch
Institutional	Umwelten	Dynamisch/statisch kompliziert/simpel vorhersagbar/nicht vorhersagbar kooperativ/kompetitiv
	Grenzen	formal/informal starr/flexibel stabil/fragil innen-/außenorientiert offen/geschlossen
	Zweck	vergangenheitsorientiert/zukunftsorientiert Aufgabenbearbeitung/ Problemlösung wiederholend/einmalig Routine/Veränderung
Funktional	Ziele	operational/nicht-operational langfristig/kurzfristig konsistent/konkurrierend veränderlich/statisch strategisch/operativ kollektiv/individuell
	Arbeitsteilung	monothematisch/interdisziplinär Aufgabenbearbeitung/Problemlösung fremdbestimmtes Arbeiten/selbstbestimmtes Arbeiten qualifikationsorientiert/kompetenzorientiert funktionsorientiert/prozessorientiert
	Koordination	formal/informal Selbststeuerung/Fremdsteuerung Geplant/situativ/nachgelagert Zentral/dezentral vertikal/horizontal
Instrumental	Regeln	formal/informal hohe Regelungsdichte/geringe Regelungsdichte regelbasiert/situativ einschränkend/befreiend
	Strukturen	weisungsorientiert/verhandlungsorientiert zentral/dezentral dauerhaft/temporär Hierarchie/Heterarchie
	Rollen	formell/informell reaktiv/interaktiv Generalist/Spezialist fachlich/disziplinarisch aufgabenorientiert/personenorientiert

Quelle: Eigene Darstellung

MODELLENTWICKLUNG: WIDERSPRÜCHE IN ORGANISATIONEN

Wenn, wie zuvor argumentiert, Widersprüche im dualistisch erschlossenen Weltbild eine Bedingung in Organisationen darstellen, lassen sich die erwartbaren Widersprüche als eine Erweiterung des Strukturmodells der Organisation (vgl. Abbildung 4; Abbildung 10) interpretieren. Die nachfolgende Abbildung stellt eine Auswahl der Widersprüche dar.

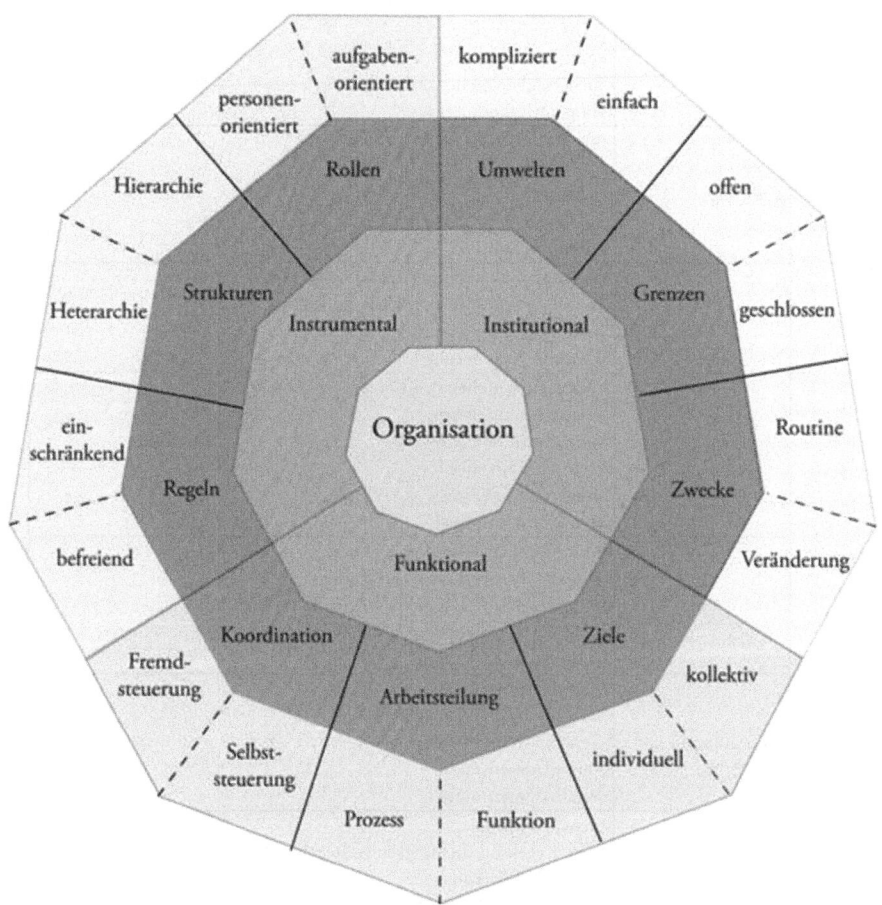

Abbildung 12: Strukturmodell der Organisation und ihrer Widersprüche
Quelle: Eigene Darstellung

4 Widersprüche in Projektorientierten Organisationen

Der zweite Forschungsauftrag (FA 1.2) lautet: „Identifizieren von konkreten Widersprüchen zwischen und innerhalb der Prinzipien Projektorientierter Organisationen". Dazu ist eine explorative Fallstudie in einem projektorientierten Unternehmen durchgeführt worden. Nach einer einleitenden Darstellung des zugrunde liegenden Forschungsverständnisses (→ 4.1) werden die Untersuchungsmethoden (→ 4.2) und die Untersuchungsdurchführung (→ 4.3) beschrieben. Anschließend werden die Untersuchungsergebnisse (→ 4.4) dargestellt und vor dem Hintergrund des im letzten Kapitel entworfenen Organisationsanalysemodells als Widersprüche in Projektorientierten Organisationen interpretiert (→ 4.5).

Die Fragen dieses Kapitels lauten:

a) Welches Vorgehen eignet sich, um Widersprüche sichtbar zu machen?

b) Welcher Art und welchen Inhalts sind die deutlich gewordenen Widersprüche?

c) Lassen sich diese Widersprüche mit dem entworfenen Organisationsmodell systematisieren?

4.1 Forschungsansatz

Der Ansatz dieser Arbeit kann als ein exploratives Vorgehen auf Basis sozialkonstruktivistischer[113] Grundannahmen charakterisiert werden. Explorativ, weil mit dieser Arbeit wissenschaftliches Neuland betreten wird. Sozial-konstruktivistisch, weil die Annahme zugrunde liegt, dass Menschen die Welt, die sie umgibt, durch Kommunikation miteinander selber erzeugen (vgl. Gergen/Gergen, 2009: 12). Durch diese beiden Charakterisierungen ergeben sich Konsequenzen für den empirischen Forschungsprozess und die Auswahl der Forschungsmethoden, die im Folgenden beschrieben werden.

---

[113] Der Begriff des „Konstruktivismus" wird hier synonym mit dem von GERGEN/GERGEN genutzten Begriff des „Konstruktionismus" verwandt. Mit der Unterscheidung wollen sie betonen, dass der Konstruktivismus eine Individuum zentrierte Sichtweise impliziert, der Konstruktionismus hingegen auf die „Beziehungen als Orte der Wirklichkeitskonstruktion" zurückgreift (Gergen/Gergen, 2009: 8). Durch die Kennzeichnung als „sozialen Konstruktivismus" soll dies zum Ausdruck kommen.

Explorative Forschung wird mit dem Ziel durchgeführt, neue Hypothesen zu erarbeiten und theoretische und begriffliche Grundlagen zu schaffen (vgl. Bortz/Döring, 2006: 50). Eine explorative Forschungsstrategie ist dann sinnvoll, wenn im jeweiligen Forschungsfeld noch keine wissenschaftlich fundierten Theorien existieren. Das spezifische Feld der „Widersprüche in Projektorientierten Organisationen" ist ein solches Feld. Die Existenz und der Umgang mit Widersprüchen werden in der organisationsbezogenen Projektmanagementliteratur zwar thematisiert, eine organisationstheoretisch begründete Behandlung steht jedoch noch aus. Lediglich RATTAY thematisiert in seinem Werk „Führung in Projektorganisationen" in einem kurzen Abschnitt die möglichen Widersprüche. Die Herleitung ist allerdings rein normativ und bleibt auf die Widersprüche, denen Mitarbeiter in der Rolle Projektleiter ausgesetzt sind, begrenzt (vgl. Rattay, 2007; erstmals 2003).[114]

Typisch für ein exploratives Vorgehen sind gering standardisierte Methoden, wie Einzelfallanalysen, offene Interviews, Inhaltsanalysen oder Feldforschungen. Diese generieren qualitative Daten, die wiederum interpretiert werden müssen (vgl. Bortz/Döring, 2006: 307f.). Um der sozialen Wirklichkeit möglichst nahe zu kommen, ist es unerlässlich, möglichst wenig an inhaltlichen Vorgaben zu machen. Nur dann, wenn beispielsweise in Interviews vermieden wird, dem Befragten die Perspektive des Befragenden aufzuzwingen, besteht die Offenheit, andere Inhalte, Dimensionen und Wirklichkeitskonstruktionen zur Sprache zu bringen, als sie der Befragende bereits kennt und vorgedacht hat. Dennoch bleibt jede Untersuchung ein Blick auf einen Ausschnitt der sozialen Wirklichkeit (vgl. Lueger, 2000). Voraussetzungen für einen erfolgreichen explorativen Forschungsprozess sind die

---

114 Nach dem Abschluss der empirischen Forschung erschien eine Dissertation von HAGEN mit dem Titel „Projektmanagement in der öffentlichen Verwaltung" (vgl. Hagen, 2009). Diese Arbeit thematisiert ebenfalls Projektmanagement als Organisationsprinzip. Dazu werden die von GOMEZ/ZIMMERMANN im Wesentlichen von MORGANS Metaphern aus "images of organizations" abgeleiteten dualen Dimensionen, Technostruktur vs. Soziostruktur, Paläste vs. Zelte, Hierarchien vs. Netze, Fremdorganisation vs. Selbstorganisation, zur Kontrastierung von Projektorientierten Organisationen und öffentlichen Verwaltungen als Bürokratien genutzt (vgl. Gomez/Zimmermann, 1999; Morgan, 2008).

daher Sensibilität und Offenheit für den Forschungskontext. Für LUEGER erlangen Forschungsgegenstände „nur in ihrem Kontext Bedeutung" (Lueger, 2000: 36). Zur Beschreibung eines explorativen Vorgehens gehört daher auch die Offenlegung des Kontextes. Im konkreten Fall muss die Organisation, in der die Fallstudie durchgeführt wurde, beschrieben werden. Dadurch soll deutlich werden, dass die erhobenen Daten nur für diesen Kontext Gültigkeit beanspruchen können. Erst durch die Übertragung auf das organisationstheoretisch abgeleitete Widerspruchsmodell kann eine Generalisierbarkeit der Erkenntnisse angenommen werden.

Eine Forschung, deren Ziel es ist, Wissen über soziale Zusammenhänge zu produzieren, steht immer in einem erkenntnistheoretischen Spannungsfeld. Der Forscher trifft explizit oder implizit Annahmen über die Beschaffenheit der Wirklichkeit (vgl. Fromm, 1995: 11). Diese Arbeit basiert auf der Annahme, dass die Wirklichkeit in Organisationen das Ergebnis der sozialen Konstruktion[115] ihrer Mitglieder ist. Diese Wirklichkeit wird durch die Kommunikation permanent fortgeschrieben. Kommunikationen als basale Elemente von Organisationen können demnach nicht direkt beobachtet werden, sondern müssen erschlossen werden (vgl. Simon, 2007b: 76). Was beobachtbar und auch empirisch fassbar ist, sind die Teilnehmer an Kommunikationen und ihre verwendete Sprache. In einer Welt, in der es keine objektive Wirklichkeit gibt, kann auch die Frage nach der Richtigkeit von Konstruktionen nicht beantwortet werden. Für einen einzelnen Menschen sind aus subjektiver Sicht die Konstrukte dann von hoher Güte, wenn sie funktionieren (viabel sind). Zwischen Menschen ist die Güte der Konstrukte von kommunikativen Verhandlungsprozessen abhängig. Entscheidend ist, dass man sich auf die Wirklichkeitsdefinitionen einigt (Konsensustheorie) und nicht, dass sie der Realität entsprechen (Korrespondenztheorie) (vgl. Fromm, 1995: 12).

---

115 Die Ansätze des sozialen Konstruktivismus werden hier nur soweit dargestellt, wie sie zur Begründung und zum Verständnis der Forschungsmethoden notwendig sind. Eine aufschlussreiche Zusammenstellung grundlegender Arbeiten der wichtigsten Vertreter des Konstruktivismus, wie z. B. Heinz von Foerster, Ernst von Glaserfeld oder Paul Watzlawick, findet sich in der vom Piper Verlag herausgegebenen „Einführung in den Konstruktivismus" (vgl. Gumin/Mohler, 2003).

Ein sozial-konstruktivistisches Forschungsverständnis stellt daher besondere Anforderungen nicht nur an die Auswahl, sondern auch an die Anwendung der Forschungsmethoden. Für den vorliegenden Kontext ist es darüber hinaus wichtig, die Methoden so auszugestalten, dass sie möglichst widerspruchssensitiv genutzt werden können. Das Ziel muss es sein, die impliziten und expliziten Annahmen, die Meinungen und das Wissen der Organisationsmitglieder zu den organisationsweiten Widersprüchen in Projektorientierten Organisationen zu erheben. Um diesem Anspruch gerecht zu werden, bedarf es einer elaborierten Forschungsmethode, die es ermöglicht, die je individuellen Konstruktionen nicht nur zu erheben, sondern auch einer aggregierenden Analyse zugänglich zu machen (vgl. Westmeyer/Weber, 2004: 64).

Ein Ansatz, der in dieser Hinsicht Erfolg versprechend scheint, ist die von KELLY entwickelte Repertory Grid Technik.[116] Sie wird eingesetzt, um die individuellen Unterschiedskonstruktionen zu erheben und erlaubt im Anschluss an die Erhebung einen Vergleich der interindividuellen Konstruktionen. Die Kombination aus den Möglichkeiten, einerseits individuelle, personale Konstrukte als qualitative Informationen zu erheben und anderseits die Aussicht, die aggregierten Ergebnisse mit quantitativen Mitteln analysieren zu können, macht den Einsatz der Repertory Grid Technik für den vorliegenden Kontext besonders lohnend.[117] Darüber hinaus weisen ROSENBERGER/FREITAG darauf hin, dass der „Forscher praktisch kein Vorwissen über den Untersuchungsgegenstand haben muss" und sich die Methode daher insbesondere für „explorativ-heuristische Fragestellungen" geeignet ist (Rosenberger/Freitag, 2009: 491).

---

116 Eine ausführliche Darstellung der zugrunde liegenden Annahmen folgt im nächsten Abschnitt.

117 WESTMEYER/WEBER bezeichnen diese Fähigkeit der Repertory Grid Technik als „nomothetisch". Mit der Verwendung des Begriffs nomothetisch (griechisch: nomos=Gesetz; thesis=aufbauen) weisen sie auf einen scheinbaren Widerspruch hin, der als große Stärke des Repertory Grid Ansatzes gelten kann. Trotz des konstruktivistischen Grundverständnisses ist die Methode in der Lage, quantitative Daten zu generieren. Damit deutet sich hier bereits an, dass sich die Repertory Grid Technik auf der Grenze zwischen qualitativer und quantitativer Forschung bewegt (vgl. Fromm, 2005; Westmeyer/Weber, 2004).

4.2 Untersuchungsmethoden

Die entscheidende Eigenschaft der hier gewählten Untersuchungsmethode besteht darin, eine durchgängige Transparenz von der Annäherung an den Kontext, über die Erhebung der Daten, bis hin zur modellhaften Darstellung verallgemeinernder Befunde zu gewährleisten (vgl. Dick, 2000). Eine Festlegung auf die Repertory Grid Technik als Untersuchungsmethode lässt dem Forscher weitreichende Freiheitsgrade. BELL diskutiert neun Varianten zur konkreten Vorgehensweise, die sich darin unterscheiden, wie sehr eine Erhebung mit der Repertory Grid Technik standardisiert werden kann. Da es sich im vorliegenden Fall um eine explorative Studie handelt, ist eine hohe Standardisierung wenig sinnvoll.

ROSENBERGER/FREITAG schlagen in Anlehnung an FROMM (1995) folgendes Vorgehen für explorative Studien vor:

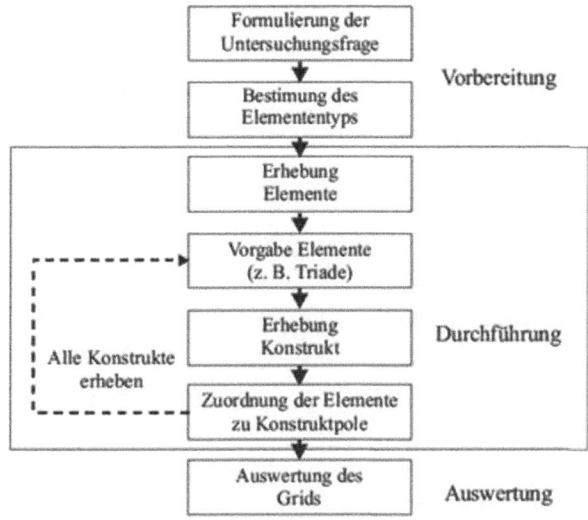

Abbildung 13: Ablauf einer Repertory Grid Untersuchung
Quelle: Rosenberger/Freitag, 2009: 481

Die vorgeschlagene Vorgehensweise standardisiert nur einen Teil der Untersuchung. Die Begriffe (Elemente) mit denen Teilnehmer angeregt werden sollen, „ihre Wirklichkeit" zum Ausdruck zu bringen, sind vorgegeben. Jeder Teilnehmer kann genau so viele und genau die individuellen Unterscheidungen (Konstrukte) formulieren, die er benötigt, um „seine Wirklichkeit" auszudrücken. Eine Repertory Grid Untersuchung, in der die Anzahl und der Inhalt der Elemente fest vorgegeben sind, die Anzahl und der Inhalt der individuellen Konstrukte jedoch offen gelassen werden, schränkt die Vergleichbarkeit der Unterschiedskonstruktionen ein. Für einen personenübergreifenden Vergleich der Konstruktsysteme zu einem bestimmten Themengebiet ist die Standardisierung der Elemente zwingend erforderlich (vgl. Rosenberger, 2006: 183f.). Die Standardisierung der Elemente ermöglicht einen Vergleich der Konstruktionen der einzelnen Teilnehmer miteinander und macht diese einer Individuen übergreifenden Analyse zugänglich. Wahrgenommene Ähnlichkeiten und Unähnlichkeiten werden so der Interpretation zugänglich (vgl. Lund, 2004: 6). Was als Elemente in die Untersuchung einfließt, liegt letztendlich im Ermessen des Forschers. Das entscheidende Kriterium ist die Bedeutsamkeit für die Teilnehmer (vgl. Scheer, 1993: 29). Darüber hinaus ist zu beachten, dass die Elemente diskret, konkret und homogen sind (vgl. Scheer, 1993). Diskret bedeutet in diesem Zusammenhang, dass die Elemente unterscheidbar, abgegrenzt und überschneidungsfrei sind. Daran schließt die Forderung an, Elemente möglichst konkret zu benennen. Voraussetzungen für eine angemessene Interpretation der Konstrukte im Rahmen der anschließenden Analyse sind eine Übereinstimmung der Gültigkeitsbereiche der Konstrukte untereinander und ein möglichst genaues Verständnisses des Gültigkeitsbereichs der Konstrukte der Teilnehmer (vgl. Fromm, 1995: 77). Damit die Konstrukte auf alle Elemente anwendbar sind und damit für den Teilnehmer überhaupt vergleichbar sind, ist auf möglichst homogene Elemente zu achten.[118] Wird das Prinzip der Homogenität nicht eingehalten, besteht die Gefahr, abstrakte Konstrukte zu erheben, die nur von geringem Informationsgehalt sind.

---

118 Situationen mit Personen, Emotionen oder konkreten Dingen zu vermischen, macht es dem Teilnehmer ungleich schwerer, übergreifende Konstrukte zu formulieren, es sei denn, der direkte Vergleich miteinander ist das Ziel der Untersuchung (vgl. Easterby-Smith/Thorpe/Holman, 1996: 9).

Die Vergleichbarkeit und damit auch die statistischen Analysemöglichkeiten zwischen den Teilnehmern sind reduziert. Allerdings steigt die Fähigkeit der Untersuchung, ein möglichst vollständiges Bild der Begriffswelten aller Teilnehmer zu erhalten. Diese Vorgehensweise wird daher für den vorliegenden Kontext als geeignet angesehen.

Ein wichtiger Aspekt, bei dem Forschungen mit der Methodik des Repertory Grid systematische Unschärfen zeigen, ist laut THOMAS/HARRI-AUGSTEIN, die Generierung der zu standardisierenden Elemente im Rahmen der Vorbereitung der Untersuchung (vgl. Thomas/Harri-Augstein, 1985). Oftmals scheint es so, als seien „die Elemente zur Erhebung der Konstrukte auf irgendeine wundersame Weise immer gleich da" (Fromm, 1995: 63). Um dieser Unschärfe zu begegnen, schlagen die Autoren eine Vorstudie vor der eigentlichen Repertory Grid Erhebung vor. Durch solch eine Vorstudie können die in der betrachteten Organisation bedeutsamen Elemente identifiziert werden. Aus den vorgenannten Gründen wird die Untersuchung in den folgenden vier Schritten durchgeführt:

(1) Vorstudie: Experteninterviews zur Erhebung der Bedeutung generierender Elemente

(2) Durchführung 1: Erprobung der Elemente in Repertory Grid Interviews

(3) Durchführung 2: Datenerhebung durch Repertory Grid Interviews

(4) Auswertung: Analyse der erhobenen Konstrukte

Die ausgewählten Methoden und ihr Ineinandergreifen werden im Folgenden vorgestellt.

4.2.1 Vorstudie: Experteninterviews

Die Exploration des Forschungsfeldes wird mit vier teilstandardisierten[119] Experteninterviews[120] eröffnet (vgl. Kromrey, 1998: 365).

---

119 Die Kategorien „voll-standardisiertes", „teil-standardisiertes" und „nicht-standardisiertes" Interview unterscheiden den Grad der Vorgaben, die ein Forscher für den Interviewprozess trifft. Dabei können z. B. Fragen, Antworten oder die Reihenfolge der Bearbeitung vorgegeben werden.

Die Teilstandardisierung ist eine Interviewform, die aufgrund ihrer geringen Strukturvorgaben zwischen einem rein narrativen, oft biografischen Interview (vgl. Flick, 2005) und einem strukturierten Leitfadeninterview (vgl. Kühl/Strodtholz, 2002) anzusiedeln ist. Bei einem teilstandardisierten Interview wird ein Fragengerüst genutzt, welches während der Forschung als Leitfaden dient. Die ausformulierten Fragen basieren auf den theoretischen Vorannahmen sowie den Ein- und Ausgrenzungen, die der Forscher im Vorfeld vorgenommen hat (vgl. Flick, 2005: 128). Im vorliegenden Fall ist die Reihenfolge der Fragen bewusst gewählt, lässt in der konkreten Anwendung aber Variationen zu. Sowohl der Interviewer als auch der Befragte haben jederzeit die Möglichkeit, ergänzende Fragen zu stellen und einzelne Sachverhalte auf diese Weise zu vertiefen. Standardisierte Interviews mit der vollständigen Vorgabe der Fragen und Antworten wären für die Experteninterviews wenig sinnvoll. Diese Form der Interviews blendet die spezifische inhaltliche Qualität des Expertenwissens aus. Der Interviewer selbst müsste ein Experte für den jeweiligen Kontext sein, um alle denkbaren Antworten bereits im Vorfeld auszuformulieren und im Interview anbieten zu können. Damit würde aber die Möglichkeit genommen, in der Interviewsituation die spezifischen Sichtweisen eines Experten aufzunehmen (vgl. Kromrey, 1998: 364).

Die Bezeichnung als Experteninterview verweist auf den Interviewpartner und beschreibt dessen inhaltliche Qualität (vgl. Liebold/Trinczek, 2002: 33). MEUSER/NAGEL betonen, dass die Zuschreibung als Experte in erster Linie vom konkreten Forschungsinteresse abhängig ist und vom Forscher auf eine spezifische Fragestellung begrenzt verliehen wird (vgl. Meuser/Nagel, 1989: 2f.).

---

120 Interviews sind in der empirischen Sozialforschung das am häufigsten eingesetzte Instrument zur Datenerhebung. Sie werden beispielsweise als persönlich-mündliche oder als schriftliche bzw. telefonische Befragungen durchgeführt. Die produzierten Daten entstehen dabei speziell im Rahmen der Forschung und sind nicht, wie dies z. B. bei Beobachtungen der Fall wäre, Aufzeichnungen relativ unbeeinflusster sozialer Prozesse. Interviews sind immer künstliche Situationen, in denen soziale Prozesse auf die zu erhebenden Daten Einfluss nehmen. Sie sind als indirekte Instrumente zu verstehen, die nicht Eigenschaften von Sachverhalten, sondern Aussagen über diese Eigenschaften erheben. (vgl. Kromrey, 1998: 336ff.).

Der Begriff des Experten kann jedoch auch wissenschaftstheoretisch hergeleitet werden: In der Kognitionsforschung wird jemand als ein Experte bezeichnet, der sich mit einem abgegrenzten Gebiet acht bis zehn Jahre intensiv auseinandergesetzt hat und über besondere Fähigkeiten in der Aufnahme, der Organisation, der Repräsentation und der Anwendung von Wissen zur Problemlösung verfügt (vgl. Bransford, 2000; Reimann/Rapp, 2004). Differenztheoretisch ist die Unterscheidung zwischen dem Experten und dem Laien das entscheidende Kriterium. Der Experte übertrifft den Laien in einem bestimmten Bereich regelmäßig in seiner Leistungsfähigkeit (vgl. Reimann/Rapp, 2004: 8f.). Die Unterscheidung zwischen einem Laien und einem Experten lässt sich auch sozial-konstruktivistisch formulieren: „Die gesellschaftliche Konstruktion von „Experten" kann daher nur gelingen, wenn gleichzeitig die „Laien" die jeweilige Logik der spezifischen Wissensform „Expertenwissen" akzeptieren, auch wenn ihnen die Kenntnis über deren Abläufe zur selbständigen eigenen Problemlösung fehlt" (Liebold/Trinczek, 2002: 36f.). Experten sind demnach solche Personen, deren Wissen und deren Handlungen sich in einem Teilsegment der Gesellschaft als durchsetzungsfähiger, konstruktivistisch formuliert viabler, erwiesen haben.

Der Experte für seine persönlichen Konstruktionen und damit für das Interpretationsraster der umgebenden Welt zu sein, bedeutet, dass niemand sonst den eigenen „subjektiven Theorien" so nah sein kann wie das Individuum selbst (vgl. Groeben et al., 1988). Der Interviewte wird zum Experten seiner selbst. Für Individuum bezogene Forschungskontexte kann diese Auffassung der Expertise sinnvoll sein. Die Expertise darf nicht mit der Subjektivität gleichgesetzt werden. In einem organisationalen Kontext verliert der Begriff „Experte" durch ein solches Verständnis seine diskriminierende Wirkung, da jeder Interviewteilnehmer quasi zum Experten erklärt wird. Gerade der organisatorisch-institutionelle Zusammenhang ist im vorliegenden Kontext von Bedeutung. Nicht das Individuum mit all seinen lebensweltlichen Facetten wird betrachtet, sondern nur sein Ausschnitt als in der Organisation präsente Person.

Aufgrund der dargestellten unterschiedlichen Verständnisse eines Experteninterviews scheint es notwendig, sich dem Begriff des Experten methodisch anders zu nähern. Das Verständnis einer Person als Experte wird für diese Forschung aufgrund der Zuschreibung innerhalb des organisatorisch-institutionellen

Zusammenhangs vorgenommen. Als Interviewpartner werden solche Personen ausgewählt, denen durch die Organisation die Kompetenz zur sozialen Konstruktion der Wirklichkeit (vgl. Hitzler et al., 1994) verliehen wird und die über ein herausgehobenes Kontextwissen verfügen. „Von Interesse sind ExpertInnen als FunktionsträgerInnen innerhalb eines organisatorischen oder institutionellen Kontextes. Die damit verknüpften Zuständigkeiten, Aufgaben, Tätigkeiten und die aus diesen gewonnenen exklusiven Erfahrungen und Wissensbestände sind die Gegenstände des ExpertInneninterviews. ExpenInneninterviews beziehen sich mithin auf klar definierte Wirklichkeitsausschnitte, darüber hinausgehende Erfahrungen, vor allem solcher privater Art, bleiben ausgespart. In ExpertInneninterviews fragen wir nicht nach individuellen Biographien, untersuchen wir keine Einzelfälle, sondern wir sprechen die *ExpertInnen als RepräsentantInnen* einer Organisation oder Institution an, insofern sie die Problemlösungen und Entscheidungsstrukturen (re-) präsentieren" (Meuser/Nagel, 1989: 5).

Für die vorliegende Arbeit werden Führungskräfte der permanenten und der dauerhaften Organisation mit mindestens acht bis zehn Jahren Führungserfahrung als Experten ausgewählt. Bei diesen Personen kann davon ausgegangen werden, dass sie einen bedeutenden Einfluss auf die Konstruktionen der sozialen Wirklichkeit in der Organisation haben. Die teilstandardisierten Interviews bestehen aus offenen Fragen, deren Reihenfolge festgelegt ist.

Neben der bis hierher beschriebenen Interviewmethodik ist auch die Ergebnissicherung im Vorfeld der Untersuchung festzulegen. Die Ergebnissicherung ist bereits der erste Schritt einer Interpretation. Nach FLICK kann diese in drei Schritte gegliedert werden:

(1)   Aufzeichnung der Daten

(2)   Aufbereitung der Daten = Transkription

(3)   Datenanalyse, von ihm als „Konstruktion einer „neuen" Realität im und durch den erstellten Text genannt" (Flick, 2005: 244).

Für die vorliegende Forschung ist die auditive Aufzeichnung des gesprochenen Wortes ausreichend und daher mit sehr unauffälligen Aufnahmegeräten realisierbar, welche die Künstlichkeit der Interviewsituation nicht weiter erhöhen. Da im

Vorfeld eines explorativen Interviews nicht zweifelsfrei geklärt sein kann, welche Inhalte im weiteren Verlauf der Forschung eine Relevanz erlangen, kann auf die vollständige Transkription der Interviews nicht verzichtet werden. Allerdings ist die Detailgenauigkeit des Transkripts den zu interpretierenden Informationen anzupassen. Die Vorstudie dient neben der Exploration vor allem der Gewinnung von Bedeutung generierenden Elementen für die Repertory Grid Interviews. Wenn nonverbale Details, wie Sprechpausen oder Tonfalländerungen, dabei nicht zur Interpretation herangezogen werden, müssen sie nicht transkribiert werden (vgl. Kromrey, 1989: 369ff.; Liebold/Trinczek, 2002: 50ff.) Die Kodierung und Analyse des Gesagten dienen der Suche nach den Begriffen, die sich als bedeutungsvolle Elemente für die Hauptuntersuchung eignen. Das Gesagte wird zur Reduktion der Daten in Kategorien, wie z. B. Gegenstände, Handlungen, Personen, Rahmenbedingungen, zusammengefasst, denen vom Forscher die Fähigkeit, Bedeutungen und Assoziationen zum Themengebiet hervorzurufen, zugeschrieben wird. Damit entspricht die Vorgehensweise am ehesten der qualitativ-strukturierenden Inhaltsanalyse, wie sie von MAYRING vorgestellt worden ist (vgl. Mayring, 2003: 82ff.). Anders als beim Einzelinterview geht es nicht darum, den Text in seiner Individualität, sondern in seiner allgemeinen Struktur zu analysieren. Im Vordergrund steht, das Überindividuelle herauszuarbeiten und Aussagen über gemeinsam geteilte Wissensbestände, Relevanzstrukturen, Wirklichkeitskonstruktionen, Interpretationen und Deutungsmuster zu erkennen (vgl. Meuser/Nagel, 1989: 11).

4.2.2 Datenerhebung: Repertory Grid Technik

Die Repertory Grid Technik geht auf die „personal construct theory" des amerikanischen Psychologen GEORGE ARMSTRONG KELLY (1905-1967) zurück.[121] Im Kern ist KELLYS Theorie der Versuch, zu erklären, „wie Persönlichkeit entsteht, wie sie organisiert ist und wie sie sich in Verbindung mit der Umwelt verhält." (Lund, 2004: 26). Kelly hat damit den Grundstein für den subjektwissenschaftlichen Ansatz[122] in der Psychologie gelegt (vgl. Westmeyer, 2002). Die Repertory Grid Technik wurde ursprünglich als individualpsychologisches Diagnoseinstrument entwickelt und eingesetzt.[123] In den vergangenen fünfzig Jahren sind die Repertory Grid Technik und ihre Varianten zu Erhebungen in den unterschiedlichsten Forschungsfeldern eingesetzt worden, wobei

---

121 KELLY veröffentlichte sein 1200 Seiten umfassendes Werk 1955 in 2 Bänden. Die ersten 3 Kapitel des Grundlagenbands erschienen 1986 in Deutschland unter dem Titel „Die Psychologie der personalen Konstrukte" (Kelly, 1986 erstmals 1955). Kellys Theorieentwurf war von ihm selbst nicht als eine neue Persönlichkeitstheorie, sondern als ein wesentlich allgemeinerer Strukturvorschlag für die Psychologie gedacht. Ebenso ist sie keine Theorie des Lernens, der interpersonellen Beziehungen, der Entwicklung oder der Wahrnehmung (vgl. Rosenberger, 2006: 164). SADER kennzeichnet den Ansatz als Meta-Theorie, der Aussagen über Strukturen und Möglichkeiten von inhaltlichen Interpretationen trifft (vgl. Sader, 2000). CATINA/SCHMITT ziehen für sich den Schluss, dass die Theorie in kein vorhandenes Schema passt (vgl. Catina/Schmitt, 1993: 23). Die von KELLY neu entwickelte Begrifflichkeit und seine Betonung der Andersartigkeit seines Werkes sorgten zur Zeit der Veröffentlichung für eine nur zögerliche Rezeption. Warnend, fast provokativ weist er schon im Vorwort darauf hin, dass die „vertrauten Orientierungspunkte" in Form von Begriffen, wie „Lernen", „Emotion", „Motivation" oder „Bedürfnis" in seiner Arbeit nahezu vollkommen fehlen (vgl. Kelly 1986: 12). „Aber wenn man heute, da Kognitivismus, Konstruktivismus oder Selbst-Objekt-Beziehungstheorien so viele Ähnlichkeiten mit der Kellyschen Theorie erkennen lassen, die theorieübergreifende Auseinandersetzung meidet, wird dies zum unmissverständlichen Fehler." (Catina/Schmitt, 1993: 12)

122 Dieser Begriff war in den 1950er Jahren, zum Zeitpunkt des Erscheinens von Kellys Werk, noch nicht gebräuchlich (vgl. Westmeyer, 2002).

123 Die bekannteste Anwendung der Repertory Grid Technik ist der von Kelly selbst entworfene „Role Construct Repertory Test", der einen Zugang zu den persönlichen Konstrukten eines Menschen, bezogen auf die für ihn relevanten Bezugspersonen ermöglicht.

die Anwendungen im psychologisch-medizinischen Bereich den Schwerpunkt bilden (vgl. Fransella/Bell/Bannister, 2004). Die Methode wird zunehmend in der Management- und Organisationsforschung eingesetzt (vgl. Rosenberger, 2006).[124]

Die erkenntnistheoretischen Grundlagen der Theorie der personalen Konstrukte haben erhebliche Auswirkungen auf die Begründung, die Anwendung und die Interpretation der Ergebnisse einer Repertory Grid Erhebung. Daher ist es notwendig, die philosophischen und psychologischen Grundlagen und damit die impliziten und expliziten Annahmen über die Beschaffenheit der Wirklichkeit der zugrunde liegenden Theorie der personalen Konstrukte zu skizzieren.

Der Theorie der personalen Konstrukte liegt eine (wissenschafts-) philosophische Sicht zugrunde, die KELLY selber „Konstruktiven Alternativismus" nennt (Kelly, 1986: 17).[125] Auch wenn KELLY die Weltaneignung des Menschen als einen Prozess der „Abbildung *oder* Konstruktion der Wirklichkeit" (Kelly, 1986: 22) beschreibt, deutet der Begriff der Abbildung nicht auf einen objektivistischen, sondern einen grundlegend konstruktivistischen Ansatz hin. Mit WESTMEYER kann die Theorie KELLYS als „individuumsbezogener Konstruktivismus" bezeichnet werden (Westmeyer, 2002: 64). Er wird dadurch gegen den radikalen Konstruktivismus im Sinne eines VON GLASERFELD oder vom sozialen Konstruktivismus im Sinne von GERGEN abgegrenzt (vgl. Gergen, 2002; Glaserfeld, v., 2003).

Der Vorschlag KELLYS ist es, einen Menschen als jemanden zu verstehen, der die Wirklichkeit in Konstrukten abbildet und mit diesen Konstrukten Vorhersagen über die Beschaffenheit seiner Umwelt trifft. Im Falle einer korrekten bzw. erfolgreichen Vorhersage wird die Konstruktion beibehalten. War die Konstruktion

---

[124] So ist beispielsweise im Jahr 2006 die Dissertation Rosenbergers über die „soziale Steuerung virtueller Unternehmen" erschienen (vgl. Rosenberger, 2006). EASTERBY-SMITH widmet der Repertory Grid Technik in seinem Handbuch „Management Research" ein eigenes Kapitel (vgl. Easterby-Smith/Thorpe/Lowe, 2002). Einen Überblick gibt die von SCHEER regelmäßig aktualisierte Homepage der „Deutschen Arbeitsgruppe zur Psychologie der Persönlichen Konstrukte" – www.pcp-net.de; (Aufruf am 27.09.2006).

[125] Konstruktiv beschreibt dabei keinen Gegenpol zu destruktiv, sondern ist auf Konstrukte bezogen.

nicht hilfreich, um eine Vorhersage zu treffen, wird sie entweder verändert oder durch eine alternative Konstruktion ersetzt. Aus der Möglichkeit, nicht erfolgreiche Konstrukte durch mindestens eine Alternative ersetzen zu können, leitet sich die Bezeichnung als „Alternativismus" ab (Westmeyer/Weber, 2004: 68). Die Wahl alternativer Konstrukte steht dem Menschen demnach immer wieder offen, wenn er die gegenwärtige Interpretation der Wirklichkeit infrage stellt und aus einer anderen Perspektive betrachtet. Der Mensch wäre dann in der Lage, sein Leben permanent zu konstruieren und zu rekonstruieren: „Da seine Konstruktionen keine »wahren« Beschreibungen der Realität darstellen, kann er immer wieder alternative Sichtweisen entwickeln." (Rosenberger, 2006:142 f.)

KELLY orientierte sich bei der Entwicklung seiner Theorie am Bild des *Menschen als Forscher* – „men as a scientist" (Kelly, 1986: 18): Das Ziel jedes einzelnen Menschen sei es, Vorhersagbarkeit und Kontrolle über seine Umwelt zu erlangen, in dem er die Welt und seine Erfahrungen mit dieser Welt versteht. In Abgrenzung bzw. Erweiterung der damals in der Psychologie vorherrschenden Konzepte, wie Bedürfnis, Begierde oder Sexualtrieb, formuliert Kelly: „Könnte es nicht eher sein, dass sich der einzelne Mensch, jeder auf seinen persönliche Weise, eher wie ein Wissenschaftler verhält, der immer den Lauf der Dinge, in die er verwickelt ist, vorherzusagen und zu kontrollieren sucht? Würde er nicht auch Theorien haben, Hypothesen testen und ihre experimentelle Aussagekraft abwägen?" (Kelly, 1986: 19). Für KELLY bildet der Grundgedanke die Annahme, dass Individuen die Welt durch Verifikation und Falsifikation solcher Hypothesen konstruieren, die sie aufgrund ihrer eigenen Erfahrung gebildet haben. KELLY hebt durch dieses Verständnis eines jeden Menschen als Forscher das klassische Forscher-Probanden-Gefälle auf. Nicht nur professionelle Wissenschaftler stellen Hypothesen auf und treffen Vorhersagen, sondern jeder Mensch bildet Annahmen über die Realität und überprüft sie an deren tatsächlichem Verlauf. Demzufolge wird der Proband vom Lieferanten der Daten und Informationen zu einem Experten für seine eigene Wirklichkeit.

Die theoretischen Annahmen KELLYS spiegeln sich in einem Grundpostulat und elf Hilfs- bzw. Folgesätzen, den sogenannten Korollarien, wider. Seine ausführlichen Erklärungen zu diesem Postulat und den Korollarien erläutern die Theorie KELLYS und verfeinern so die konstruktivistisch geprägte Grundhaltung.

Tabelle 7 stellt eine Übersicht über das grundlegende Postulat und die elf Korollarien dar.

Tabelle 7: Grundpostulat und Korollarien der Theorie der personalen Konstrukte

Grundlegendes Postulat: Die Prozesse eines Menschen werden psychologisch durch die Mittel und Wege kanalisiert, mit deren Hilfe er Ereignisse antizipiert.
Korollarium der Konstruktion: Der Mensch antizipiert Ereignisse, indem er ihre Wiederholungen konstruiert.
Korollarium der Individualität: Menschen unterscheiden sich in ihren Konstruktionen der Ereignisse voneinander.
Korollarium der Organisation: Jeder Mensch entwickelt zur Erleichterung der Antizipation von Ereignissen ein charakteristisches Konstruktionssystem, das ordinale Beziehungen zwischen den Konstrukten umfasst.
Korollarium der Dichotomie: Das Konstruktsystem eines Menschen setzt sich aus einer endlichen Anzahl dichotomer Konstrukte zusammen.
Korollarium der Wahl: Der Mensch wählt für sich die Alternative eines dichotomisierten Konstrukts, von der er sich eine bessere Möglichkeit zur Ausweitung und Definition seines Systems erwartet.
Korollarium des Bereichs: Ein Konstrukt kann nur zur Antizipation eines begrenzten Bereichs von Ereignissen verwendet werden.
Korollarium der Erfahrung: Das Konstruktionssystem eines Menschen verändert sich im Laufe seiner Konstruktion der Wiederholung von Ereignissen.
Korollarium der Veränderung: Die Variation des Konstruktsystems eines Menschen ist durch die Durchlässigkeit der Konstrukte begrenzt, in deren Gültigkeitsbereich die Varianten liegen.
Korollarium Fragmentierung: Der Mensch kann [nacheinander, Erg. d.d.A.] eine Vielzahl von Konstruktionssubsystemen anwenden, die logisch miteinander unvereinbar sind.
Korollarium der Gemeinsamkeit: In dem Ausmaß, in dem ein Mensch eine Konstruktion der Erfahrung verwendet, welche derjenigen eines anderen Menschen ähnlich ist, gleichen seine psychologischen Prozesse denen des anderen.
Korollarium der Teilnahme am sozialen Prozess: In dem Ausmaß, in dem ein Mensch die Konstruktionsprozesse eines anderen Menschen konstruiert, kann er eine Rolle in einem sozialen Prozess spielen, der den Anderen mit einschließt.

Quelle: Kelly, 1986: 59ff.

Um das Spezifische der Theorie der personalen Konstrukte für den folgenden Forschungsprozess darzustellen, werden vier Korollarien exemplarisch auf ihre Implikationen für die vorliegende Forschung betrachtet.[126] Dieses sind die Korollarien der Konstruktion, der Dichotomie, der Individualität und der Gemeinsamkeit. Sie verdeutlichen die Ähnlichkeit des hier zugrunde liegenden Forschungsansatzes mit den Theorieansätzen KELLYS und unterstreichen damit die Eignung der Methode als widerspruchssensitives Forschungsinstrument in besonderer Weise.

Korollarium der Konstruktion: Im Zentrum der theoretischen und praktischen Forschung der Psychologie der Personalen Konstrukte steht der Begriff der Konstrukte. Die Konstrukte sind hierarchisch in Systemen aus über- und untergeordneten Konstrukten und Konstruktebenen organisiert. Jedes Individuum nutzt Konstrukte und Konstruktsysteme, um seine Umwelt zu analysieren, zu verstehen, zu strukturieren und umzugestalten. Konstrukte sind Mittel, um die Welt zu konstruieren. Nach KELLY ist der Prozess des Konstruierens der Prozess des "mit Interpretation versehen" (Kelly, 1986: 63). Dieser wird fälschlicherweise oft als rein kognitivistisch oder verbal aufgefasst. Er ist jedoch nicht immer sichtbar, verbal oder formal logisch (vgl. Catina/Schmidt, 1993). Personale Konstrukte sind etwas sehr Privates, nur zum Teil bewusst und daher auch nur unvollkommen kommunizierbar. KELLY selbst betont, es gäbe keinen Grund anzunehmen, der Prozess des Konstruierens sei nicht immer auch von Emotionen oder physiologischen Vorgängen begleitet. Nach seinem Grundverständnis sind Emotionen und Kognitionen nicht voneinander trennbar (vgl. Catina/Schmitt, 1993: 13, Fromm 1995: 17).

Korollarium der Dichotomie: Ein Konstrukt ist zuallererst eine Unterscheidung. Im Prozess des Konstruierens werden Dinge und Ereignisse als einander ähnlich und als verschieden von anderen interpretiert. Dabei sind Ähnlichkeit und Gegensatz dem Konstrukt inhärent und ermöglichen so die Orientierung in der Welt (vgl.

---

126 Das Postulat und die Korollarien sind in der Literatur in unterschiedlichsten Formen dargestellt. Die gewählte Darstellungsweise orientiert sich an der 1986 erschienenen Übersetzung der ersten drei Kapitel des Werks von KELLY (vgl. Kelly, 1986).

Dualität). Die Unterscheidung findet in einem dichotomen Konstrukt seine Form und wird durch die Abstraktion des Konstrukts unabhängig von dem Ereignis, das die Unterscheidung ursprünglich ausgelöst hat.[127] KELLY formuliert: „Ein Konstrukt, dass Ähnlichkeit ohne Gegensatz enthielte, würde genauso viel an chaotischer, undifferenzierter Homogenität abbilden wie ein Konstrukt, das Gegensatz ohne Ähnlichkeit enthielte, eine chaotische spezifizierte Heterogenität abbilden würde" (Kelly, 1986: 63). Konstrukte dienen somit nicht nur der Klassifizierung von Interpretationen, sondern auch der Differenzierung durch zwei dichotome Pole.[128] Spezifisch für den Standpunkt der Theorie der personalen Konstrukte ist, dass nicht das, was als irrelevant konstruiert wird, mit dem vermengt wird, was als gegensätzlich konstruiert wird. „Wir müssen beide Seiten betrachten, wenn wir wissen wollen, was das Konstrukt für ihn [den Menschen] bedeutet. [...] Wir können nicht verstehen, was er mit „Respekt" meint, wenn wir nicht wissen, was er als wichtigen Gegensatz zu „Respekt" begreift" (Kelly, 1986: 82f.)[129].

---

127 Vgl. die Ausführungen zum Konzept der Dualität im Kapitel 2.2.1.

128 Dichotomie (griechisch *dĭchŏtŏmos* „entzweigeschnitten" aus *dicha* „zweigeteilt, getrennt" und *tome* „Schnitt") bedeutet die Aufteilung in zwei Strukturen oder Begriffe. Im strengen Sinne bezeichnet Dichotomie die Trennung eines Begriffs in zwei Unterbegriffe, die sich gegenseitig ausschließen. Aus dieser Definition wird das Potenzial des Repertory Grid Verfahrens erkennbar, mit der Erhebung dichotomer Konstrukte Widersprüche und Paradoxien im Verständnis von Management sichtbar werden zu lassen. Hier erschließt sich aber auch eine Möglichkeit zum erweiterten Erkenntnisgewinn durch die Anwendung der Theorie im Forschungsprozess. Gerade das, was ein Proband ausschließt und was damit in der konventionellen Logik als irrelevant betrachtet werden würde, kann von größerer Bedeutung sein, als das, was er einschließt.

129 Das Kriterium der Dichotomie ist im Repertory Grid Test durch eine durchgängige Aufforderung zur Unterscheidung und Benennung von Ähnlichkeiten unter Unterschieden in Form von gegensätzlichen Begrifflichkeiten umgesetzt. Elemente, die durch ein Konstrukt interpretiert werden, sind einander ähnlich, wenn sie auf dem gleichen Pol des Konstrukts liegen und einander unähnlich, wenn sie auf dem gegenüberliegenden Pol liegen. „Während Elemente Entitäten des Erlebens, etwa Personen, Ereignisse oder Objekte darstellen, dienen die persönlichen Konstrukte der Beschreibung und Bewertung dieser Erlebniseinheiten. Sie sind kurz gesagt Interpretationen, die Personen vornehmen." (Dick, 2000: Absatz 3.2)

Korollarium der Individualität: Aus methodischer Sicht ist die Individualität von Konstrukten ein zentrales Kriterium und wird durch Individualerhebungen in Repertory Grid Interviews umgesetzt. Die Interpretationen und Bedeutungen, die Personen und Ereignisse zugeschrieben werden, sind von Mensch zu Mensch unterschiedlich. Jeder Mensch entwickelt durch Abstraktionen ein absolut einzigartiges Konstruktsystem, das die Struktur der interpretierten Realität wiedergibt. Ein vollkommen losgelöstes Konstrukt hätte für den Menschen keine Bedeutung. Erst die Verbindungen der Konstrukte untereinander ermöglichen das Begreifen, Interpretieren und schließlich auch das Handeln in der Realität. Auch in den Ansätzen des sozialen Konstruktivismus sind die Konstrukte in den Individuen repräsentiert.

Korollarium der Gemeinsamkeit: Zu Beginn seiner Arbeiten setzte KELLY seine Methode insbesondere zu einzeltherapeutischen Zwecken ein (vgl. Fromm, 1995). Die Weiterentwicklungen der Methode ermöglichen jedoch auch vergleichende und aggregierende Analysen und machen auch organisationale Anwendungen möglich. Durch sein Korollarium der Gemeinsamkeit hat Kelly bereits die Grundlage für diese Sichtweise gelegt: Obwohl jeder Mensch seine individuellen Konstrukte und Konstruktsysteme bildet, müssen Teile des Systems mit anderen geteilt werden und ähnlich sein, um einander verstehen zu können. Aufgrund gemeinsamer Kultur, Sprache und Erfahrungen teilen Menschen Konstrukte miteinander und ermöglichen es so, andere zu verstehen und ihre psychischen Prozesse nachzuvollziehen. Wenn Menschen gemeinsame lebensgeschichtliche Erfahrungen gemacht haben, ist deren Konstruktsystem einander ähnlicher, bleibt aber trotzdem einzigartig (vgl. Fromm, 1995).

Die für diese Arbeit relevanten Annahmen der Theorie Kellys lassen sich folgendermaßen zusammenfassen: Individuen konstruieren die Welt in dichotomgegensätzlichen Begriffspaaren, die im gesellschaftlich und kulturell geprägten Miteinander entstehen.

Für die Anwendung der Repertory Grid Technik erwachsen aus der Theorie der personalen Konstrukte hohe Anforderungen an den Forschungsprozess. Ob Kontextsensibilisierung, Konstruktverbalisierung oder Fremdverstehen, jeder Schritt birgt die Gefahr des Missverstehens. Diese Gefahr kann und muss mit einer gründlichen Forschungsplanung zwar verringert werden, ohne sie jedoch ausschließen zu können. Nicht zuletzt sind die darzustellenden Erhebungsergebnisse Teil des Konstruktionsprozesses des Forschers bzw. der Forscher. FROMM betont, dass das Verfahren eine methodische Sonderstellung einnimmt, da es bei großer Flexibilität und Offenheit für die persönlichen Konstrukte trotzdem strukturierte Daten liefert, die auch einen Vergleich unterschiedlicher individueller Konstruktsystem möglich macht (vgl. Fromm, 1995: 7).

Diese Besonderheit führt zu der Frage, welche Gütekriterien an diese Art von Forschung angelegt werden können und müssen.[130] Diese Fragestellung ist in der Weiterentwicklung der Repertory Grid Technik intensiv diskutiert worden: „Die Repgrids sind im Übergangsbereich von qualitativer zu quantitativer Methodik angesiedelt, denn persönliche Konstrukte müssen wie andere Äußerungen und Mitteilungen der Apn [Auskunftsperson, der Verfasser] von der Untersuchern (Us) verstanden und gedeutet werden" (Raeithel, 1993: 42). Die aus der klassischen Testtheorie stammenden Gütekriterien Validität und Reliabilität (vgl. Bortz/ Döring, 2006; Kromrey, 1998) sind auch im Zusammenhang mit der Repertory-Grid-Technik von Anfang an diskutiert worden und bis heute nicht unumstritten (vgl. Westmeyer/Weber, 2004: 94f.). Da es sich bei der Erhebung von personalen Konstrukten um das Erforschen eines in Veränderung befindlichen Systems handelt und die Erhebung selbst in der Regel bereits als verändernde Intervention angesehen werden kann, hat sich in der aktuellen Diskussion durchgesetzt, auf diese Kriterien zu verzichten (vgl. Fransella, 2005; Lund, 2004).

LUND hebt die besondere Flexibilität des Repertory Grid Verfahrens hervor, die den Kriterien der interpretativen Sozialforschung standhält (vgl. Lund, 2004). Wichtig ist jedoch die methodische Kontrolle eines Zirkelschlusses. „Die Antwort auf dieses Problem liegt im Nachweis der Intersubjektivität der Methode: in der Angabe von Prüfkriterien für die Gültigkeit der Interpretationen" (Meuser/Nagel, 1989: 12). Daher ist es notwendig, dass die Aggregation der individuellen Unterschiedskonstruktionen von mindestens zwei unabhängigen Forschern durchgeführt wird.

---

130 KELLY selbst hat zu dieser Diskussion beigetragen, indem er sein Verfahren im Ursprung REP-Test genannt hat (vgl. Westmeyer/Weber, 2004: 93).

4.2.3 Datenanalyse: Kategorisierung der individuellen Konstrukte

Den ersten Schritt der Datenanalyse bildet die Zusammenfassung der individuellen Konstrukte zu Konstruktgruppen. Nur eine solche Zusammenfassung erlaubt es, im Anschluss an die Forschung generalisierende Hypothesen zu formulieren (vgl. Westmeyer/Weber, 2004). Die ausgefüllten Grids können dazu sowohl inhaltlich als auch mit deskriptiv statistischen Verfahren ausgewertet werden (vgl. Rosenberger, 2006: 188). Zwei unterschiedliche Ansätze kommen dabei in dieser Arbeit zur Anwendung. Zum einen sind im Rahmen der empirischen Forschung mit der Repertory Grid Technik deskriptiv statistische Datenanalysemethoden genutzt oder entwickelt worden (vgl. Backhaus et al., 2006; Fromm, 1995; Raeithel, 1993). Zum anderen ist eine logische Auswertung der erhobenen Unterschiedskonstrukte anhand des zuvor entworfenen Stukturmodells der Organisation sinnvoll.

Die Bandbreite der deskriptiv statistischen Auswertungsmöglichkeiten für Repertory Grid Erhebungen ist sehr groß (vgl. Fransella/Bell/Bannister, 2004; Rosenberger/Freitag, 2009). Das gemeinsame Ziel der Analyseverfahren ist es, die inhärenten Strukturen auf der Ebene einer einzelnen Versuchsperson oder auf der Ebene aller Befragten sichtbar zu machen. Den Ausgangspunkt der Datenanalysen bilden die Matrizen aus den Elementen und Konstrukte einschließlich der Bewertung ihrer Beziehungen (vgl. Tabelle 8):[131]

Tabelle 8: Beispielhaftes Grid mit Skala 1-6

			Vater	Mutter	Bruder	Onkel	Tante			
1	2	3						4	5	6
eigensinnig			1	4	3	5	6	rücksichtsvoll		
freundlich			3	4	2	2	1	bösartig		
nah			5	4	3	2	6	distanziert		

Quelle: Eigene Darstellung

---

[131] Hier wird nochmals deutlich, dass die Repertory Grid Technik sowohl quantitative als auch qualitative Daten erzeugt.

In einem ersten Schritt geht es um die Erfassung von Zusammenhängen (inhaltliche und/oder statistische Ähnlichkeiten) der Konstruktpaare untereinander und in Bezug auf die Elemente. Dazu steht eine Reihe von Koeffizienten zur Verfügung (z. B. Phi-Koeffizient, Spearmans Rangkorrelationskoeffizient) (vgl. Rosenberger/Freitag, 2009: 485). Als Methoden sind sowohl die Hauptkomponentenanalysen zur Extraktion zugrundeliegender Faktoren als auch die Clusteranalysen zur Gruppierung von Variablen besonders gut ausgearbeitet (vgl. Backhaus et al, 2006; Raeithel, 1993). Während eine Clusteranalyse Aussagen über Ähnlichkeiten erlaubt, ist das Ziel der Hauptkomponentenanalyse die Datenreduktion und Hypothesengenerierung bezüglich der zugrunde liegenden Dimensionen des „kognitiven Ähnlichkeitsraumes" der Teilnehmer (Raeithel, 1993: 53).

Die Hauptkomponentenanalyse dient zu einer möglichst umfassenden Darstellung der Datenstruktur durch eine geringe Anzahl an Faktoren, bei möglichst großer Varianzaufklärung (vgl. Rosenberger, 2006: 191). Grundlage dafür bilden wieder die Matrizen aus den Elementen, den Konstrukten und ihrer Bewertung (vgl. Tabelle 8). Durch eine „Faktorenanalyse werden die Ladungen der Variablen als Punkte im Faktorenraum repräsentiert." (Rosenberger, 2006: 190). Dabei liegen als ähnlich eingeschätzte Elemente und Konstrukte räumlich nahe beieinander. Je näher sie zueinander stehen, desto ähnlicher werden sie von den Befragten beurteilt. Die Grundlage für eine weitergehende inhaltliche Analyse bilden dann die sogenannten Hauptkomponenten (engl. principal component), die wechselseitig unabhängige Faktoren darstellen. Besonders gut interpretierbar werden die Elemente und Konstruktpole durch eine grafische Darstellung. Werden die zwei Faktoren räumlich zueinander in Beziehung gesetzt, so erhalten die Elemente und die Konstruktpole Koordinaten auf den sogenannten Hauptachsen.[132] Die grafische Darstellung wird in diesem Fall als

---

132 Wie RAEITHEL gezeigt hat, ist müssen die Faktorenladungen einer „Varimax-Rotation" unterzogen werden, um Koordinaten in einem zweidimensionalen und orthogonalen Koordinatensystem zu erhalten (vgl. Raeithel, 1993). „Der Hauptvorteil dabei ist, dass das Modell im Fall unabhängiger Faktoren leichter interpretierbar ist. Die Faktorladungen können

„Biplot-Verfahren"[133] (Raeithel, 1993: 54) bezeichnet.

In der Clusteranalyse werden die Zeilen und Spalten der Grids mathematisch nach ihrer Ähnlichkeit sortiert, um so eine „Verdichtung oder Bündelung von Variablen" vorzunehmen (Backhaus et al, 2006: 12). Die Darstellung erfolgt in der Regel in der grafischen Form der Bertin-Diagramme. „Bei allen Problemstellungen, die mit Hilfe der Clusteranalyse gelöst werden können, geht es immer um die Analyse einer *heterogenen Gesamtheit von Objekten* (z. B. Personen, Unternehmen), mit dem Ziel, *homogene Teilmengen von Objekten* aus der Objektgesamtheit zu identifizieren." (Backhaus, et al. 2006: 490)

So aufschlussreich die deskriptiv statistischen Methoden sein mögen, sie entheben den Forscher nicht seiner Verantwortung, die Ähnlichkeiten und die möglichen Dimension auf ihre inhaltliche Sinnhaftigkeit zu überprüfen. Die Konstruktbedeutungen können nur interpretativ beurteilt werden. Alternativ zu den deskriptiv statistischen Verfahren wird daher auch die logische Zuordnung der individuellen Konstrukte auf die Dimensionen des zuvor entwickelten Organisationsmodells vorgenommen. Auch diese Zuordnungen können auf Zusammenhänge untersucht werden und so Aussagen über mögliche Unterschiede in der Verteilung der Unterschiedskonstruktionen ermöglichen.

4.3 Untersuchungsdurchführung

Die empirischen Untersuchungen fanden im Zeitraum von September 2006 bis Januar 2007 statt. Die Experteninterviews als erste Exploration und die Erhebung der relevanten Elemente fanden an vier Terminen zwischen September und Oktober 2006 statt. Im November 2006 konnte mit dem Pre-Test der Repertory Grid Interviews begonnen werden. An diese Phase schloss sich die Hauptuntersuchung an, die im Januar 2007 abgeschlossen werden konnte.

---

nämlich bei orthogonalen Faktoren als bivariate Korrelationen zwischen der jeweiligen Variable und dem Faktor interpretiert werden." (Geiser, 2003: 5)

133 Das Verfahren wird als „Biplot-Verfahren" bezeichnet, da es in der Lage ist, Elemente und Konstrukte gleichzeitig in ihrer Beziehung zueinander in einem Koordinatensystem darzustellen (vgl. Raeithel, 1993).

4.3.1 Unternehmen und Befragte

Das Unternehmen, in dem die Fallstudie durchgeführt wurde, ist die IT-Tochter der Deutsche Postbank AG, die Postbank Systems AG (PBS)[134]. Das Unternehmen wurde im Frühjahr 2000 als Projektgesellschaft zur Umsetzung eines SAP Kernbankenprojekts gegründet. Nach der Gründung wurden nach und nach alle IT-Aufgaben des Postbank-Konzerns in der PBS gebündelt. Das Leistungsangebot der PBS umfasste sowohl den gesamten IT-Betrieb des Konzerns als auch alle IT-Projekte.

Zum Zeitpunkt der Untersuchung waren etwa 1400 Mitarbeiter in dem Unternehmen beschäftigt. Aufbauorganisatorisch teilte sich das Unternehmen in drei Ressorts: Etwa 650 Mitarbeiter gehörten dem Ressort „Projekte" an, die gleiche Anzahl Mitarbeiter dem „Betrieb", etwa 100 Mitarbeiter waren im Ressort „Informationsstrategie" mit der kaufmännischen Steuerung des Unternehmens betraut. Die PBS deckte zu einem hohen Grad die Erwartungen an eine Projektorientierte Organisation ab. Dazu gehören unter anderem:

- die explizit projektorientierte Aufbauorganisation in Form von Expertenpools
- die Etablierung von Projektmanagement als eigenständigem Karrierepfad
- die Qualifizierung und Zertifizierung des Projektmanagement-Personals nach IPMA-Standard
- die Tatsache, dass etwa die Hälfte der Mitarbeiter in temporären Projekten beschäftigt ist
- die Etablierung von Portfolio- und Ressourcenmanagement zur Steuerung der Projekte
- die angestrebte Zertifizierung nach dem Reifegradmodell CMMI[135]

---

[134] Die folgenden Unternehmensinformationen basieren auf der Darstellung in Gessler, M./Thyssen, D. (2006): Projektorientierte Organisationsentwicklung bei der Postbank Systems AG.

[135] CMMI = Capability Maturity Modell of Integration (vgl. Kneuper/Wallmüller, 2009). Das Unternehmen wurde im Jahr 2008 erfolgreich nach CMMI Level 2 zertifiziert (Schmedt/Schienmann, 2009: 95ff.).

Nach der Auswahl des Unternehmens mussten noch die zu befragenden Teilnehmer ausgewählt werden. Es kann angenommen werden, dass das Handeln von Führungskräften an den Schnittstellen zwischen der permanenten und der temporären Organisation in besonderem Maße von den Widersprüchen einer Projektorientierten Organisation betroffen ist. Daher wurden als Grundgesamtheit alle Linien- und Projektmanager ausgewählt. Als Variablen wurden zusätzlich das Alter, die Dauer der Unternehmenszugehörigkeit, das Funktionsprofil und die damit verbundene Hierarchiestufe erhoben. Darüber hinaus wurde der Zeitpunkt, seitdem die aktuelle Funktion ausgeübt wird, erfragt.[136]

Während des Untersuchungszeitraums verfügte das Unternehmen über insgesamt 101 Personen, die temporäre (Projekt) oder dauerhafte (disziplinarisch) Führungsfunktionen innehatten. Diese Aufgaben waren im unternehmensinternen Laufbahnmodell den oberen drei Laufbahnstufen zugeordnet. Elf dieser Personen waren mit nicht IT-spezifischen Aufgaben, wie Personal, Finanzen oder Einkauf, betraut. 90 Projekt- und disziplinarische Führungskräfte bilden somit die Grundgesamtheit für die Untersuchung.[137]

---

[136] Da während der Erhebung sehr persönliche Informationen und zum Teil personenbezogene bzw. personenbeziehbare Daten erhoben und gespeichert werden mussten, wurde im Vorfeld der Untersuchung die Datenschutzbeauftragte des Unternehmens eingebunden. Um den Anforderungen des Bundesdatenschutzgesetzes zu entsprechen, wurden Untersuchungsergebnisse, wie Interviewprotokolle, die Repertory-Grids und die statistischen Angaben, in anonymisierter Form erfasst. Eine gesonderte Verbindungstabelle zwischen Pseudonym und realem Namen ermöglichte bis zum Ende der Forschung einen Rückschluss auf die Untersuchungsteilnehmer. Dieser Rückschluss wurde für eventuelle Rückfragen als sinnvoll eingeschätzt. Darüber hinaus wurden alle Untersuchungsteilnehmer auf die Erhebung der personenbezogenen Daten hingewiesen und gaben ihre Einwilligung zur elektronischen Speicherung.

[137] Die Menge der Führungskräfte wurde um die kaufmännischen Funktionen (Personal, Controlling, Einkauf, Finanzmanagement, Sourcing und Accountmanagement) bereinigt. Durch die Trennung in IT und NON-IT wird die Aussagekraft für die IT-Funktionen erhöht. Ob sich die gefundenen Ergebnisse auch außerhalb des IT-Sektors replizieren lassen, wird in der weiteren Forschung überprüft werden müssen.

Die folgende Tabelle gibt einen Überblick über die Zusammensetzung der Grundgesamtheit nach Führungsaufgabe und Laufbahnstufe:

Tabelle 9: Grundgesamtheit nach Führungsaufgabe und Laufbahnstufe

Stufe	Führungsaufgabe		Σ
	temporär	permanent	
1 (H)	3	11	14
2 (G)	12	15	27
3 (F)	34	15	49
Σ	49	41	90

Quelle: Eigene Darstellung

Aus den beiden Untergruppen wurde jeweils eine einfache Zufallsstichprobe ohne Zurücklegen (vgl. Bortz/Döring, 2006: 400) für die Vorstudie, den Pre-Test und die Hauptuntersuchung ausgewählt.[138] Für die explorativen Experteninterviews wurden je zwei Personen aus den beiden Untergruppen ausgewählt, die zum Zeitpunkt der Untersuchung über mehr als acht Jahre Führungserfahrung verfügten. Um die abgeleiteten Elemente auf ihre Bedeutung generierende Kraft zu überprüfen, wurden für den Pre-Test je zwei Personen aus den beiden Gruppen ausgewählt. Für die Hauptuntersuchung wurden jeweils weitere acht Personen aus den Untergruppen zufällig ausgewählt. Alle ausgewählten Führungskräfte haben sich mit der Teilnahme an der Untersuchung einverstanden erklärt. Damit haben insgesamt 24 Führungskräfte an der Untersuchung teilgenommen. Dies entspricht 26,7 % aller Führungskräfte des Unternehmens. Die persönlichen Konstruktwelten von 20 Führungskräften stehen zur Analyse und weiteren Interpretation zur Verfügung.

---

138 Zur automatischen Radomisierung wurde ein, vom Medienzentrum der Universität des Saarlands empfohlenes, Tool des Social Society Network genutzt. Das Verfahren ist unter http://www.randomizer.org [letzter Zugriff am 09.11.06] nutzbar und gewährleistet, dass für jedes Untersuchungsobjekt die gleiche Wahrscheinlichkeit besteht, Teil der Stichprobe zu werden.

4.3.2 Experteninterviews

Die Experteninterviews wurden als Einzelinterviews durchgeführt. Es wurde versucht, möglichst authentische und reichhaltige Informationen über die Interpretationen des Interviewten zu erlangen, um auf diesem Weg eine Rekonstruktion seiner subjektiven Theorien zu ermöglichen. Daher wurden zum Auftakt des Gesprächs Fragen mit narrativer Generierungskraft gestellt, um die Erzählsequenzen des Interviewpartners nicht zu beeinflussen (vgl. Liebold/Trinczek, 2002: 41):

- Bitte erzählen Sie, wie Sie Manager geworden sind!
- Welche Erlebnisse und Situationen machen für Sie das Besondere, den Reiz an diesem Job aus?
- Bitte beschreiben Sie, was Sie an einem typischen Tag in Ihrem Job tun! / Bitte beschreiben Sie für Ihren Job charakteristische Aufgaben!
- Was sind für Sie die größten Herausforderungen in Ihrem Job?
- Was sind für Sie die größten Unterschiede zwischen den Aufgaben als Projekt- und als Linienmanager?

Die Dauer der Interviews variierte zwischen 20 und 50 Minuten. Die Interviews wurden vollständig transkribiert und anschließend qualitativ-strukturierend analysiert (vgl. Mayring, 2003).

Die Analyse der Experteninterviews mit vier Führungskräften (je zwei temporäre/permanente Führung) wies deutlich auf relevante Rollenbegriffe hin, die als Elemente für die anschließende Repertory Grid Untersuchung dienten. Die Festlegung auf den Elementtyp „Rolle" kann als erste Konkretisierung der Forschungsfragen verstanden werden. Generell würden sich alle Begriffe, die von den Teilnehmern beurteilt werden können, als Elemente anbieten. Die größte Bedeutung generierende Kraft kann für das gesamte Unternehmen für solche Begriffe angenommen werden, die von allen Befragten genutzt werden und die eine hohe Häufigkeit aufweisen.

Tabelle 10 gibt einen Überblick über die am meisten verwandten Rollenbezeichnungen in den Experteninterviews:

Tabelle 10: Häufigkeitsverteilung der Rollenbegriffe

	Abteilungsleiter[139]	Mitarbeiter	Experte	Projektleiter[140]	Vorstand[141]	Programmleiter	Peoplemanager[142]	Linienmanager
VP 1	22	18	7	12	7		2	3
VP 2	5	7	4	2	8	2	1	7
VP 3	6	4	8	6		9	5	2
VP 4	1		7	1	2	2	4	
Σ	34	29	26	21	17	13	12	12

Quelle: Eigene Darstellung[143]

SCHEER betont, dass ein Grid aus nicht weniger als sechs Elementen (Gefahr der künstlichen Vereinfachung) und nicht mehr als 25 Elementen (wegen zu viel redundanter Information) bestehen sollte (vgl. Scheer, 1993). Als Erfahrungswert in der Anwendung von Grids geben KRUSE/DITTLER/SCHOMBRUG eine Zahl von ca. 15 Elementen an (vgl. Kruse/Dittler/Schomburg, 2003: 414), EASTERBY-SMITH betont, dass nach seiner Erfahrung acht bis zehn Elemente für Untersuchungen und Interventionen im Umfeld von Management- und Organisationsforschung angemessen sind (Easterby-Smith/Thorpe/ Holm, 1996: 9). Werden zu viele

---

139   Hierunter fällt auch die Bezeichnung als Hauptabteilungsleiter, die von zwei Teilnehmern sechs Mal genannt wurde.

140   Das Synonym des Projektmanagers ist in den Interviews nur von einem Teilnehmer vier Mal genannt worden.

141   Inkl. Bezeichnung als Top-Management.

142   Als Peoplemanager werden im untersuchten Unternehmen die Führungskräfte bezeichnet, die einen „Ressourcenpool" disziplinarisch führen.

143   Auf die Darstellung von Rollenbezeichnungen, die eine geringere Häufigkeit aufweisen, wird an dieser Stelle verzichtet.

Elemente angeboten, birgt dies die Gefahr, redundante Informationen zu erheben. Zu wenige Elemente führen zu einer künstlichen Vereinfachung und lassen dem Teilnehmer zu wenige Freiheitsgrade, seine Konstrukte angemessen zu formulieren (Scheer, 1993: 30).

Bei der Auswahl der Elemente ist des Weiteren von entscheidender Bedeutung, dass die Elemente die Befragten dazu anregen können, ein breites Spektrum an Konstrukten zu formulieren. Daher schlagen beispielsweise KRUSE/DITTLER/ SCHOMBURG vor, dass in der Erhebung ein direkter Bezug zur Person des Befragten hergestellt wird (vgl. Kruse/Dittler/Schomburg, 2003). Darüber hinaus kann ein Vergleich von Ist-Zustand und Soll-Zustand hilfreich sein, um die Formulierung von weiteren Konstruktpaaren anzuregen. Daher kann es sinnvoll sein, diese als Konstrukt evozierende Elemente in den Untersuchungen einzusetzen. Als Ergebnis der Experteninterviews bilden sodann folgende Rollen die Elemente, die im Rahmen die Repertory Grid Untersuchung eingesetzt werden:

- Aufgaben eines Abteilungsleiters heute / Aufgaben eines Abteilungsleiters ideal
- Aufgaben eines Experten heute / Aufgaben eines Experten ideal
- Aufgaben eines Projektleiters heute / Aufgaben eines Projektleiters ideal
- Aufgaben eines Programmleiters heute / Aufgaben eines Programmleiters ideal
- Aufgaben eines Peoplemanagers heute / Aufgaben eines Peoplemanager ideal
- Meine Aufgaben heute / Meine Aufgaben ideal[144]

4.3.3 Datenerhebung

Nach der Festlegung der Elemente werden die Erhebungen mittels der Repertory Grid Technik in aller Regel in drei Hauptschritten durchgeführt, die im Folgenden skizziert werden sollen (vgl. Fransella/Bell/Bannister, 2004; Fromm, 1995; Scheer/Catina, 1993).

---

144 Die Elemente „Meine Aufgaben ideal" und „Meine Aufgaben typisch" wurden lediglich dazu genutzt, die Formulierung von möglichen Konstruktpaaren zu unterstützen. Sie sind von hoher individueller Bedeutung, haben aber für die hier diskutierten Forschungsfragen keine Relevanz. Diese beiden Elemente sind daher in die nachfolgend dargestellten statistischen Verfahren nicht mit eingeflossen.

(1) Vorgabe der Elemente
(2) Erhebung der individuellen Konstrukte
(3) Einschätzung aller Elemente bezüglich der Konstrukte

4.3.3.1 Vorgabe der Elemente

Zur Vorgabe der Elemente bieten sich mehrere Verfahren an. Die am meisten diskutierten Verfahren sind das dyadische und das triadische (vgl. Fromm, 1995: 83). In diesen Verfahren werden dem Teilnehmer zwei bzw. drei Elemente zur Unterscheidung vorgelegt. Beim dyadischen Verfahren muss dabei nur unterschieden werden, ob sich die beiden Elemente ähnlich oder unähnlich sind. Bei triadischen wird der Teilnehmer aufgefordert, zu benennen, welche zwei Elemente sich ähnlich sind und welches Element sich von den anderen beiden unterscheidet.[145] Für die vorliegende Arbeit ist das Triadenverfahren gewählt worden. Dieses Verfahren stellt zwar höhere kognitive Anforderungen an die Befragten stellt als das dyadische Verfahren. Es kann jedoch vermieden werden, dass nach einer Benennung des bipolaren Konstrukts nochmals alle Elemente anhand dieses Konstrukts eingeschätzt werden müssen (vgl. Fromm, 1995: 80ff.). Dadurch, dass immer drei Elemente gleichzeitig im Fokus der Betrachtung stehen, ist der Kontext größer als im dyadischen Verfahren. Daher wird angenommen, dass die Anzahl der evozierbaren Elemente im Triadenverfahren höher ist (vgl. Rosenberger, 2006). Die folgende Abbildung 14 stellt den Startpunkt des Triadenverfahrens dar:

---

145 Neben diesen Verfahren nennt FROMM als weitere Beispiele die „Full Context Form" in der alle Elemente gleichzeitig von einander unterschieden werden, oder die Methode der „Dyad-Grids" bei denen als ein Element eine Beziehungskombination von zwei Elementen unterschieden werden muss („Beziehung meiner Mutter zu mir" und „Beziehung von mir zu meinem Vater"). Die Varianten unterscheiden sich in ihrer Komplexität und ihrem Erhebungsaufwand und sind daher für unterschiedliche Zielgruppen geeignet (vgl. Fromm, 1995).

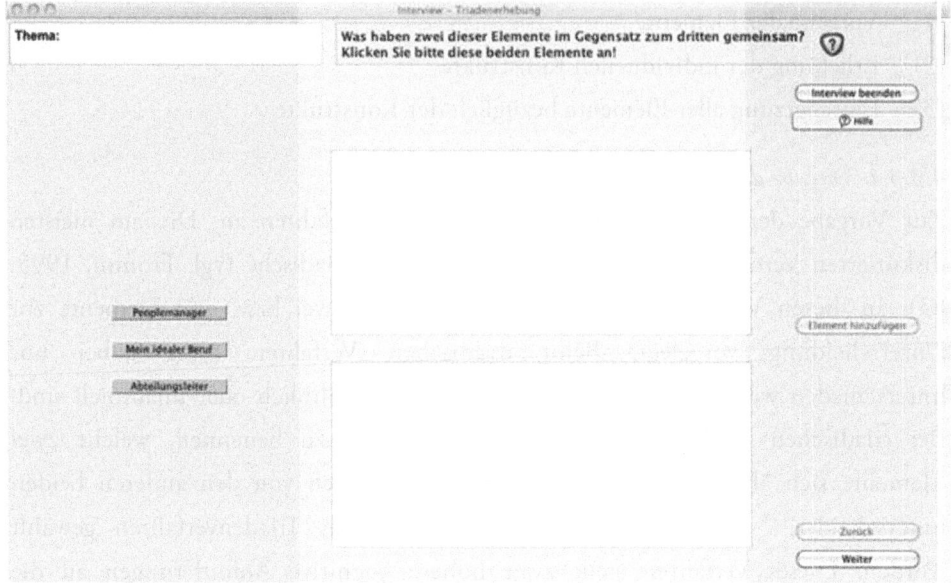

Abbildung 14: Triadenverfahren

Quelle: Eigene Darstellung, Software: Gridsuite, Version 2.1

4.3.3.2 Erhebung der Konstrukte

Wenn zwei Elemente als einander ähnlich und das dritte als unterschiedlich gruppiert worden sind, schließt sich die Unterscheidungsfrage an. ROSENBERGER/ FREITAG weisen darauf hin, dass für diesem Schritt der Untersuchung eine weitere Festlegung getroffen werden muss: Wird die Unterscheidungsfrage als Differenz oder als Gegensatz thematisiert? (vgl. Rosenberger/Freitag, 2009: 483)[146] Im ersten Fall wird danach gefragt, worin sich die Elemente unterscheiden. Im zweiten Fall wird nach der Ähnlichkeit zweier Elemente gefragt: „Bitte bezeichnen Sie die Gemeinsamkeit!" Im Anschluss daran wird der Teilnehmer gebeten, den gegensätzlichen Kontrastpol zu formulieren: „Geben Sie bitte an, was dieses Element im Gegensatz zu den oben angegebenen auszeichnet!" Da dieses Vorgehen „am ehesten bipolare Konstruktdimensionen" gewährleistet (Rosenberger/Freitag, 2009: 483),

---

146 Auch KELLY weist auf die Notwendigkeit der Festlegung hin, wenn er die „difference method" und die „opposite method" unterscheidet (Kelly, 1991: 154). Vgl. auch Fransella/Bell/Bannister (2004: 54).

ist es vor dem Hintergrund des in Kapitel 2.2 erarbeiteten Widerspruchsverständnisses für diese Arbeit besonders geeignet. Zur Konkretisierung ist das Vorgehen zur Erhebung der Konstruktpaare in Abbildung 15 dargestellt:

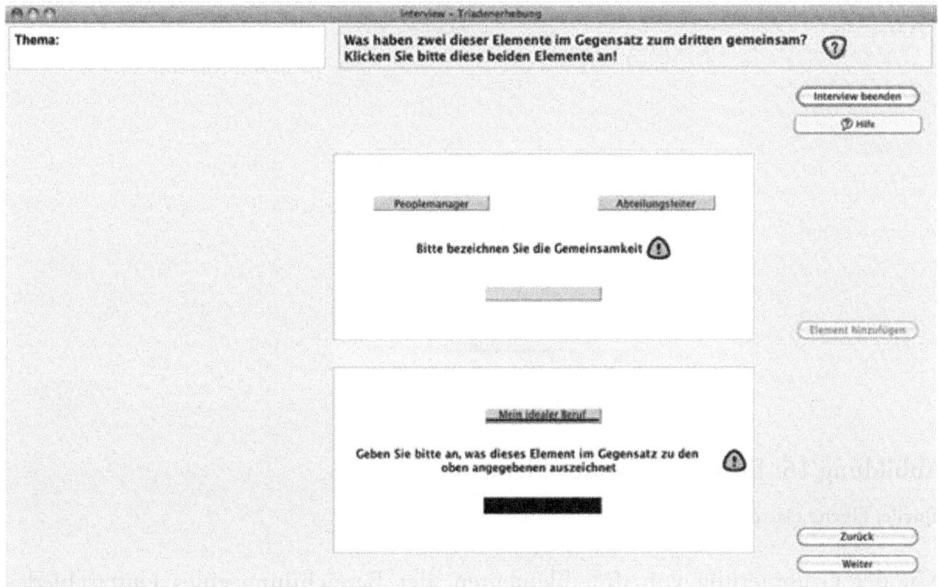

Abbildung 15: Erhebung der Konstrukte
Quelle: Eigene Darstellung, Software: Gridsuite , Version 2.1

4.3.3.3 Einschätzung aller Elemente bezüglich der Konstrukte
Anschließend werden die je individuellen Konstrukte auf einer Intervallskala (vgl. Bortz/Döring, 2006: 70) vom Befragten hinsichtlich ihrer Ähnlichkeit bewertet. In diesem Bewertungsschritt werden die quantitativen Daten, welche die Unterschiede und Ähnlichkeiten ausdrücken, generiert. Dieser Schritt gibt dem Befragten die Möglichkeit, seine vorher getroffene Unterscheidung im Kontext aller Elemente zu bewerten und ggf. nochmals zu verändern. Die folgende Abbildung 16 stellt den Prozess der Bewertung dar:

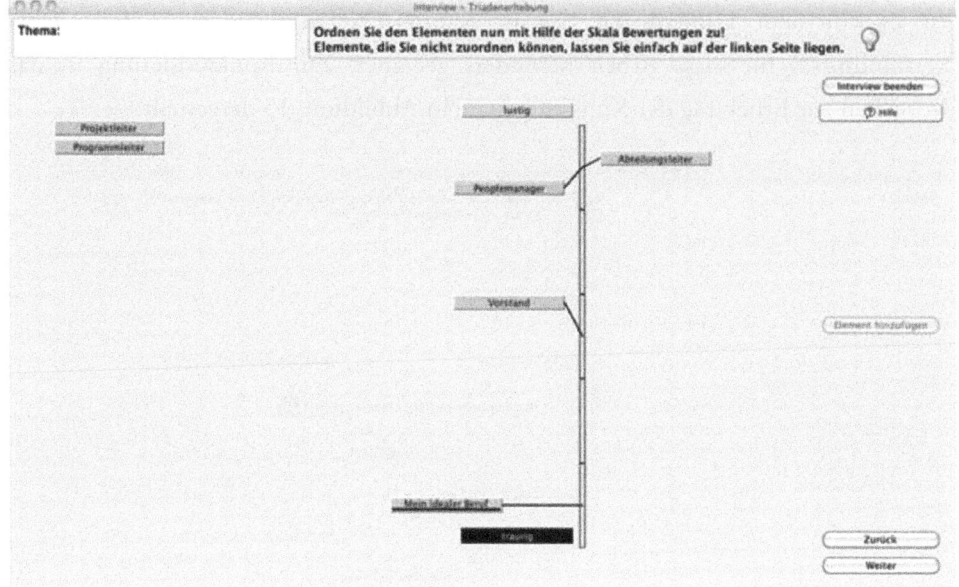

Abbildung 16: Einschätzung der Elemente

Quelle: Eigene Darstellung, Software: Gridsuite, Version 2.1

Mit der Gruppierung von drei Elementen, der Bezeichnung eines Unterschiedes und der Einschätzung aller Elemente hinsichtlich dieser Unterscheidung ist eine Iteration der Befragung abgeschlossen. Dieses Vorgehen wird solange wiederholt, bis der Teilnehmer keine neuen Konstrukte mehr bilden kann bzw. will. Der Abschluss der Erhebung bietet eine direkte Zurückspiegelung der Ergebnisse an den Probanden an. Sie offenbart dem Probanden sein gesamtes Konstruktsystem und bietet die Möglichkeit, die persönlichen Aussagen nochmals zu erweitern (vgl. Fromm, 1995).

4.4 Ergebnisse der empirischen Forschung

Nachdem die Untersuchungsmethoden und die Untersuchungsdurchführung beschrieben worden sind, schließt sich nun eine Darstellung der Untersuchungsergebnisse an. In einem ersten Schritt werden die Teilnehmer der Untersuchung deskriptiv beschrieben (→ 4.4.1). Anschließend wird die Reduktion der Elemente durch eine Clusteranalyse dargestellt (→ 4.4.2). Im Anschluss daran werden die Ergebnisse der Konstrukterhebung dargestellt und mittels Hauptkomponentenanalyse untersucht (➔ 4.4.3).

4.4.1 Teilnehmer

Als Variablen der Teilnehmer wurden das Alter, die Dauer der Konzernzugehörigkeit, die Dauer der Unternehmenszugehörigkeit, das Funktionsprofil und die damit verbundene Hierarchiestufe erhoben. Darüber hinaus wurde der Zeitpunkt, seitdem die aktuelle Funktion ausgeübt wurde, erfragt. Die folgende Tabelle stellt die statistischen Daten der Befragten dar:

Tabelle 11: Deskriptive Daten der Befragten

	Durchschnitt	Minimum	Maximum	Standardabweichung
Alter	42,2	31	58	6,57
Konzernzugehörigkeit	11,7	3	29	7,15
Unternehmenszugehörigkeit	4,5	0,1	6,5	2,4
Berufserfahrung allgemein	18,1	6	31	7,02
Berufserfahrung in der aktuellen Aufgabe	4,9	1	15	4,43

Quelle: Eigene Darstellung, Angaben in Jahren

Diese Daten werden hier zur Nachvollziehbarkeit der Untersuchung dargestellt. Die Untersuchung der beiden Gruppen „temporäre Führung" und „dauerhafte Führung" auf Unterschiede ist für den vorliegenden explorativen Kontext nicht relevant. Mit den erhobenen Konstrukten liegen qualitative Daten vor, die nicht auf Korrelationen mit den deskriptiven Gruppenmerkmalen untersucht werden. Die Verteilungen der Variablen zeigen ein sehr homogenes Bild. Lediglich die „Berufserfahrung in der aktuellen Aufgabe" unterscheidet sich deutlich (temporäre Führung = 6,75 Jahre; dauerhafte Führung = 3,05 Jahre). Eine mögliche Erklärung für diese Unterschiedlichkeit könnte sein, dass die Rolle des Projektleiters in der Vergangenheit wenig formalisiert war und daher jede Art der Projektsteuerung mit der aktuellen Aufgabe vergleichbar sein könnte. Ein Zusammenhang kann auch darin gesehen werden, dass die Führungsstruktur der untersuchten Organisation etwa zwei Jahre vor der Befragung grundsätzlich verändert worden war. Es könnte angenommen werden, dass die Rollenidentität eines Projektleiters von organisatorischen Veränderungen weniger beeinflusst wird als die Rollenidentität einer Führungskraft der permanenten Organisation.

4.4.2 Elemente

Die vier Teilnehmer des Vortests waren mit diesen vorgegebenen Elementen in der Lage, 41 Konstruktpaare zu benennen. Die Erfahrung mit dem Repertory Grid Methode hat verdeutlicht, dass zehn bis 15 Konstrukte ausreichen, um das persönliche Konstrukt-Element-Gefüge einer Person abzubilden (vgl. Fromm, 1995: 99).

Tabelle 12: Differenzen zwischen „typisch" und „ideal"

Element	Mittelwert differenz
Projektleiter	0,2
Programmleiter	0,09
Peoplemanager	0,09
Experte	0,07
Abteilungsleiter	0,25

Quelle: Eigene Darstellung

Mit durchschnittlich 10,25 Unterscheidungen können die in der Vorstudie erhobenen Elemente daher als geeignet für die Untersuchung angesehen werden. Eine hierarchische Clusteranalyse der vier Interviews des Vortests konnte bestätigen, dass die Elemente, wie bereits von KELLY gefordert, diskret sind (vgl. Kelly, 1986). Die Elemente sind sich jeweils in der Paarung „ideal" und „typisch" am ähnlichsten. Diese Elementpaare weisen eine „innere Ähnlichkeit" von über 80 % auf. Dies bedeutet, dass die Einschätzungen bezüglich der formulierten Konstruktpaare sich nur wenig unterscheiden.[147] Daher wird nach der Erhebung auf die Verwendung der Einschätzungen der „ideal"- Elemente verzichtet werden. Die nachfolgende Tabelle verdeutlicht, dass die Differenzen zwischen „typisch" und

---

147 Es wird jedoch weiterhin davon ausgegangen, dass eine Formulierung von idealisierten Rollen geeignet ist, Konstruktpaare zu formulieren.

„ideal" gering sind. Der Projektleiter und der Abteilungsleiter weisen die größte Differenz auf. Jedoch überschreitet auch hier die Differenz der beiden Mittelwerte nicht 0,25 Punkte.

Auch nach der Hauptuntersuchung zeigt sich, dass die Einschätzungen zu den verbleibenden fünf Elementen nur geringe Korrelationen aufweisen. Lediglich der Peoplemanager und der Abteilungsleiter korrelieren auf einem mittleren Niveau (0,54) signifikant ($\alpha<0,001$ %) miteinander (vgl. Tabelle 13).

Tabelle 13: Korrelationen der Elemente

	Aufgaben Projektleiter typisch	Aufgaben Programmleiter typisch	Aufgaben Peoplemanager typisch	Aufgaben Experte typisch	Aufgaben Abteilungsleiter typisch
Aufgaben Projektleiter typisch		0,22	-0,30	0,13	-0,24
Aufgaben Programmleiter typisch	0,22		-0,12	-0,20	0,02
Aufgaben Peoplemanager typisch	-0,30	-0,12		-0,26	0,54
Aufgaben Experte typisch	0,13	-0,20	-0,26		-0,24
Aufgaben Abteilungsleiter typisch	-0,24	0,02	0,54	-0,24	

Quelle: Eigene Darstellung

Aufgrund der oben stehenden Kreuztabelle werden die verwendeten Elemente als hinreichend diskret eingeschätzt.

4.4.3 Widerspruchsdimensionen

Insgesamt konnten in den Interviews der Untersuchung 178 Konstruktpaare erhoben werden. Dies entspricht durchschnittlich 8,9 Konstruktpaaren pro Teilnehmer. Die durchschnittliche Anzahl aus dem Vortest konnte somit nicht bestätigt werden.

Auffällig ist die breite Streuung der Anzahl der formulierten Konstruktpaare. Einige Teilnehmer waren lediglich in der Lage, vier Konstruktpaare zu formulieren. Andere Teilnehmer formulierten hingegen bis zu 17 Konstruktpaare. Die Abbildung 17 spiegelt die Verteilung der Konstrukthäufigkeit wider:

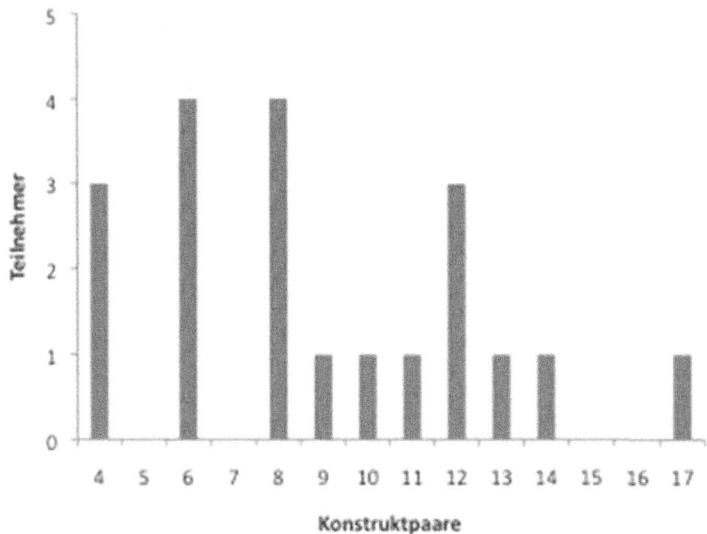

Abbildung 17: Verteilung der Anzahl der erhobenen Konstruktpaare
Quelle: Eigene Darstellung

Mit den erhobenen personenbezogenen Variablen ist die unterschiedliche Anzahl der formulierten Konstruktpaare nicht erklärbar.[148] Die reine Anzahl der formulierten Konstruktpaare sagt weder etwas über deren Unterschiedlichkeit noch über die zugrunde liegenden Dimensionen aus.[149]

---

148 Die Pearsons-Produkt-Moment-Korrelation lag für alle erfassten Variablen zwischen 0,06 und 0,32, ohne auch nur auf geringem Niveau signifikant zu sein. Es ist daher kein Zusammenhang zwischen der Anzahl der formulierten Konstrukte und der Berufsgruppe, der Laufbahnstufe, dem Alter, der allgemeinen und der spezifischen Berufserfahrung sowie der Konzern- und Betriebszugehörigkeit feststellbar.

149 Da die erhobenen Konstrukte nicht individuell ausgewertet werden, wird auf eine tiefergehende Analyse verzichtet.

Da bewusst die Möglichkeit offen gehalten wurde, dass jeder Teilnehmer seine eigenen Konstruktpaare formuliert, ist im ersten Schritt eine Überprüfung der „Ausrichtung" der Konstruktpaare erforderlich.[150] Das Ziel der anschließenden „Umpolung" von Konstrukten ist die Aufhebung eines Zufallseffekts: Die Teilnehmer formulieren in ihrer Befragung die Konstruktpaare in einer zufälligen Reihenfolge. Während sie in der ersten Iteration des Interviews beispielsweise den linken Pol des Elements „Projektleiter" mit einem positiven Wert belegen, kann dies in der nächsten Iteration der rechte Pol sein. Das „Austauschen" der Polbezeichnungen und in der Folge das Anpassen der Ratings heben diesen Effekt auf. In der vorliegenden Untersuchung wurden 55 Datensätze umgepolt.

Eine Analyse der Konstrukte auf zugrunde liegende Faktoren ist als nächster Schritt sinnvoll. Mit einer Hauptkomponentenanalyse werden vier Faktoren extrahiert, die zusammen die gesamte Varianz der Bewertungen der Teilnehmer abbilden. Sowohl die Konstrukte als auch die Elemente beschreiben die Hauptkomponenten. Es ist erkennbar, dass die Hauptkomponente 1 am besten durch die Aufgaben des Peoplemanagers, die Hauptkomponente 2 durch den Experten, die Hauptkomponente 3 durch den Abteilungsleiter und die Hauptkomponente 4 durch Projektleiter und Peoplemanager gekennzeichnet werden können.

---

150 Die eigens für die Erhebung und Auswertung von Repertory Grids entworfenen Softwarelösungen nehmen diese „Umpolung" in der Regel automatisch vor. Die weitere Auswertung (in diesem Fall mit SPSS 15.0.1) macht diese manuelle Umpolung notwendig. Eine Übersicht der spezifischen Repertory Grid Software findet sich auf den Seiten der „Deutschen Arbeitsgruppe zur Psychologie der Persönlichen Konstrukte": www.pcp-net.de.

Tabelle 14: Ladungen der Elemente auf die Hauptkomponenten

	Komponente 1	Komponente 2	Komponente 3	Komponente 4
typische Aufgaben Peoplemanager	**1.41**	-0.10	**1.10**	-0.02
typische Aufgaben Projektleiter	-0.88	-0.44	0.39	1.44
typische Aufgaben Programmleiter	-0.97	-0.37	0.45	**-1.38**
typische Aufgaben Abteilungsleiter	0.54	-0.82	**-1.49**	-0.08
typische Aufgaben Experten	-0.10	**1.73**	-0.45	0.04

Quelle: Eigene Darstellung, Standardisierte Komponenten Werte (Varimax rotiert); Gridsuite 2.1

Die in der Hauptkomponentenanalyse extrahierten vier Faktoren klären auch die gesamte Varianz der Konstruktbewertungen auf:

Tabelle 15: Extrahierte Hauptkomponenten

Haupt-komponente	Anzahl der ladenden Konstrukte[151]	Eigenwert: Summe der quadrierten Ladungen	Varianzaufklärung einzeln in %	Varianzaufklärung kummulativ in %
1	99	79,55	45,20	45,20
2	55	47.72	27.11	72.31
3	27	28.64	16.27	88.59
4	24	20.09	11.41	100.00

Quelle: Eigene Darstellung, PCA-Analyse (Varimax rotiert); Gridsuite 2.1

FROMM macht darauf aufmerksam, dass immer dann, wenn der erste Faktor einen Anteil der Varianz von über 60 % aufklärt, von einem wenig komplexen Konstruktsystem ausgegangen werden kann (vgl. Fromm, 1995). Dies ist in dieser Erhebung nicht der Fall. Allerdings ist auffallend, dass nahezu 90 % der Varianz durch „nur" drei Faktoren zu erklären sind. Um zu überprüfen, ob dies auf ein einfaches Konstruktsystem zurückgeführt werden kann, ist es sinnvoll, zu

---

151 Alle Konstruktpaare, die mit einem Absolutwert > 0,56 auf die Hauptkomponenten laden, werden im Folgenden analysiert. Die Grenze wurde auf 0,56 festgelegt, weil bei diesem Wert alle Konstruktpaare auf mindestens eine und nicht mehr als zwei Hauptkomponenten laden.

analysieren, ob die algorithmische Analyse durch die Konstrukte qualitativ bestätigt werden kann. Die Möglichkeit an dieser Stelle, ergänzend zu den quantitativen Analysen auf die qualitative Betrachtung der erhobenen Konstrukte und Konstruktdimensionen zurückgreifen zu können, unterstreicht die „ideographische Stärke des Repertory Grids" (Rosenberger, 2006: 218).

Die Ergebnisse der Hauptkomponentenanalyse lassen sich jeweils in zwei Schritten mit den qualitativen Ergebnissen abgleichen. Im ersten Schritt wird der Zusammenhang zwischen den Elementen und den Hauptkomponentenanalysen grafisch dargestellt. Im Anschluss daran werden jeweils die 15 Konstruktpaare mit der stärksten Ladung auf die jeweilige Hauptkomponente aufgelistet. Starke Ladung ist ein Zeichen dafür, dass die Unterscheidung die Komponente und damit die Konstruktdimension besonders gut beschreibt. Ein positiver Wert weist darauf hin, dass der linke Pol, eine negative Ladung darauf, dass der rechte Pol bezeichnet werden. Zur Vereinfachung der Interpretation werden die jeweiligen Pole farbig markiert.

Hauptkomponenten 1 und 2: In der Abbildung 18 ist zu erkennen, dass die erste Hauptkomponente die temporären Projektfunktionen (Projektleiter/ Programmleiter) von den dauerhaften disziplinarischen Funktionen (Peoplemanager/ Abteilungsleiter) unterscheidet. Der Experte liegt, bezogen auf diese Hauptkomponente in einer Indifferenzzone. Die Hauptkomponente zwei trennt hingegen die Expertenfunktion von den vier Führungsfunktionen:

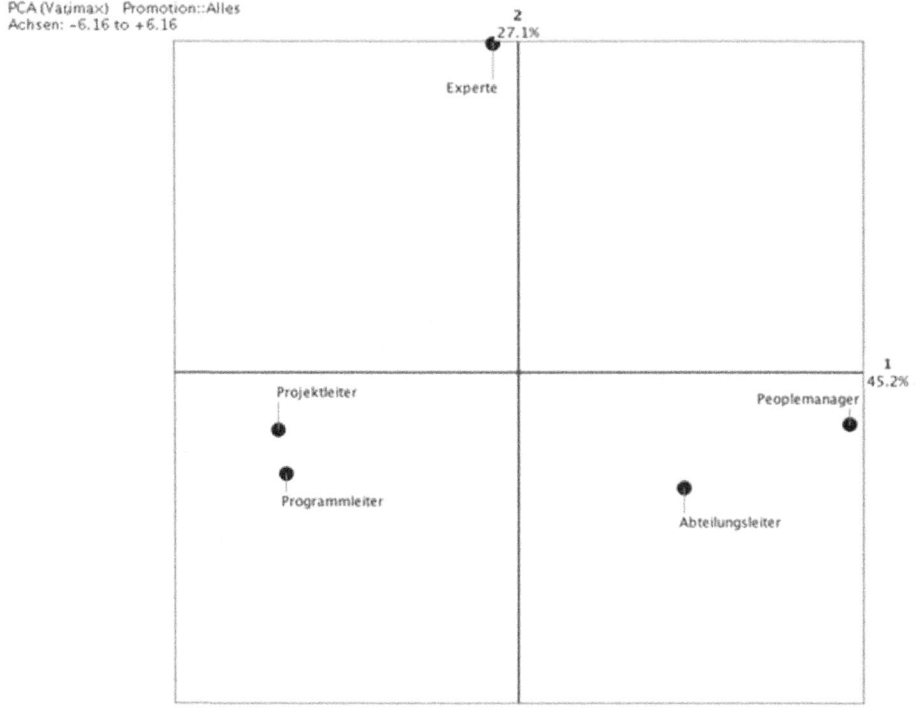

Abbildung 18: Zweidimensionale Analyse Hauptkomponenten 1 und 2
Quelle: Eigene Darstellung, Software: Gridsuite 2.1

Analyse Hauptkomponente 1: Abbildung 18 lässt erwarten, dass diejenigen Konstrukte besonders stark auf die horizontal dargestellte Hauptkomponente 1 laden, die einen Unterschied zwischen temporären und dauerhaften Arbeitsformen beschreiben. Der Projektleiter und der Programmleiter liegen eng beieinander. Sie bilden damit quasi den einen Pol der Bedeutungsdimension. Auch wenn der Abteilungsleiter und der Peoplemanager nicht im gleichen Maße homogen sind, so lassen sich diese ebenfalls als gegenüberliegende Pole gruppieren. Folgende Konstruktpaare laden am stärksten auf die Hauptkomponente 1 und ermöglichen eine qualitative Überprüfung dieser Annahmen (vgl. Tabelle 16):

Tabelle 16: Konstruktpaare mit der stärksten Ladung auf Hauptkomponente 1[152]

ID	Pol links	Pol rechts	Ladung
129	fachliche Führung	diziplinarische Führung	-1
26	Vollgas (operativer Druck)	variert Tempo (mehr Flexibilität)	-1
77	Realisierung komplexer fachl. Ziele	Ziele Qualifikation MA und Auslastung	-1
3	Unternehmensskill vor Projektskill	Projektskill vor Unternehmensskill	0,99
12	Verkauf von Personal	Abnahme von Personal	0,99
10	Führen von temp. Teams	Führen einer dauerhaften OE	-0,99
150	Bringt seine Aufgabe durch	Sucht den besten Kompromiss	-0,99
72	disziplinarische Führung von MA	Fachl. Steuerung von MA	0,98
89	disziplinarische Führung des Personals	soziale Führung des Personals	0,97
94	Motivation	Sanktion	-0,97
109	plant Dinge, die er noch nie gemacht hat	Routine	-0,97
111	fordert Regelverstöße (aus Projektgründen)	verantwortet Regelverstöße	-0,97
6	kurzfristige Orientierung	langfristige Orientierung	-0,96
24	Menschenkenntnis	Fachkenntnis	0,95
42	Disziplinarische Steuerung (Macht)	Fachliche Steuerung (Motivation)	0,95

Quelle: Eigene Darstellung, Gridsuite 2.1

Die obige Tabelle stützt die quantitativen Ergebnisse der Analyse für die Hauptkomponente 1. Auf diese Hauptkomponente laden solche Konstruktpaare besonders stark, die den Unterschied zwischen temporär-fachlicher und dauerhaft-disziplinarischer Führung beschreiben. Die frei formulierten Unterschiedskonstruktionen konkretisieren damit die Grundunterscheidung dauerhaft/temporär. Im weiteren Verlauf wird diese Dimension als die Dimension der Temporalität bezeichnet.

Analyse Hauptkomponente 2: Von den Konstrukten, die besonders stark auf die Hauptkomponente 2 laden, ist anzunehmen, dass sie den Unterschied zwischen Fachlichkeit und Führung zum Ausdruck bringen. Auch für diese Hauptkomponente wird anhand der von den Teilnehmern formulierten Konstrukte

---

152 Die nachfolgend darstellten Konstruktpaare sind das direkte Ergebnis der Konstruktformulierung der Teilnehmer. Die Teilnehmer haben diese Konstrukte während des Erhebungsprozesses selber in der Software Gridsuite eingegeben. Dabei entstandene Rechtschreibfehler sind bewusst nicht korrigiert.

überprüft, ob sich die zu erwartende Unterscheidung qualitativ bestätigen lässt. Dazu werden die 15 am stärksten auf die Hauptkomponente 2 ladenden Konstruktpaare aufgelistet (vgl. Tabelle 17):

Tabelle 17: Konstruktpaare mit der stärksten Ladung auf Hauptkomponente 2

ID	Pol links	Pol rechts	Eigenwert PC 2
169	Führung	Fachwissen	-0,98
78	Führen eines Teams zur Zielerreichung	führt kein Team	-0,97
83	Team motivieren	selbst motivieren	-0,97
113	organisiert	setzt um	-0,97
119	die Aufgabenerledigung überstimmt die persönliche Entwicklung	setzt Mitarbeiter entsprechend ihrer Fähigkeiten ein	-0,97
141	Mitarbeiterführung	Fachwissen	-0,97
144	Fachwissen = Steuerung und Planung	Fachwissen = Spezialthemen (DB, Programmierung)	-0,97
149	Strukturierte Organisation/Koordination (er organisiert das Projekt)	Strukturierte Aufgabenumsetzung (er organisiert sich)	-0,97
34	Grundfertigkeit in der Kommunikation mit anderen Menschen/	eher Kommunikationsarm	-0,95
74	Viele Bälle in der Luft halten	Fokusierung auf eine Aufgabe	-0,95
114	sieht das ganze Thema	sieht Detailaspekte	-0,94
101	gestalten Umsetzungsprozeß	gibt fachliches Zielphoto vor	-0,93
136	Fachaufgaben	Managementaufgaben	0,93
123	breiter Überblick über Projektaufgaben	Tunnelblick für Expertengebiet	-0,91
92	Softskills	Wissen(Hardfacts)	-0,89

Quelle: Eigene Darstellung, Gridsuite 2.1

Auch die qualitative Analyse der 15 Konstruktpaare, die am stärksten auf die Hauptkomponente 2 laden, bestätigt die quantitative Analyse. Mit einer Ausnahme (ID=119) beschreiben die von den Teilnehmern formulierten Konstruktpaare die Unterscheidung von Fachlichkeit und Führung. In der gesamten Untersuchung wird diese Unterscheidung durch 55 Konstruktpaare charakterisiert. Diese Dimension wird im weiteren Verlauf der Arbeit als die Dimension „Fachlichkeit" bezeichnet.

Hauptkomponenten 3 und 4: Die Hauptkomponente 3 klärt 16,27 %, die Hauptkomponente 4 die verbleibenden 11,41 % der Varianz auf (vgl. Tabelle 15). In der Abbildung 19 ist zu erkennen, dass die horizontale Hauptkomponente 3 den Peoplemanager vom Abteilungsleiter unterscheidet. Der Projektleiter und der

Programmleiter werden durch diese Komponente nicht differenziert. Die vertikal dargestellte Hauptkomponente 4 unterscheidet in ähnlicher Deutlichkeit den Projektleiter und den Programmleiter voneinander. Abbildung 19 stellt die Verteilung der Elemente im zweidimensionalen Raum dar:

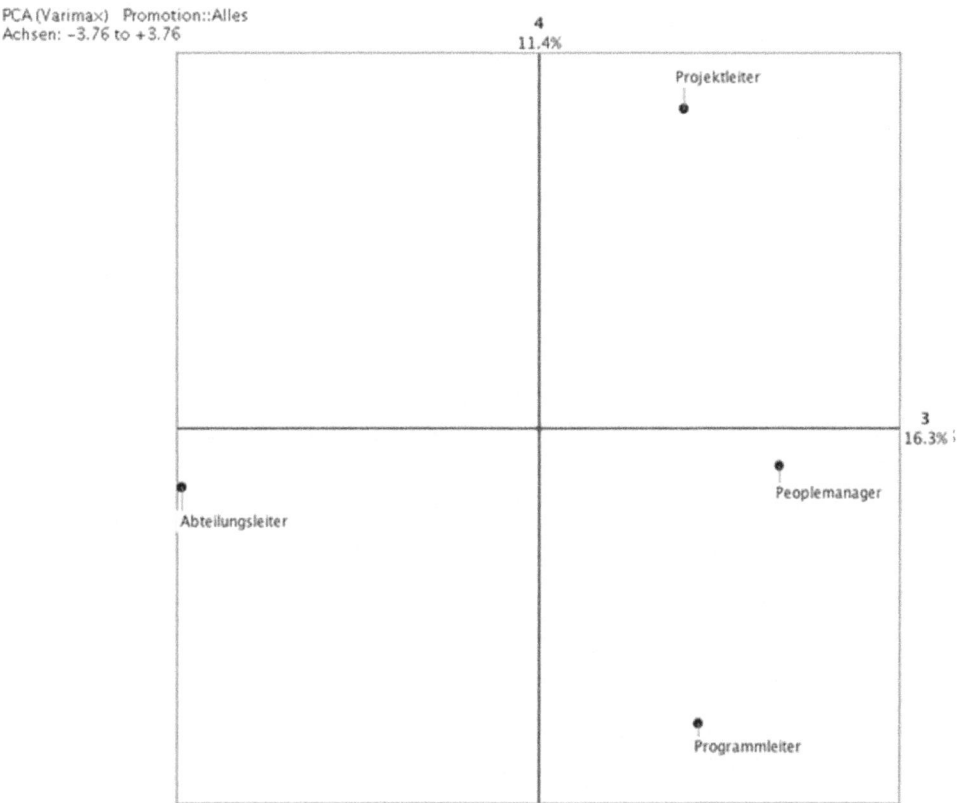

Abbildung 19: Zweidimensionale Analyse Hauptkomponenten 3 und 4
Quelle: Eigene Darstellung, Gridsuite 2.1

Analyse Hauptkomponente 3: Abbildung 19 lässt erwarten, dass diejenigen Konstruktpaare besonders deutlich auf die Hauptkomponente 3 laden, die den Unterschied von Peoplemanager und Abteilungsleiter charakterisieren. Tabelle 18 listet die 15 Konstruktpaare auf, von denen angenommen werden kann, dass sie diesen Unterschied formulieren.

Tabelle 18: Konstruktpaare mit der stärksten Ladung auf Hauptkomponente 3

ID	Pol links	Pol rechts	Ladung
48	Es "menschelt" (interdisziplinär)	mehr Politik, Aussenwirkung, (Selbsterhaltung), Produkte, Technologien	0,99
164	hohe technische Affinität	Expertise = Peoplemanagement	-0,91
50	langfristig (z. B. Personalentwicklung) Ergebnisse	kurzfrisitge Ergebnis	0,89
51	Breite (Generalist)	Tiefe (Spezialist)	-0,89
52	sicheres Umfeld	unsicheres Umfeld (nicht geregelt, viele Annahmen, Weg bereiten)	0,89
53	Komplexität gering, eindimensional	Komplexität hoch, mehrdimensional	0,89
54	Methodenwissen, Verfahren	Fachwissen	-0,89
55	kurze Innovationszyklen	lange Innovationszyklen (statische)	-0,89
56	Hohes operationelles Unternehmensriskopotenzial mit sich	Geringes operationelles Unternehmensriskopotenzial mit sich	0,89
57	Arbeitet im Innenverhältnis	Hat Konnektoren außerhalb des Unternehmens	0,89
59	Hoher Verantwortung für den Unternehmenserfolg	Wenig Verantwortung für den Unternehmenserfolg	-0,89
60	Hohe Reichweite für Meinungsbildung (quantitativ)	Geringe Reichweite für Meinungsbildung (quantitativ)	-0,89
68	Prozessfokus	inhaltlicher Fokus	0,81
70	Anforderungen in Time, in Scope, in Quality umsetzen	Abteilungsziele dauerhaft erreichen	0,78
62	fokussiert auf mehrere parallele Ziele: Personalführung und -entwicklung, fachliche Ergebnis- und Kostenverantwortung,	fokussiert auf ein Ziel: in time, in quality, in budget	-0,77

Quelle: Eigene Darstellung, Gridsuite 2.1

Die qualitative Analyse der Konstruktpaare, die stark auf die Hauptkomponente 3 laden, ist nicht so eindeutig, wie dies bei den Komponenten 1 und 2 der Fall gewesen ist. Die nicht eingefärbten Konstruktpole beschreiben das Ende der Dimension, zu der die Funktion des Abteilungsleiters eine Nähe aufweist. Die gelb eingefärbten Konstruktpole charakterisieren das gegenüberliegende Ende und damit die Funktion des Peoplemanagers. Eine inhaltliche Kategorisierung ist nicht ablesbar.[153] Eine Analyse der Rohdaten zeigt, dass elf der 15 oben aufgeführten Konstruktpaare (ID 48-59) von einem einzigen Teilnehmer formuliert worden sind. Somit kann angenommen werden, dass die Ergebnisse sehr stark individuell geprägt sind. Eine weitere Analyse der Daten dieses Teilnehmers bestätigt, dass dieser alle Elemente sehr homogen einschätzt. Die von diesem Teilnehmer formulierten Konstruktpaare weisen nur Unterschiede zu „Meine Aufgaben ideal" auf. Die Unterscheidungen können aufgrund ihrer inhaltlichen Stärke weiterverwandt werden. Die Hauptkomponente wird jedoch nicht als ein eigenständiger Faktor für die gesamte Organisation angenommen.

Analyse Hauptkomponente 4: Der Projektleiter und der Programmleiter werden durch die Hauptkomponente 4 differenziert (vgl. Abbildung 19). Im Laufbahnmodell des untersuchten Unternehmens stellen diese beiden Aufgaben zwei unterschiedliche Stufen dar.[154]

Tabelle 19 listet die 15 Konstruktpaare auf, die am stärksten auf die Hauptkomponente 4 laden. Die nicht eingefärbten Konstruktpole bezeichnen das Ende der Dimension, dem der Programmmanager zugeordnet ist. Die gelb eingefärbten Konstruktpole beschreiben das gegenüberliegende Ende, das eine Nähe zur Funktion des Programmmanagers aufweist:

---

153 Diese Aussage wäre ohne weitere Überprüfung mit der Einschränkung zu versehen, dass die fehlende Kategorisierung auch auf die „blinden Flecken" des Forschers zurückzuführen sein könnten. Daher sind diese Ergebnisse vier Teilnehmern der Untersuchung im Sinne einer kommunikativen Validierung (vgl. Flick, 2005) vorgelegt worden. Eine einheitliche Kategorisierung ist auch nach dieser Überprüfung nicht möglich gewesen.

154 Die Funktionsbezeichnungen im untersuchten Unternehmen lauten „Projektmanager" und „Programmmanager". Im Projektmanagementhandbuch des Unternehmens ist die Aufgabe als „Projektleiter" bezeichnet. Die Verwendung von „Projektleiter" und „Programmleiter" war das Ergebnis der Experteninterviews im Rahmen der Vorstudie (vgl. 4.2.1).

Tabelle 19: Konstruktpaare mit der stärksten Ladung auf Hauptkomponente 4

ID	Pol links	Pol rechts	Ladung
173	große Führungsspanne	kleine Führungsspanne	-0,96
171	Projektplanung durchführen	Projektplanung überprüfen	0,96
64	aktuelles Einzelziel ist wichtiger als Unternehmensziel (kurzfristig)	Unternehmensziel sollte wichtiger sein als aktuelles Einzelziel (nachhaltig)	0,93
128	personenorientiert (achtet auf den Menschen)	funktionsorientiert (achtet auf die Rolle)	0,86
138	Projektübergreifende Ressourcenplanung	Ressourcenplanung für ein Projekt	-0,82
116	jeder sollte die Disziplin des anderen fachliche/inhaltlich verstehen können	er muß das Ganze zusammenhalten und inhaltlich zusammenführen und ins Ziel führen onhe alles fachlich zu verstehen	0,81
137	Koordination von mehreren Projekten	Projektleitung für ein Thema	-0,81
163	Affinität zu technischen Themen	Expertise = Projektmanagement	0,78
18	mit Scheuklappen unterwegs (persönliches Interesse)	strategisch unterwegs (Firmeninteresse)	0,78
67	operativ	taktisch, startegisch	0,78
112	Managed die Probleme (Eskalationsinstanz)	managed im Tagesgeschäft	-0,74
33	Ansprechpartner für normale Mitarbeiter	Ansprechpartner für Gruppen- oder Referatsleiter	0,71
174	vermitteln Vision/Strategie	setzen Vision um	-0,69
100	High-Level-Management (z. B. Masterplan)	Detailplanung	-0,68
126	Bezahlt gerecht (gleich)	Belohnt Leistung	0,68

Quelle: Eigene Darstellung, Gridsuite 2.1

Die Formulierungen in der oben stehenden Tabelle stützen die Annahme, dass mit den Konstruktpaaren der Unterschied zwischen den unterschiedlichen Handlungsebenen des Unternehmens beschrieben wird. Bis auf zwei Konstruktpaare (ID 163, ID 126) thematisieren die Unterscheidungen Differenzen, wie „Einzelziel" versus „Unternehmensziel" (ID 64) oder „persönliches Interesse" versus „Firmeninteresse"(ID 18). Insgesamt spiegelt die Hauptkomponente 4 die Unterscheidung von „operativ" und „strategisch" wider. Aus diesem Grund wird diese Dimension im weiteren Verlauf als die Dimension der „Handlungsebene" bezeichnet.

Zusammenfassung: Mittels der vorgegebenen Elemente waren die Teilnehmer der Untersuchung in der Lage, 178 Gegensatzpaare zu formulieren. In den Bewertungen dieser Gegensatzpaare lassen sich drei Bedeutungsdimensionen rekonstruieren. Diese können bezeichnet werden als:

(1) Temporalität: temporär versus permanent
(2) Fachlichkeit: Fachlichkeit versus Führung
(3) Handlungsebene: operativ versus strategisch

Die Existenz der potenziellen Konfliktdimensionen sagt - für sich genommen - noch nichts über das Vorhandensein von Widersprüchen aus. Die Widersprüche werden erst in den einzelnen Begriffspaaren der Teilnehmer sichtbar. Daher werden die erhobenen drei Dimensionen nun als Rahmen genutzt, um die Widersprüche in Projektorientierten Organisationen zu konkretisieren.

4.5 Widersprüche in Projektorientierten Organisationen

Das Ziel dieses Abschnitts ist es, innerhalb der drei erhobenen Hauptkomponenten eigenständige Gruppen von Widersprüchen zu erarbeiten. Eine hierarchische Clusteranalyse kann dazu keinen weiteren Beitrag leisten. Eine algorithmische Berechnung würde die Konstruktpaare lediglich nach ihrer Ladung auf die jeweilige Hauptkomponente gruppieren. Daher wird an dieser Stelle innerhalb der quantitativ erhobenen Dimensionen mit den qualitativen Konstrukten weitergearbeitet. Das in Kapitel 3 entwickelte Strukturmodell der Organisation und ihrer Widersprüche (vgl. Abbildung 12) wird nun als inhaltlicher Ordnungsvorschlag genutzt. Durch die Zuordnung zu dem Strukturmodell kann es gelingen, die Widersprüche von ihrem individuellen Kontext zu lösen und damit einen Vorschlag für eine Generalisierung zu erarbeiten. Das theoriegeleitete Strukturmodell und die empirisch erhobenen Befunde der Fallstudie werden dabei zueinander in Beziehung gesetzt. Die Abbildung 20 verdeutlicht das Vorgehen:

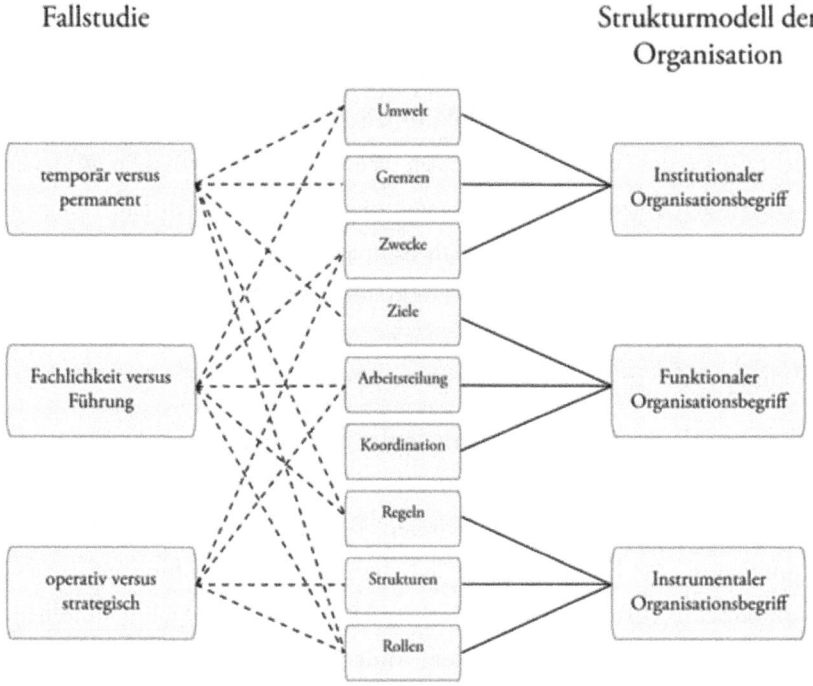

Abbildung 20: Strukturmodell als Ordnungsvorschlag
Quelle: Eigene Darstellung

In einem ersten Schritt werden alle Konstruktpaare, die auf die drei Hauptkomponenten laden, den Kategorien des Strukturmodells zugeordnet.[155] Es wird deutlich, dass sich die Konstruktpaare sehr unterschiedlich auf die Kategorien des Strukturmodells und damit auf die drei Organisationsdimensionen verteilen. Die Kategorien des institutionellen Organisationsbegriffs werden in 20,3 % der

---

[155] Um eine größtmögliche Objektivität zu gewährleisten, wurden die erhobenen Konstruktpaare von drei unabhängigen Personen auf Basis der Tabelle 6 den Strukturdimensionen zugeordnet. Diese Zuordnung wies bereits eine Übereinstimmung von über 85 % auf. Anschließend wurden die Differenzen in einem gemeinsam Workshop zugunsten einer Strukturdimension aufgelöst. Eine geringe Übereinstimmung war hinsichtlich der Trennung von Zielen und Zwecken feststellbar. Dies kann als Hinweis darauf gedeutet werden, dass diese Konzepte analytisch nur schwer trennbar sind.

Fälle thematisiert. Der Schwerpunkt der formulierten Begriffspaare liegt mit 54,4 % auf den Kategorien der funktionalen Dimension der Organisation. Die Kategorien des instrumentalen Organisationsbegriffs werden durch die Gegensätze geprägt, die der Kategorie der Rolle zuzuordnen sind. Insgesamt wurden 25,3 % der Konstruktpaare der instrumentalen Dimension zugeordnet. Die Verteilung der Zuordnungen ist in Abbildung 21 detailliert aufgeschlüsselt:

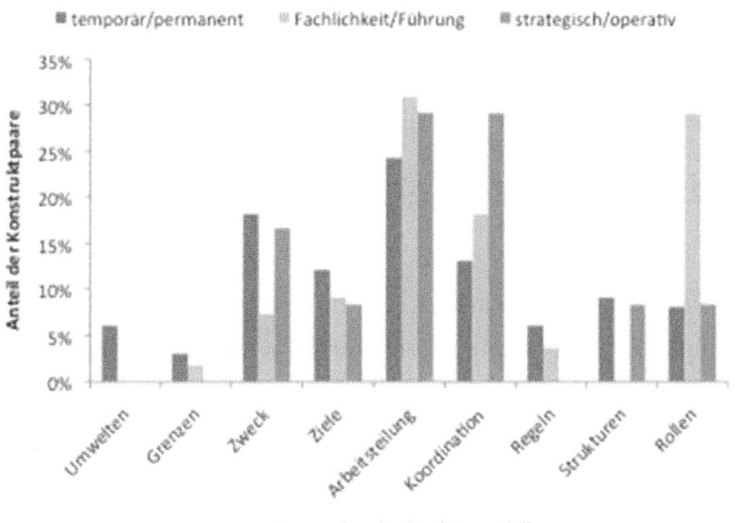

Abbildung 21: Verteilung der Konstruktpaare auf die Strukturdimensionen
Quelle: Eigene Darstellung

Besonders deutlich wird die unterschiedliche Verteilung der Konstruktpaare durch eine sortierte Darstellung der summierten Häufigkeiten (vgl. Abbildung 22):

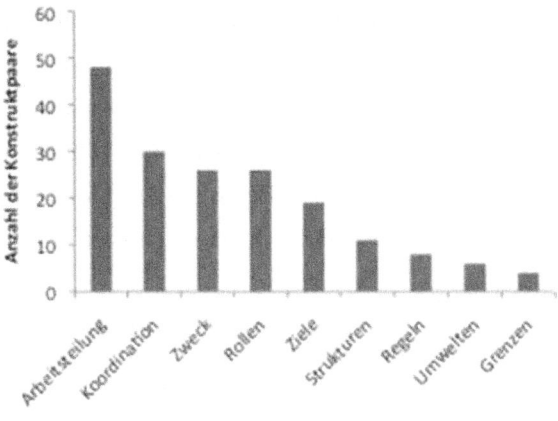

Abbildung 22: Häufigkeit der Kategorien

Quelle: Eigene Darstellung

Über 100 Konstruktpaare thematisieren die Gegensätze in den Kategorien der Arbeitsteilung, der Koordination und des Zwecks der Organisation. Diese Verteilung könnte als ein Ausdruck der Wichtigkeit der Gegensätze im sprachlichen Bedeutungsraum der untersuchten Organisation interpretiert werden. Es kann jedoch ebenso angenommen werden, dass die Häufigkeitsverteilung auf den in der Untersuchung vorgegebenen Elementtyp der „Rolle" zurückzuführen ist.[156] Daher wird hier keine Aussage zur Bewertung der Wichtigkeit der einzelnen Kategorien erfolgen.

Es kann jedoch angenommen werden, dass eine hohe Anzahl von Konstruktpaaren auf ein differenziertes Verständnis unterschiedlicher Gegensätze schließen lässt. Demnach wären die Gegensätze innerhalb der Kategorie der „Arbeitsteilung" differenzierter erhoben worden als beispielsweise die, in der Kategorie der „Regeln" oder der „Strukturen". Um dies zu überprüfen, wird nun überblickartig dargestellt, welche gegensätzlichen Themen in den Konstruktpaaren

---

[156] Für diese Annahme spricht unter anderem, dass weniger als 10 Gegensatzpaare formuliert worden sind, die mit der Grenze und den Umwelten den „Rand" der Organisation betreffen.

rekonstruierbar sind. In diesem Schritt werden die empirischen Ergebnisse auch mit den theoretisch erwartbaren Widersprüchen (vgl. Tabelle 6) abgeglichen.

4.5.1 Institutionale Dimension

Die Darstellung der institutionalen Dimension der Organisation umfasst die Kategorien der Umwelten, der Grenzen und der Zwecke der Organisation. Aufgrund der geringen Anzahl der Konstruktpaare in den Kategorien der Umwelten und der Grenze liegt der Schwerpunkt der Darstellung auf der Kategorie des Zwecks.

4.5.1.1 Umwelten

Die Teilnehmer beschreiben mit sechs Konstruktpaaren die Gegensätze in der Kategorie Umwelten. Alle Konstruktpaare dieser Kategorie laden auf die Hauptkomponente 1 und beschreiben damit den Unterschied von „permanent/temporär".

- „statisches Umfeld"/„dynamisches Umfeld"(ID 11)
- „ungestört"/„operativer Druck durch äußere Einflüsse" (ID 26)
- „viele äußere Einflüsse"/„wenig äußere Einflüsse" (ID 107)

Im Abgleich mit den theoretisch hergeleiteten Widersprüchen können die Gegensatzpaare von „dynamisch/statisch" und „vorhersagbar/nicht vorhersagbar" bestätigt werden. Die Unterscheidung der Umwelten in „kooperativ/kompetitiv" sowie „kompliziert/simpel" sind in den Formulierungen der Teilnehmer nicht rekonstruierbar. Die Teilnehmer haben keine Gegensätze formuliert, die nicht den theoretisch hergeleiteten zugeordnet werden können.

4.5.1.2 Grenzen

Der Kategorie der Grenzen konnten mit nur 4 Konstruktpaaren die wenigsten Gegensätze zugeordnet werden. Die Gegensätze laden auf die Hauptkomponente 1 „permanent/temporär". Die Teilnehmer formulierten ein Konstruktpaar, dass sich als Gegensatz von „offen/geschlossen" interpretieren lässt:

- „hohe Offenheit für Veränderung"/ „geringe Offenheit für Veränderung" (ID 162)

Darüber hinaus formulieren die Teilnehmer einen Gegensatz aus „intern" und „extern". Es scheint eine Bedeutung zu haben, ob eine Funktion nach außen und damit für den Kunden oder nach innen und damit für die Organisation wirkt:

- „baut was für den Kunden"/„verwaltet intern" (ID 105)
- „vertritt nach außen"/„liefert Ergebnisse nach innen" (ID 159)
- „Fokus auf Ergebnisqualität (Kundenauftrag)"/„Fokus auf Mitarbeiterentwicklung (Interner Auftrag)" (ID 65)

Diese Formulierungen können als „innen-/außenorientiert" zusammengefasst werden. Damit entsprechen die Konstruktpaare zwei der erwarteten Widersprüche des Strukturmodells. Die dort getroffenen Unterscheidungen der Grenze als „formal/informal", „starr/flexibel" oder „stabil/fragil" können nicht bestätigt werden. Auch in der Kategorie der Grenzen haben die Teilnehmer keine Konstruktpaare formuliert, die nicht im Strukturmodell enthalten sind.

4.5.1.3 Zwecke

Der Kategorie der Zwecke sind insgesamt 27 Konstruktpaare zuzuordnen. 22 dieser Unterscheidungen laden auf die Hauptkomponente „permanent/temporär", fünf Unterscheidungen auf die Hauptkomponente zwei „Fachlichkeit/ Führung". Ein Thema, das besonders häufig formuliert wird, ist der Gegensatz von „Routine" und „Innovation". Diese Unterscheidung ist vermischt mit der Trennung von „einmalig" und „wiederholend" Dies kommt beispielsweise in folgenden Begriffspaaren zum Ausdruck:

- „plant Dinge, die er noch nie gemacht hat"/„Routine" (ID 109)
- „immer wieder neue Aufgaben"/„kontinuierliche Weiterentwicklung" (ID 134)
- „Einmaligkeit der zu lösenden Aufgabe"/„wiederkehrende Aufgaben" (ID 47)
- „Flexibilität schaffen"/„Kontinuität schaffen" (ID 44)
- „baut etwas neues"/„halten Bestehendes am Laufen" (ID 103)

Dass die zeitliche Dimension eine Rolle in der Unterscheidung von Zwecken spielt, ist an folgenden Formulierungen ablesbar, die als „langfristig"/„kurzfristig" charakterisierbar sind:

- „kurzfristige Orientierung"/„langfristige Orientierung" (ID 6)
- „kurzfristige Aufgabenstellung 1-3 Jahre"/„langfristige Aufgabenstellung ca. 5 Jahre" (ID 80)
- „kurzfristig"/„nachhaltig" (ID 64)

Als letzte übergreifende Unterscheidung in der Kategorie des Zwecks formulieren die Teilnehmer:

- „verbraucht Ressourcen"/„entwickelt Ressourcen" (ID 131)
- „Umsetzung zu niedrigen Kosten (niedriger Personaleinsatz)"/„Einsatz in hohem Maß (hoher Personaleinsatz)" (ID 148)
- „Skillnutzung (will fertig entwickelten Skill haben)"/„Skillaufbau proaktiv" (ID 147)

Diese Unterscheidung kann als Widerspruch von „Konsumption" und „Produktion" charakterisiert werden (vgl. Kieser/Walgenbach, 2007; Reihlen, 1999) und muss die erwarteten Widersprüche ergänzen.

4.5.2 Funktionale Dimension

Mit über 50 % der erhobenen Konstruktpaare entfällt der Schwerpunkt der Gegensätze in die Kategorien der funktionalen Dimension der Organisation. Im Strukturmodell umfasst die funktionale Dimension die Kategorien der Ziele, der Arbeitsteilung und der Koordination der Organisation.

4.5.2.1 Ziele

Der Kategorie der Ziele können 19 Gegensatzpaare zugeordnet werden. Diese lassen sich wiederum in drei Themengebiete gruppieren. Eine Unterscheidung spiegelt die Zielkonflikte zwischen permanenter Organisation (Abteilungen) und temporärer Organisation (Projekte) wider. Diese Konflikte zeigen sich in Formulierungen wie:

- „Anforderungen in Time, in Scope, in Quality umsetzen"/„Abteilungsziele dauerhaft erreichen" (ID 70)
- „Projekte in Scope in Time und Budget erfolgreich zu Ende führen"/ „Aufrechterhaltung des Betriebs" (ID 85)
- „Die besten Mitarbeiter für das Projekt"/„Alle Mitarbeiter der Abteilung beschäftigen" (ID 140)

Die letzte Formulierung lässt konkret auf Ressourcenkonflikte (Personal und Budget) schließen. Die anderen beiden Formulierungen sind allgemeiner Art und beschreiben keinen konkreten Konflikt. Des Weiteren wird in den Unterscheidungen die Art der Ziele beschrieben. Die Teilnehmer machen einen Unterschied zwischen konkret abgegrenzten und allgemein weich formulierten Zielen:

- „Projektorientierung (stärkere Zielfokussierung)"/ „eher breitere Zielausrichtung" (ID 122)
- „arbeitet auf EIN hartes Ziel hin"/„hat viele weiche Ziele" (ID 108)

Als Drittes unterscheiden die Teilnehmer danach, ob die Ziele die strategische oder operative Handlungsebene betreffen. Sie formulieren:

- „mit Scheuklappen unterwegs (persönliches Interesse)"/„strategisch unterwegs (Firmeninteresse)" (ID 18)
- „operativ"/„taktisch, strategisch" (ID 58, ID 67)

Die dargestellten Gegensatzpaare lassen sich als die theoretisch erwarteten Widersprüche von „konsistent/konkurrierend", „strategisch/operativ", „kollektiv/individuell", „langfristig/kurzfristig" sowie „operational/nicht-operational" rekonstruieren. Die Widersprüche „veränderbar/statisch" lassen sich nicht bestätigen.

4.5.2.2 Arbeitsteilung

Auf die Arbeitsteilung entfallen mit 48 Konstruktpaaren die meisten Gegensatzformulierungen der Teilnehmer. Diese Formulierungen lassen sich in mehrere inhaltliche Themengebiete gruppieren. Sehr häufig ist die Unterscheidung von fachlicher Führung und disziplinarischer Führung (22 Konstruktpaare). Neben der reinen Unterscheidung der formalen Kompetenz sind durch die Teilnehmer auch charakterisierenden Begriffe einander gegenübergestellt worden (vgl. Tabelle 20):

Tabelle 20: Gegensätze von fachlicher und disziplinarischer Führung

Fachliche Führung	Disziplinarische Führung
Leadership	Institution
Verantwortung für Ergebnisse	Verantwortung für Mitarbeiter
aufgabenorientiert	personenorientiert
Ergebnisse controllen	Entwicklung monitoren
soziale Führung	disziplinarische Führung
Fachliche Themen vertreten	Personaleinsatz durchführen
steuert, was zu tun ist	steuert, wer es tun soll

Quelle: Eigene Darstellung

Die Widersprüche, die der Unterscheidung von fachlicher und disziplinarischer Führung zugrunde liegen, können als Gegensatz von „Aufgabenorientierung/Personenorientierung" oder auch „Ergebnisorientierung/Entwicklungsorientierung" verstanden werden.

Eine weitere, sehr ausgeprägte Unterscheidung ist die von „Führung/Nicht-Führung". Diese Unterscheidung manifestiert sich in Konstruktpaaren, die als der Gegensatz von „fremdbestimmtem Arbeiten/selbstbestimmtem Arbeiten" verstanden werden können:

- „formt ein Team"/„arbeitet zu" (ID 167)
- „organisiert"/„setzt um" (ID 113)
- „managed"/„kann fachlich arbeiten" (ID 98)

Als drittes Themengebiet wird in dieser Kategorie die Arbeitsteilung selbst thematisiert. Sie wird als Gegensatz von „Spezialisierung/Generalisierung" formuliert:

- „Kümmerer für Alles"/„hoher Grad Arbeitsteiligkeit" (ID 165)
- „hohe Spezialisierung in den jeweiligen Disziplinen"/„Große Breite an verschiedenen Disziplinen" (ID 66)
- „interdisziplinär"/„monogam (auf eine Disziplin bezogen)" (ID 153)

Im Vergleich zu den theoretisch hergeleiteten Widersprüchen konnten die Widersprüche von „funktionsorientiert/prozessorientiert" und „Aufgabenbearbeitung/

Problemlösung" nicht bestätigt werden. Dafür müssen in der Kategorie der Arbeitsteilung „Aufgabenorientierung/Personenorientierung" und „Ergebnisorientierung/Entwicklungsorientierung" neu aufgenommen werden.

4.5.2.3 Koordination

Die Kategorie der Koordination wird ihrem funktionalen Verständnis durch insgesamt 30 Konstruktpaare beschrieben. Ein Schwerpunkt in dieser Kategorie liegt auf dem Begriff der „Motivation". Die Teilnehmer formulieren Konstruktpaare wie:

- „Team motivieren"/„selbst motivieren" (ID 83)
- „Fremdmotivation (führt über Vorgaben)"/„Eigenmotivation" (ID 37)
- „Motivation"/„Sanktion" (ID 94)
- „Motivation"/„Disziplinarische Steuerung (Macht)" (ID 42)

In diesen Konstruktpaaren werden zwei Themen deutlich. Zum einen ist dies die Unterscheidung von „Selbststeuerung"/„Fremdsteuerung". Zum anderen wird der Koordinationsmechanismus der „Macht" zum Ausdruck gebracht. Dieses Themengebiet spiegelt sich auch in folgenden Gegensatzpaaren wider:

- „Belobigen, Hervorheben"/„Belohnen, bestrafen" (ID 23)
- „soziale Kompetenz"/„diktatorisch" (ID 84)
- „führt als Gleicher unter Gleichen"/„Führt über Hierarchie" (ID 95)
- „Bringt seine Aufgabe durch"/„Sucht den besten Kompromiss" (ID 150)

In Kapitel 3.2.3 wurde ausgearbeitet, dass ein Widerspruch von „vertikaler/horizontaler" Koordination erwartet werden kann. Angesichts der empirischen Daten wird dieser in den Widerspruch von „gleichberechtigt/machtlegitimiert" umformuliert. Auch der Begriff „politisch" verweist auf die Funktion der Koordination. Das Widerspruchsmodell muss daher um einen Gegensatz erweitert werden, der als „inhaltlich/politisch" bezeichnet werden kann. Er wird in Konstruktpaaren deutlich wie:

- „inhaltlich korrekt"/„politisch korrekt" (ID 8)
- „weniger politisch vertreten"/„überwiegend politisch arbeiten" (ID 142)

Auf das letzte Themengebiet innerhalb der Koordination verweisen die nächsten Konstruktpaare.

- „personenorientiert (achtet auf den Menschen)"/„funktionsorientiert (achtet auf die Rolle)" (ID 128)
- „Mitarbeiter als Mensch"/„Mitarbeiter als Maschine" (ID 46)

In ihnen wird der Widerspruch von „Personenorientierung/Funktionsorientierung" formuliert, der ebenfalls in der Kategorie der Koordination ergänzt werden muss.

4.5.3 Instrumentale Dimension

Im Strukturmodell der Organisation (vgl. Abbildung 12) wird die instrumentale Dimension durch die Kategorien der Regeln, der Strukturen und der Rollen operationalisiert. Der Schwerpunkt der Gegensatzformulierungen der Teilnehmer ist innerhalb dieser Dimension in der Kategorie der Rollen feststellbar.

4.5.3.1 Regeln

Der Kategorie der Regeln können acht Konstruktpaare zugeordnet werden. In den Formulierungen der Teilnehmer wird der Grad der Freiheit des Handelns thematisiert.

- „vorgegebener Rahmen/Freiheit"/„Variabilität" (ID 25)
- „Handlungsspielraum gestalten"/„Einschränkungen hinnehmen" (ID 43)
- „flexible Organisation der eigenen Arbeitszeit und Arbeitskraft"/„feste Arbeitsabläufe" (ID 115)
- „Hat Termindruck"/„Hat Zeit" (ID 151)

Aufgrund der geringen Anzahl von Formulierungen ist es schwer, eine Aussage hinsichtlich der zu erwartenden Widersprüche zu formulieren. Die Unterscheidungen werden daher beibehalten.

4.5.3.2 Strukturen

Die Kategorie der Strukturen wird durch 11 Konstruktpaare konkretisiert, die im Schwerpunkt dem Widerspruch von „permanent/temporär" zugeordnet sind. In den folgenden Konstruktpaaren wird diese Unterscheidung beispielsweise zum Ausdruck gebracht:

- „Führen von temporären Teams"/„Führen einer dauerhaften OE" (ID 10)[157]
- „zeitlich befristete Verantwortung"/„langfristige Verantwortung" (ID 156)
- „Aufgabe auf Zeit"/„kontinuierliche Aufgaben" (ID 15)
- „sieht das Ende vor sich (zeitlich begrenzte Aufgabe)"/„ewig (immer da)" (ID 152)

Weitere Konstruktpaare unterscheiden die formale Breite der Verantwortung. Diese Unterscheidung kann nicht als Widerspruch im Sinne des Strukturmodells verstanden werden. Der erwartete Gegensatz von „weisungsorientiert/verhandlungsorientiert" bzw. „zentral/dezentral" kann nicht bestätigt werden.

4.5.3.3 Rollen

Der Kategorie der Rollen sind innerhalb der instrumentalen Dimension die meisten Konstruktpaare zugeordnet. Die 26 Konstruktpaare lassen sich zu drei Themengruppen zusammenfassen: Wissen, Aufgaben und Verantwortung. Die durch die Hauptkomponente 1 begründete Unterscheidung von „Fachlichkeit/Führung" wird im Themengebiet des Wissens erneut besonders deutlich. Die Teilnehmer konstruieren einen Gegensatz von Fachwissen und Führungswissen. Dies kommt beispielsweise in den folgenden erhobenen Formulierungen zum Ausdruck:

- „Führungswissen"/„Fachwissen" (ID 169)
- „Softskills"/„Wissen (Hardfacts)" (ID 92)
- „Kenntnisse Methoden, Verfahren, Mgmt-Skills"/„inhaltliche Expertise" (ID 71)[158]
- „Fachkenntnis"/„Menschenkenntnis" (ID 24)

Auch das Themengebiet der Aufgaben ist von der oben genannten Unterscheidung geprägt. Allerdings sind keine Gegensatzkonstruktionen erkennbar, die nicht bereits in den anderen Kategorien beschrieben worden sind. Die dritte Themengruppe in

---

157 OE = Organisationseinheit, Abteilung

158 Mgmt = Management

der Kategorie der Rollen sind die Zuweisung und Verteilung von Kompetenzen im Sinne von Verantwortung. Die Teilnehmer formulieren Gegensätze wie:

- „keine Verantwortung für Know-how Aufbau"/„trägt Verantwortung für Know-how Aufbau" (ID 158)
- „Budgetverantwortung"/„inhaltliche Ergebnisverantwortung" (ID 2)
- „Verantwortung in der Breite"/„Verantwortung in der Tiefe" (ID 4)
- „ganzheitliche Projektverantwortung"/„keine oder Mikro-Projektverantwortung" (ID 32)

Insgesamt zeigt sich, dass die Kategorie der Rolle die zu erwartende Schnittmenge der vorher dargestellten Gegensätze ist. In den Rollen konkretisieren sich die Widersprüche für die einzelne Person. Es ist daher von herausgehobener Bedeutung, ob an eine Person konsistente oder inkonsistente Erwartungen gestellt werden.

Tabelle 21 fasst die Widersprüche in Projektorientierten Organisationen nach der empirischen Erhebung zusammen. In diese Tabelle fließen sowohl der Abgleich der organisationstheoretisch begründeten Widersprüche mit den empirischen bestätigten[159] Ergebnissen als auch die eruierten drei Hauptkomponenten ein.

---

159 Empirisch bestätigt bedeutet hier, dass Beispiele für die Widersprüche in den empirischen Daten rekonstruiert werden können. Aussagen über die Stärke der Zusammenhänge (Korrelationen und Signifikanzen) sind aufgrund des explorativen Charakters der Daten weder möglich, noch sinnvoll.

Tabelle 21: Widersprüche in Projektorientierten Organisationen

Kategorie	Widerspruch	theoretisch erwartbar	empirisch bestätigt
Umwelten	dynamisch/statisch	x	x
	kompliziert/simpel	x	
	vorhersagbar/nicht vorhersagbar	x	x
	kooperativ/kompetitiv	x	
Grenzen	formal/informal	x	
	starr/flexibel	x	
	stabil/fragil	x	
	offen/geschlossen	x	x
	innen-/außenorientiert	x	x
Zweck	vergangenheitsorientiert/zukunftsorientiert	x	
	Aufgabenbearbeitung/Problemlösung	x	
	wiederholend/einmalig	x	x
	Stabilisieren (Routine)/verändern (Innovation)	x	x
	langfristig/kurzfristig		x
	Produktion/Konsumption		x
Ziele	operational/nicht-operational	x	x
	langfristig/kurzfristig	x	x
	konsistent/konkurrierend	x	x
	veränderbar/statisch	x	
	strategisch/operativ	x	x
	kollektiv/individuell	x	x
Arbeitsteilung	Monothematisch/interdisziplinär (Generalist/Spezialist)	x	x
	Aufgabenbearbeitung/Problemlösung	x	
	fremdbestimmt/selbstbestimmt	x	x
	qualifikationsorientiert/kompetenzorientiert	x	x
	funktionsorientiert/prozessorientiert	x	
	Aufgabenorientierung/Personenorientierung		x
	Ergebnisorientierung/Entwicklungsorientierung		x
Koordination	formal/informal	x	
	Selbst-/Fremdsteuerung	x	x
	gleichberechtigt/machtlegitimiert	x	x
	vorgelagert/situativ/nachgelagert	x	
	Determinismus/Kontingenz	x	
	Personen-/Funktionsorientierung		x
	inhaltlich/politisch		x
Regeln	formal/informal	x	
	hohe Regelungsdichte/geringe Regelungsdichte	x	
	regelbasiert/situativ	x	
	einschränken/befreien	x	x
Strukturen	weisungsorientiert/verhandlungsorientiert	x	
	zentral/dezentral	x	
	dauerhaft/temporär	x	x
	Hierarchie/Heterarchie	x	
Rollen	formell/informell	x	
	reaktiv/interaktiv	x	
	Generalist/Spezialist	x	x
	fachlich/disziplinarisch	x	x
	aufgabenorientiert/personenorientiert	x	x
	dauerhaft/temporär	x	x

Quelle: Eigene Darstellung

Die 178 Widerspruchsformulierungen können somit in 28 Themengebieten zusammengeführt werden. Diese Themengebiete lassen sich den Kategorien des Strukturmodells zuordnen. Es wird deutlich, dass die Themengebiete nicht überschneidungsfrei sind. Die Unterscheidung zwischen dauerhaft und temporär oder zwischen Generalist und Spezialist werden in mehreren Kategorien thematisiert. Dies stützt die, aus der Hauptkomponentenanalyse gewonnene Annahme, dass die Dimensionen „Temporalität", „Fachlichkeit" und „Handlungsebene" auf die gesamte Organisation wirken und sich damit auch in dem gesamten Strukturmodell wiederfinden lassen.

Zusammenfassend können für die empirische Forschung zwei Ergebnisse festgehalten werden:

1. Die Widersprüchlichkeit Projektorientierter Organisationen konnte nachgewiesen werden. Widersprüche können als Bedingung und Folge Projektorientierter Organisationen in ihren institutionellen, funktionalen und instrumentellen Dimensionen angenommen werden.
2. Es konnte sowohl quantitativ als auch qualitativ gezeigt werden, dass der Aspekt der „Temporalität" in Projektorientierten Organisationen als bedeutungsvollste Differenz zwischen den gegensätzlichen Polen angesehen werden muss.

Die Wiedereinführung zeitlicher Begrenztheit in die Organisation kann daher sowohl als Ausgangspunkt als auch als Bewältigungsform für die Widersprüchlichkeit verstanden werden.

5 Ansätze zur Bewältigung von Widersprüchen

Entsprechend der Forschungsaufträge drei und vier werden nun die allgemeinen und konkreten Bewältigungsstrategien für Widersprüche in Projektorientierten Organisationen erarbeitet. Dazu werden mit der Sequenzialisierung, der Segmentierung und der Balancierung, drei allgemeine Bewältigungsstrategien für organisationale Widersprüche vorgestellt. (→ 5.1).

Die empirische Analyse hat gezeigt, dass die Zeitgebundenheit als der bedeutendste Aspekt in Projektorientierten Organisationen angesehen werden kann. In der institutionellen Dimension begründet dieser Aspekt den Widerspruch von permanenten und temporären Organisationsformen (→ 5.2).[160] Von temporären Organisationsformen wird angenommen, dass sie eine höhere Fähigkeit zur Innovation besitzen als permanente Formen. Der Widerspruch von Permanenz und Temporalität findet in der funktionalen Dimension als Gegensatz von Exploitation und Exploration seinen Ausdruck (→ 5.3). Am Beispiel der Kategorie der Rolle wird innerhalb der instrumentalen Dimension sodann gezeigt, wie die organisationalen Widersprüche von Permanenz und Temporalität sowie Exploitation und Exploration durch die zuvor erarbeiteten allgemeinen Strategien bewältigt werden können (→ 5.4).

Es wird argumentiert, dass das Projektorientierte Management eine Bewältigungsstrategie für die Widersprüche darstellt, die durch die Nutzung von temporären Organisationsformen im Rahmen einer permanenten Organisation erzeugt werden. Die Projektorientierte Organisation wird als eine Widerspruch balancierende Organisationsstrategie konzeptionalisiert.

5.1 Allgemeine Bewältigungsformen von Widersprüchen

In der Systematik der Widerspruchsbegriffe (vgl. Abbildung 5) wurde dargestellt, dass sich Widersprüche dadurch unterscheiden lassen, ob sie prinzipiell auflösbar

---

160 Die Temporalität kann gleichsam als Ausgangspunkt, wie als Folge der Widersprüchlichkeit gesehen werden. Folgerichtig existierten keine Widersprüche in Projektorientierten Organisationen, wenn keine Projekte durchgeführt würden. Dies zu fordern würde die Notwendigkeit erschaffen, Alternativen für die Funktion der Projektorientierung zu erarbeiten (vgl. Bakker/Janowicz-Panjaitan, 2009).

(konträre/kontradiktorische Widersprüche) oder generell unauflösbar (logische Paradoxien) sind. Auflösbare Widersprüche können in der Handlungssituation entschieden werden. Liegen Widersprüche in Form von unauflösbaren Paradoxien vor, können sie nicht entschieden werden. Die Paradoxieforschung spricht daher in diesem Zusammenhang von einem „Entfalten von Paradoxien" und nicht vom „Auflösen" (vgl. Simon, 2007b; Tuckermann, 2007). Stehen logische Widersprüche zur Entscheidung an, so wird das theoretisch denkbare „Sowohl-als-Auch" in der Handlungssituation wieder zu einem „Entweder-Oder" (vgl. Bühl, 2003; Ortmann, 2003b; Wüthrich/Osmetz/Kaduk, 2006). Widersprüche manifestieren sich dann in den Handlungsformen des Dilemmas oder der pragmatischen Paradoxie. Handeln[161] unter widersprüchlichen Bedingungen wird generalisierend als die Bewältigung von Widersprüchen bezeichnet. In der organisationswissenschaftlichen Literatur sind unterschiedliche Formen erarbeitet worden, wie Widersprüche bewältigt werden können (vgl. Fontin, 1997; Grimm, 1999, Müller-Christ/Arndt/Ehnert, 2007).

Zuerst soll jedoch in Betracht gezogen werden, dass die Widersprüche möglicherweise (a) gar nicht bearbeitet werden oder (b) nur verbal thematisiert werden.

(a) Wenn Widersprüche nicht bearbeitet werden kann dies daran liegen, dass sie unbewusst oder bewusst nicht wahrgenommen werden. Im ersten Fall kann von einem Ignorieren, im zweiten Fall von einem Negieren der Widersprüche

---

[161] In der pädagogischen und psychologischen Forschung wird das Konzept der Handlung von dem des Verhaltens unterschieden. Das Konzept der Handlung umfasst neben der Informationsverarbeitung noch weitere Schritte, wie die Zielpräzisierung, die Maßnahmenplanung, die Maßnahmendurchführung und die Prüfung des Handlungsergebnisses (vgl. Zempel, 2003: 14). Die Annahme der Handlungsregulationstheorie ist es, dass die Handlung durch eine kognitive Vorwegnahme des Handlungsergebnisses (Ziel), des Tätigkeitsablaufes und der handlungsbedeutsamen Bedingungen reguliert wird. Der Ausführung der Handlung ist somit eine gedankliche Handlungsvorbereitung vorgeschaltet (vgl. Hacker, 1999). Diese mehr oder weniger ausführliche bewusste und unbewusste Vorbereitung und die Existenz eines Ziels unterscheidet Handeln von Verhalten.

gesprochen werden (vgl. Müller-Christ, 2007a: 145). In beiden Fällen fließt die Widersprüchlichkeit nicht in die Entscheidungen und Handlungen mit ein. Sowohl das Ignorieren als auch das Negieren kann beispielsweise in erfolgreichen Handlungsstrategien der Vergangenheit begründet liegen, wenn diese für die Zukunft nicht in Frage gestellt werden (vgl. Grimm, 1999: 120f.) Orientierungslosigkeit und Demotivation von Mitarbeitern können Hinweise für ungelöste Widersprüche sein, die nicht in die Diskussion gelangen, aber latent vorhanden sind (vgl. Grimm, 1999: 119f.).

(b) Auch die rein verbale Bearbeitung von Widersprüchen ist keine Bewältigungsform im eigentlichen Sinne. Immer dann, wenn Widersprüche als irrelevant bezeichnet werden oder die Meinung vertreten wird, dass beide Pole gleichzeitig erreichbar seien, konkretisieren sich die Widersprüche erst im Handeln. Damit würden Widersprüche erneut negiert. Wird der Widerspruch durch einen Wechsel der Sinnebene scheinbar aufgelöst, kann in diesem Zusammenhang auch von einer Abstraktion der Widersprüche gesprochen werden (vgl. Müller-Christ, 2007a: 146). Mit der Abstraktion gehen individuelle Interpretationsspielräume einher. Beispiele für Abstraktionen sind beispielsweise Führungsleitlinien oder Unternehmensvisionen. Die Widersprüchlichkeit existiert damit uneingeschränkt, wenn auch latent weiter. Die Auseinandersetzung mit den Widersprüchen wird jedoch zeitlich verlagert oder an einzelne Personen in ihren konkreten Handlungssituationen delegiert.

Für eine Bewältigung von Widersprüchen schlägt MÜLLER-CHRIST die Unterscheidung von drei Grundformen vor: Das *Sequenzialisieren*, das *Segmentieren* und das *Balancieren*. Die Sequenzialisierung bringt das Handeln in eine zeitliche Reihenfolge. In der Segmentierung wird das Handeln räumlich aufgeteilt. Diese beiden Formen sind Varianten einer differenzierenden Widerspruchsbewältigung. In der Form des Balancierens werden Widersprüche entweder integriert oder kompensiert (vgl. Müller-Christ, 2007a: 147ff.). Um im Anschluss an die empirischen Arbeiten mögliche Bewältigungsstrategien für Widersprüche in projektorientierten Organisationen formulieren zu können, werden die drei Grundformen der Widerspruchsbewältigung im Folgenden dargestellt.

Sequenzialisieren

Widersprüche können dadurch bewältigt werden, dass die Pole des Widerspruchs in eine zeitliche Reihenfolge gebracht werden. Die beiden Pole werden nacheinander als Handlung leitend angenommen: „In aufeinander folgenden Sequenzen wird abwechselnd die Handlungslogik der gegensätzlichen Pole berücksichtigt." (Müller-Christ, 2007a: 149). SIMON veranschaulicht die Sequenzialisierung damit, dass eine Person nicht in der Lage ist, zwei Handlungen, die sich gegenseitig ausschließen, gleichzeitig auszuführen. Eine Person ist in der Lage, gleichzeitig „einen Apfel zu essen" und „nach links zu gehen". Gleichzeitig „nach links zu gehen" und „nach rechts zu gehen" ist jedoch unmöglich (vgl. Simon, 2007b). Die Handlungen müssen „zeitlich prozessiert" werden (Bühl, 2003: 236).

Damit ist diese Bewältigungsstrategie mit den Bewegungen eines Pendels vergleichbar. Zu einem Zeitpunkt gelten die Handlungsprämissen des einen Widerspruchspols. Zu einem anderen Zeitpunkt gelten die Handlungsprämissen des gegensätzlichen Pols. Die Annahme, die dieser Bewältigungsstrategie zugrunde liegt, ist, dass in größeren Zeitabschnitten eine Mittelposition vorteilhaft für die Organisation sein kann (vgl. Neuberger, 2002). Der „Mittelweg" kann aus dieser Annahme heraus jedoch nicht dauerhaft als Entscheidungsprämisse fixiert werden. Er ist vielmehr das Resultat einer kontinuierlich fortgesetzten Pendelbewegung.[162]

In dilemmatischen Situationen werden erst durch das Entscheiden für den einen oder den anderen Pol Handlungen ermöglicht. Durch Handlungen entstehen dann wieder neue Situationen, in denen sich unter Umständen auch die Widersprüche verändern. Durch die Einführung einer zeitlichen Komponente entsteht ebenfalls die Möglichkeit, pragmatische Paradoxien zu „entfalten". Im Gegensatz zum Dilemma verändern sich die Paradoxien aber im Verlauf der Zeit nicht. Ihr Widerspruch im Selbstbezug wird auch durch Handlung nicht aufgelöst.

Wenn nun aber die Notwendigkeit besteht, gleichzeitig nach gegensätzlichen Prämissen zu handeln (vgl. Problemstellung), dann stößt die Sequenzialisierung als Bewältigungsstrategie an ihre Grenzen. Wenn richtiges Handeln falsch ist und

---

162 Die Festlegung einer zeitunabhängigen „goldenen Mitte" (Müller-Christ, 2007: 150) wäre hingegen wieder eine Nichtbewältigungsstrategie (vgl. Fontin, 1997).

falsches Handeln richtig, dann oszilliert die Entscheidung permanent zwischen den beiden Polen (vgl. Simon, 2007c). Organisationen, und das unterscheidet sie von Personen, sind in der Lage, Handlungen nicht nur zeitlich, sondern auch räumlich zu trennen. Diese Fähigkeit wird als Segmentierung bezeichnet.

Segmentieren
Widersprüche können dadurch bewältigt werden, dass Handlungen räumlich getrennt ausgeführt werden. Der Zwang zur „Entweder-Oder" Entscheidung wird auf Ebene der Organisation aufgegeben und durch eine „Sowohl-als-Auch" Strategie ersetzt.[163] Organisationen sind damit eine Lösung, die Menschen in die Lage versetzt, gleichzeitig nach gegensätzlichen Prämissen zu handeln: "Eine kreative Lösung für das Problem der Paradoxien ist die Bildung von Organisationen. Durch die kommunikative Kopplung autonomer, widerspruchsfrei agierender Einheiten (Personen, Abteilungen, etc.), die nicht autonom handeln können, wird die Paradoxie in Struktur übersetzt. Die Organisation als zusammengesetzte Einheit ist handlungsfähig, obwohl ihre Subsysteme widersprüchlich agieren." (Simon, 2007a: 119). Der Bewältigungsstrategie der Segmentierung liegt die Annahme zugrunde, dass durch die Aufteilung eine höhere Komplexitätsstufe der Organisation in ihrem Inneren erreicht wird, welche die Vorteile der beiden Prämissen addiert und die Nachteile reduziert (vgl. Müller-Christ, 2007a: 155). Voraussetzung für die Segmentierung ist die Verteilung der Handlungen auf unterschiedliche Personen, Rollen[164] oder andere organisatorische Instanzen. Zwei Personen können zeitgleich der Aufforderung, nach links und nach rechts zu gehen, nachkommen. Die eine Person geht nach links, die andere Person geht nach rechts. Wenn die

---

163 GRIMM bezeichnet diese Bewältigungsstrategie als „multifokal-hybride Ausrichtung" (Grimm, 1999: 142). Hybride Organisationsformen sind für ihn solche, welche die Widersprüchlichkeit in sich tragen. Dementsprechend wird die Strategie der Balance als „simultan-hybrid" bezeichnet.

164 Werden die Pole des Widerspruchs in organisatorischen Rollen abgebildet und werden einem Menschen zwei Rollen zugewiesen, so wird der Widerspruch erneut personifiziert (vgl. Müller-Christ, 2007: 159). Das zentrale Konzept der Rolle wurde in Abschnitt 3.3.3 vorgestellt. Die Bewältigungsstrategien werden im Abschnitt 5.4 erarbeitet.

organisatorischen Instanzen unabhängig voneinander agieren, kommt es innerhalb der einzelnen Subsysteme nicht mehr zu Spannungen. „Diese Subsysteme sind in sich widerspruchsfrei und verfolgen konsistent eine der Gegensätzlichkeiten." (Müller-Christ, 2007a: 157f.).

Diese Fähigkeit von Organisationen spiegelt sich sogar sprachlich in den „Abteilungen" als getrennte, abgeteilte organisatorische Einheiten wider. In einer Organisation kann beispielsweise eine Abteilung für die Lagerung von Gütern (Lager) und eine Abteilung für die Produktion von Waren (Produktion) gebildet werden. Auf diese Weise ist die Organisation in der Lage gleichzeitig unterschiedliche und widersprüchliche Ziele zu verfolgen: Während die Abteilung „Lager" beispielsweise eine möglichst geringe Vorratshaltung von Gütern verfolgt, ist die Abteilung „Produktion" daran interessiert, für den möglichst reibungslosen Produktionsverlauf eine stets ausreichende Menge an Material vorzuhalten. Die Organisation hat durch die Bildung von Abteilungen (Segmentierung) den Widerspruch auf unterschiedliche Akteure aufgeteilt. Organisatorische Differenzierung bearbeitet das Problem der Widersprüchlichkeit: "Auf diese Weise wird es möglich, arbeitsteilig Aufgaben zu erfüllen, die jede unteilbare handelnde Einheit aufgrund ihrer Widersprüchlichkeit überfordern würden." (Simon, 2007a: 110). Widersprüche werden zum Grund und zum Antrieb von organisatorischer Differenzierung.

Ein Mensch als handelnde Einheit kann widersprüchlichen Handlungsaufforderungen hingegen nicht nachkommen.[165] Er kann entweder der einen Aufforderung oder der anderen Aufforderung folgen, aber nicht beiden gleichzeitig. Wenn er daher dauerhaft versuchen sollte, widersprüchlichen Zielen zu folgen, entstünde ein Identitätsproblem.

Vor diesem Problem stehen auch die Organisationen. Theoretisch entstehen durch die Segmentierung Räume widerspruchsfreien Handelns. Auf der Ebene der Organisation und an den Schnittstellen ist der Widerspruch jedoch weiterhin

---

165 Menschen können sich nicht körperlich differenzieren, sehr wohl aber psychisch. Der Fragestellung dieser Mechanismen widmet sich die Forschung zum Krankheitsbild der Schizophrenie (vgl. Alanen, 2001).

präsent und wird zum Beispiel in Form von Ressourcenkonflikten ausgetragen. Die Organisation steht damit vor der Herausforderung der erneuten Integration der ausdifferenzierten Teile der Organisation (vgl. Schreyögg, 2003).

Sequenzialisierung und Segmentierung sind in ihrem differenzierenden Grundansatz vergleichbar. Als Bewältigungsform negieren sie die Existenz von Widersprüchen in der Organisation nicht. Allerdings ist in ihnen die Tendenz erkennbar, die Wahrnehmung von Widersprüchen so weit wie möglich zu reduzieren (vgl. Grimm, 1999). Sie sind Strategien des widerspruchsarmen Managements (vgl. Remer, 2004). In der Bewältigungsstrategie des Balancierens sind die Widersprüche hingegen permanent wahrnehmbar.

Balancieren

Das Balancieren kann neben dem Sequenzialisieren und dem Segmentieren als dritte logische Form der Widerspruchsbewältigung angesehen werden. Um eine Balance zu erzeugen, müssen die widerstrebenden Kräfte permanent ausgeglichen werden. Der Begriff der Balance impliziert damit ein dynamisches Zeit- und Organisationsverständnis.

MÜLLER-CHRIST schlägt daher das „Mobile" als Metapher für das Balancieren von Widersprüchen in Organisationen vor: „Bei einem Mobile ist jedes Element gleichrangig für das Gleichgewicht des Mobiles." (Müller-Christ, 2007a: 160).[166] Jeder Bestandteil des Ganzen ist ein relevanter Punkt für die Balance des Ganzen. In der Metapher des Mobiles sind mit den Elementen und ihren Verbindungen zueinander die Elemente eines grundlegenden Systemverständnisses erkennbar. Das Balancieren gleicht die Kraftmomente der einzelnen Bestandteile (z. B. Figuren) und der Nähe und Distanz ihrer Verbindung (z. B. durch Fäden) aus. Das Ziel ist

---

[166] Zwei Einschränkungen müssen bei der Übertragung der Metapher des dekorativen Mobiles auf eine Organisation berücksichtigt werden. Zum einen sind Mobiles aufgrund der vertikal wirkenden physikalischen Kräfte zwingend strikt hierarchisch strukturiert. Zum anderen verändern sich in Organisationen die einzelnen Bestandteile permanent weiter und gestalten das Ganze auf diese Weise ständig neu. Um die Funktion des Balancierens zu verdeutlichen, kann die Metapher jedoch als geeignet angesehen werden.

die Herstellung eines dynamischen Gleichgewichts[167] durch die Kompensation der einander entgegenwirkenden Kräfte. Selbst dann, wenn innerhalb des Mobiles ein stabiles Gleichgewicht denk- und erreichbar wäre, würde der externe Einfluss durch einen „Windstoß" ausreichen, um die Bemühungen zur Herstellung eines neuen Gleichgewichts wieder in Gang zu setzen. Die in den differenzierenden Formen der Sequenzialisierung und Segmentierung nur normativ mitschwingende Gleichgewichtung der widersprüchlichen Pole wird daher in der Balance zum existenziellen Faktor. Die Balance vereint „Gleichzeitigkeit" mit „Gleichräumigkeit" und „Gleichgewichtung". Daher kann das Balancieren als die „komplexeste Stufe der Widerspruchsbewältigung" (Müller-Christ, 2007a: 160) angesehen werden.

Für eine Organisation ist das Besondere an der Bewältigungsform der Balance, dass die widerstrebenden Kräfte und damit die Widersprüche innerhalb der Organisation als Ganzes genauso, wie auf der Ebene der Personen existent bleiben. Widersprüche bilden eine permanente Herausforderung für Organisationen: „Die Bewältigung dieser Widersprüche ist nicht mehr allein als Problem einzelner Entscheidungen zu sehen (Sequenzialisierung, Segmentierung), sondern als Grundaufgabe des Managements, widerspruchstolerante Strukturen und Prozesse zuzulassen und einzurichten, um das Unternehmen in sich widersprüchlich auszurichten." (Müller-Christ, 2007a: 163f.; ohne Hervorhebungen). Wie können solche widerspruchstolerante Prozesse und Strukturen gestaltet werden?

Die Strategie der Kompensation kann als ein *Prozess* des Umgangs mit Widersprüchen verstanden werden. Durch eine Kompensation werden die Widersprüche nicht aufgehoben. Das Ziel der Kompensation ist es vielmehr, die Handlungsfolgen abzufedern oder auszugleichen. Es werden nicht die Widersprüche selbst, sondern die Folgen der Widersprüchlichkeit bearbeitet. Die Kompensation thematisiert nicht die Pole eines Widerspruchs, sondern deren Beziehung zueinander (vgl. Remer, 2004). Als Beispiel für eine Kompensation kann der Ausgleich der Belastung durch den Kohlendioxidausstoß des Flugverkehrs dienen. Der Widerspruch besteht darin, dass Kohlendioxid für das Klima schädlich ist, die

---

167 Der Begriff des dynamischen Gleichgewichts verweist auf das, aus der Physik übertragene Prinzip der Selbstregulation in der kybernetischen Systemtheorie (vgl. Malik, 2003).

Benutzung Kohlendioxid erzeugender Flugzeuge jedoch nicht vollständig vermeidbar ist. Eine Kompensation der Handlungsfolgen kann nun darin gesehen werden, solche Projekte finanziell zu unterstützen, die sicherstellen, dass die, durch einen Flug erzeugte Menge Kohlendioxid an einer anderen Stelle wieder eingespart wird. Die Strategie der Kompensation ermöglicht es somit, den direkten Bezugsrahmen des Widerspruchs zu verlassen. Die Widerspruchsbearbeitung erfolgt durch ein neues Mittel (Geld) und an einem anderen Ort (Projekte).[168] Durch die Kompensation wird der Widerspruch nicht aufgelöst, sondern dessen Folgen werden aufgehoben.

Ein Beispiel für die Einrichtung einer widerspruchstoleranten *Struktur* ist die Etablierung von Orten bzw. Instanzen der Widerspruchsbearbeitung. Die Geschäftsführung eines Unternehmens balanciert beispielsweise die widersprüchlichen Zielsetzungen unterschiedlicher Abteilungen. Auch die Einrichtung von Gremien stellt den Versuch dar, Orte zu schaffen, in denen die Widersprüche durch Verhandlungen bearbeitet werden. Durch Kommunikation sind die (ver-)handelnden Personen in der Lage, situativ eine Balance herzustellen. Die Etablierung von Widerspruchsbearbeitungsinstanzen folgt damit dem Ansatz der Entscheidungsdelegation (vgl. 3.2.3 Koordination, Seite 73ff.). Es kann angenommen werden, dass die Bearbeitung von Widersprüchen eine Daseinsberechtigung für das Management darstellt (vgl. Kühl, 2002). NEUBERGER spricht in diesem Zusammenhang sogar von Widersprüchen als „Existenzvoraussetzung für die Vorgesetztenrolle" (Neuberger 2002: 351). Hier wird im Sinne der sozialen Systemtheorie argumentiert, dass die ansteigende soziale Komplexität nicht mit formalen Mechanismen der bürokratischen Entscheidung (ex ante Kompetenzverteilung) bearbeitet werden kann. Der ansteigenden sozialen Komplexität kann durch Kommunikation in der Situation begegnet werden: „Komplexität läßt sich sozial durch die Umstellung von Bürokratie auf Kommunikation bewältigen. Bürokratie bedeutet Vorwegfürsorge für alle denkbaren Fälle und Ausbau der

---

168 Durch den Wechsel der Bezugsebene wird ein Unterschied zu klassischen Situationen des tertium non datur (vgl. Seite 34ff.) oder auch des Double bind (Bateson, 2001) deutlich. Die Strategie der Kompensation ermöglicht das Verlassen des Kontextes.

Bürokratie in den Fällen, in denen es zu unvorhergesehenen Fällen kommt. Kommunikation dagegen bedeutet je gegenwärtigen Umgang mit aufgelaufener Komplexität und Gleichzeitigkeit alternativer Möglichkeiten, mit Komplexität umzugehen. Bürokratie legt Kommunikation fest, Kommunikation hält sie offen." (Baecker, 1999: 37)

Auf der Ebene der Person kann die von HANDY beschriebene „Doppelmitgliedschaft" als ein weiteres Beispiel für eine widerspruchstolerante Struktur angesehen werden (vgl. Handy, 1994: 109). Wenn Personen bewusst gleichzeitig und gleich gewichtet zwei widerstrebenden Teilen der Organisation zugeordnet werden, bleibt die Widersprüchlichkeit existent und ist organisatorisch verankert. Um in dieser Struktur handlungsfähig zu bleiben muss die handelnde Person die Widersprüchlichkeit balancieren. Die Verlagerung der Widersprüchlichkeit auf die Ebene der Personen kann als das Gegenteil der oben beschriebenen Strategie der verbalen Abstraktion interpretiert werden. Die Widersprüchlichkeit findet in der einzelnen Person und ihren Handlungen ihre Konkretisierung. Entscheidend für den Umgang mit der Widersprüchlichkeit ist dann die persönliche Widerspruchshandhabung. Werden Widersprüche und die daraus resultierende Mehrdeutigkeit und Unsicherheit als dysfunktional wahrgenommen, stellen sie Dilemmata dar. Sie können jedoch auch „Triebfeder für Veränderungen sowie individuelle und organisatorische Lern und Entwicklungsprozesse" (Grimm, 1999: 151; ohne Hervorhebungen) sein, wenn ihre Reflexion die Widersprüchlichkeit bewusst und verhandelbar macht. Wenn Widersprüche nicht überwindbar sind, können die Formen der Bewältigung unterstützen, die Widersprüche als „Motor der Entwicklung" (Raeithel, 1998: 42) produktiv zu kultivieren (vgl. Wüthrich/ Osmetz/Kaduk, 2006). Wie eine Anwendung der Bewältigungsstrategien denkbar ist, wird nun anhand der drei Dimensionen der Organisation und an der Schnittstelle zwischen der Organisation und der Person für Projektorientierte Organisationen dargestellt.

5.2 Institutionaler Widerspruch: permanent versus temporär

Die prägende Bedeutung der Temporalität[169] in Projektorientierten Organisationen wurde in den empirischen Forschungsergebnissen durch Gegensätze, wie „langfristig"/„kurzfristig", „wiederholend"/„einmalig" oder auch „immer da"/ „endlich" formuliert (vgl. Seite 152). Mehr als 60 % der Varianz der Unterscheidungen der Teilnehmer konnten durch die Hauptkomponente 1, die Temporalität, aufgeklärt werden. In allen Strukturdimensionen der Organisation spielt die Temporalität die entscheidende Rolle. In der institutionellen Dimension erzeugt die Temporalität die Unterscheidung zwischen der permanenten und der temporären Organisation. Organisationsformen unterscheiden sich somit grundlegend darin, ob sie als permanente oder temporäre Identitäten verstanden werden.

Eine Organisation wird klassischerweise als permanent verstanden. Ihre Existenz ist nicht auf eine bestimmte Lebensdauer hin ausgerichtet (vgl. Anell/Wilson, 2002: 170). Die katholische Kirche als Beispiel einer permanenten Organisation existiert bereits seit vielen Jahrhunderten und inkorporiert damit Dauerhaftigkeit in beeindruckender Weise.[170] Die Möglichkeit des Endes spielt im Organisationsalltag keine Rolle. Die Temporalität wird nicht thematisiert, da das Ende unbestimmt und ungeplant ist. Das Ende einer permanenten Organisation wird, wenn überhaupt, als eine Folge wenig erfolgreichen Arbeitens oder als das Ergebnis der Übernahme durch einen Konkurrenten verstanden werden und wird daher in der Regel negativ konnotiert (vgl. Lundin/Steinthorsson, 2003: 244).

Die prägende Eigenschaft von temporären Organisationsformen ist ihre „ex ante" Terminierung. Ihre Existenz ist von vornherein zeitlich begrenzt und wird mit

---

169 Der Begriff der Temporalität stammt ursprünglich aus den Sprachwissenschaften. Mit dem Oberbegriff der Temporalität wird hier die Zeitgebundenheit von Organisationen bezeichnet. Sowohl permanente Organisationsformen als auch temporäre Organisationsformen tragen eine Zeitgebundenheit in sich. In der englischsprachigen organisationswissenschaftlichen Literatur wird der Begriff der „temporariness of organizations" verwendet.

170 Auch permanente Organisationen existieren nicht ewig. Die Entwicklung von Lebenszyklusmodellen für Organisationen kann als ein Beleg dafür gewertet werden, dass das Ende eines Unternehmens durchaus realistisch ist (vgl. Kieser, 1992).

der Organisationsform immer gleich mitgedacht. Das Ende der Existenz ist mit dem Erreichen eines Zeitpunkts, der Fertigstellung einer Aufgabe oder der Herstellung eines Produkts, verbunden. LUNDIN/SÖDERHOLM bezeichnen den Endpunkt einer temporären Organisation als „rechte Klammer der Zeit" (right-bracket) (vgl. Lundin/Söderholm, 1995: 449). Die „rechte Klammer" grenzt die temporäre Organisationsform von der Zukunft ab. Die Zukunft wird als irrelevant ausgeblendet. Auf diese Weise kann die temporäre Organisation als von der Zukunft entkoppelt angesehen werden. In gleicher Weise kann auch eine „linke Klammer" der Zeit konzeptionalisiert werden. Temporäre Organisationsformen werden häufig durch einen festgelegten Start- oder Anfangspunkt begrenzt. Temporäre Organisationsformen könnten daher auch als von der Vergangenheit abgegrenzt verstanden werden. Sie wären demnach als „ahistorisch" zu betrachten (vgl. Lundin/Söderholm, 1995). JANOWICZ-PANJAITAN/KENIS/VERMEULEN gehen sogar soweit, eine „Atemporalität" (atemporality) der temporären Organisationsformen anzunehmen (vgl. Janowicz-Panjaitan/Kenis/Vermeulen, 2009). Die „linke" und die „rechte Klammer" der Zeit fokussieren die temporären Organisationsformen in besonderer Weise auf die Gegenwart. Die temporären Organisationen wären demnach weder an eine Vergangenheit gebunden, noch einer Zukunft verpflichtet. Das Handeln wäre „atemporär" weil es allein durch die gegenwärtigen Ziele, den Zweck der Organisation, bestimmt wird.

Diese Annahme kann nur mit einer Einschränkung als zutreffend angesehen werden: Temporäre Organisationen sind zumeist durch ihre Ressourcen mit der Umwelt und ggf. mit einer umgebenden Organisation verbunden (vgl. Engwall, 2003). Die Entkopplung von Vergangenheit und Zukunft kann daher nur für solche temporären Organisationen angenommen werden, in denen die Individuen über keine gemeinsame Historie verfügen. Es sind temporäre Organisationsformen denkbar, in denen Personen zusammen kommen, die noch nie zuvor in ihrem Leben miteinander gearbeitet haben (vgl. Raab et al., 2009). Diesen Personen fehlt dann eine gemeinsame historische Basis. Sie können auf keine gemeinsamen Erfahrungen und Erlebnisse zurückgreifen. In Anlehnung an RAAB ET AL. können mit Blick auf die Ressourcen vier Typen temporärer Organisationen unterschieden werden. Die erste Dimension trennt danach, ob die Ressourcen von Individuen oder von Organisationen zur Verfügung gestellt werden (Herkunft der Ressourcen).

Die zweite Dimension unterscheidet danach, in welchem Ausmaß die Ressourcen und die temporäre Organisation selbst darauf vorbereitet sind, die gestellten Aufgaben zu bewältigen (Vorbereitung auf die Aufgabe):

Tabelle 22: Ressourcenbasierte Typologie temporärer Organisationsformen

		Herkunft der Ressourcen	
		Individuen-basiert	(inter-)organisations-basiert
Vorbereitung auf die Aufgabe	gering	Typ 1: Ad hoc, spontan, flüchtig Freiwillige Helfer, z. B. bei der Bewältigung von Naturkatastrophen	Typ 2: (inter-)organisationales Krisenteam Ressourcen aus formalen, dauerhaften Organisationen. Zusammenarbeit ist improvisiert, um unerwarteten Ereignissen zu begegnen, Krisenteam
	hoch	Typ 3: professions-basiert Vertragliche Bindung von einzelnen Experten, Koordination durch Rollen und Professionserwartungen, lose gekoppelt. z. B. Filmproduktion, Theater	Typ 4 (inter-)organisationales Projektteam Große Bauvorhaben, militärische Gruppen, Rettungsteams, die Flexibilität und Modularität als Organisationsprinzipien nutzen

Quelle: Eigene Darstellung in Anlehnung an Raab et al., 2009: 174.

Alle vier Typen der temporären Organisation können als nach „vorne" (links) und „hinten" (rechts) zeitlich begrenzt verstanden werden. Die obige Vierfeldmatrix macht allerdings deutlich, dass die Annahme einer „Atemporalität" nur für den Organisationstypen 1 und eingeschränkt auch für den Typen 3 formuliert werden kann. Personen, die sich ohne Vorbereitungszeit zusammenschließen, um spontan eine Aufgabe zu bewältigen (Typ 1), verfügen über keine gemeinsame Historie des Handelns. Schon der professions-basierte Typ 3 schließt nicht mehr aus, dass Personen zusammentreffen, die bereits gemeinsame Erfahrungen in der Zusammenarbeit gemacht haben (vgl. Bechky, 2006). Zeitliche Begrenztheit reicht als alleiniges Kriterium somit nicht aus. Immer dann, wenn die Ressourcen von Organisationen bereitgestellt werden, bilden diese Organisationen den historischen und auch den zukünftigen Handlungsrahmen. Es ist anzunehmen, dass dieser Rahmen auch auf die temporäre Organisation wirkt (vgl. Raab et al., 2009). Aus einer auf ein Einzelprojekt fokussierenden Perspektive mag diese Annahme nachvollziehbar sein. Unter dem Aspekt, dass sowohl die Projektbeteiligten als auch die Projektergebnisse neben dieser einen spezifischen temporären Organisation auch noch in anderen Konstellationen in permanente Strukturen eingebunden sind, ist das Argument der Rücksichtslosigkeit nur schwer haltbar. Insbesondere dann, wenn Projektbeteiligte auch noch Aufgaben in der Linienorganisation übernehmen, also nur zeitweise in Projekten arbeiten, wirken beide Organisationsformen und ihre Ziele aufeinander. So hat ENGWALL in einem Vergleich zweier Studien herausgearbeitet, dass für organisationsgebundene Projekte die Annahme der „Atemporalität" den Blick zu sehr auf die Erfolgsfaktoren innerhalb des einzelnen Projekts einschränkt (vgl. Engwall, 2003). Der organisatorische Hintergrund mit seinem kontextuellen Einfluss hat einen erheblichen Einfluss auf den Verlauf und den Erfolg von Projekten:

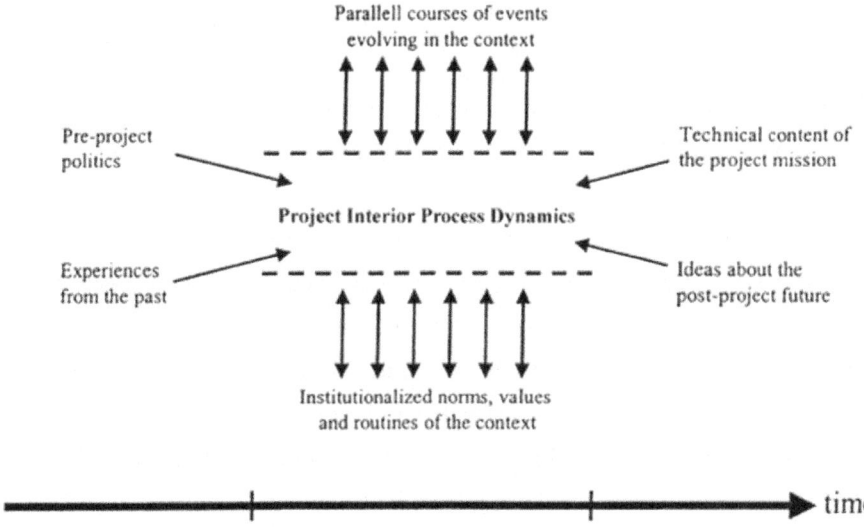

Abbildung 23: Organisationale Einflüsse auf temporäre Organisationen
Quelle: Engwall, 2003: 805

Wie ANCONA/OKHUYSEN/PERLOW verdeutlichen, kann sich die Wahrnehmung der Temporalität auch zwischen und innerhalb von Organisationen unterscheiden. Sie führen daher das Konzept der „temporalen Zonen" (temporal zones) ein (Ancona/Okhuysen/Perlow, 2001: 525). Als beobachtbare Variablen der

Temporalität nennen sie beispielsweise Zeithorizonte, Zeitdruck, zeitliche Normen, Rhythmus, Zeitpläne oder Dringlichkeit (vgl. Ancona et al, 2001: 646). Das Konzept der temporalen Zonen begründet einen relativ geschützten Handlungsraum für die Mitglieder der temporären Organisation, der unabhängig von den Ereignissen der Vergangenheit und den möglichen Varianten der Zukunft macht. „In essence, a temporal zone can be seen as a sub-part of an organization that is relatively homogeneous internally, while distinct from ist environment" (Bakker/Janowicz-Panjaitan, 2009: 125). LUNDIN/SÖDERHOLM beschreiben Projekte als deutlich unabhängiger als permanente Organisationsteile und sehen sie damit in der Lage, ihre eigene (temporäre) Identität auszuprägen (vgl. Lundin/Söderholm, 1995). Demzufolge wäre die Leistungsfähigkeit von Projekten eine Folge ihrer graduellen „Isolation". Diese kann zu einer größeren Experimentierfreude, Offenheit für Veränderungen und der Fähigkeit, Aufgaben, von der Umwelt unbeobachtet, zu Ende zu bringen, führen (vgl. Janowicz-Panjaitan/Bakker/Kenis, 2009: 63f.).

LUNDIN/SÖDERHOLM ziehen daraus den Schluss, dass Projekte eine umso stärkere eigene Identität ausprägen, je unabhängiger sie von den etablierten Strukturen der Organisation agieren können. Hinter dieser Aussage steht die Annahme, dass Projekte aufgrund ihrer zeitlichen Begrenztheit weniger Rücksicht auf die Interessen der umgebenden historischen und zukünftigen (organisatorischen) Umwelt nehmen müssen (vgl. Lundin/Söderholm, 1995).

Aus den Konzepten der „Atemporalität" und der „temporalen Zone" kann die Annahme abgeleitet werden, dass die Mitglieder einer temporären Organisation ihr Handeln mehr an der gegenwärtigen Aufgabe als an der Vergangenheit oder der Zukunft orientieren (vgl. Bakker/Janowicz-Panjaitan, 2009). Wenn die Konsequenzen des Handelns nicht an die organisationale Vergangenheit gebunden sind und nicht in die organisationale Zukunft projektiert werden müssen, stehen mehr Ressourcen für die Bearbeitung der aktuellen Probleme zur Verfügung: "By isolating the project in time and space, it becomes possible to avoid all unnecessary complexity and establish clear goals for the project" (Johansson/Löfström/Ohlsson, 2007: 458). Je weniger Aufmerksamkeit für die Anknüpfung an die Vergangenheit oder das Fortschreiben der Zukunft aufgewendet werden muss, desto mehr können Handelnde die gegenwärtige Aufgabe fokussieren (vgl. Mainemelis, 2001). Diese

Schlussfolgerung auf der individuellen Handlungsebene liefert eine mögliche Begründung dafür, warum temporären Organisationsformen eine höhere Fähigkeit zu innovativen Problemlösungen zugeschrieben wird als permanenten Organisationsformen (vgl. Gareis, 2005; Bermann/Garrecht, 2007).[171] Permanente Organisationen "sind leistungsorientierte, nicht aber problemlösungsorientierte Strukturen, deren Aufgabe darin besteht, vorhandene Standardprogramme zu perfektionieren, nicht aber neue zu erfinden" (Lotter, 2008: 63).

5.3 Funktionaler Widerspruch: Exploitation versus Exploration

In den empirischen Daten finden sich Hinweise auf einen Widerspruch innerhalb der Funktion einer Organisation unter anderem als Gegensätze von „Routine/Innovation", „verändern/stabilisieren" oder „Aufgabenbearbeitung/ Problemlösen" (vgl. 153ff.). In der organisationswissenschaftlichen Literatur werden diese Widersprüche ebenfalls in vielfältiger Weise thematisiert. Sie kommen in Konzepten, wie „Effizienz/Nachhaltigkeit" (vgl. Müller-Christ, 2007b), „inkrementeller/radikaler Innovation" (vgl. Gessler, 2009b), oder „evolutionärem/ revolutionärem Wandel" (vgl. Tushman/O'Reilly, 2004), zum Ausdruck.

Große Beachtung hat die Gegenüberstellung von „Exploitation" und „Exploration" durch MARCH gefunden (vgl. March, 1991). Diese Unterscheidung ist ein fester Bestandteil der organisationstheoretischen Diskussion (vgl. He/Wong, 2004).[172]

Die Exploitation wird mit Begriffen, wie Optimierung, Produktion, Effizienz oder Ausführung, charakterisiert. Die Exploration wird hingegen mit Begriffen, wie

---

171 Die Fokussierung der Gegenwart kann auch als Begründung für weitere Effekte angesehen werden: Die Nicht-Berücksichtigung der Zukunft könnte beispielsweise dazu beitragen, dass es temporären Organisation schwerfällt, gewonnene Erfahrungen an die Organisation weiterzugeben (vgl. Bakker/Janowicz-Panjaitan, 2009).

172 Auch wenn der Begriff der Exploitation im Deutschen nicht (mehr) gebräuchlich ist, wird dieser hier beibehalten. Die synonymen Übersetzungen, wie Ausbeutung, Verwertung oder Ausnutzung, sind in der deutschen Sprache nicht wertfrei zu verwenden. Exploitation und Exploration sollen hier jedoch bewusst als gleichwertige Organisationsstrategien behandelt werden.

mit Experimentieren, Entdecken, Risikobereitschaft, Flexibilität oder Innovation, verbunden (vgl. March, 1991: 71).[173] „Steht beim Zielbündel der Innovation eine Erweiterung von Aktionsspielräumen im Mittelpunkt der Handlungsstrategien, so geht es beim Zielbündel der Zuverlässigkeit, Termintreue und Prozessstabilität primär um den Einsatz von ordnenden Regelwerken und Kontrollstrategien, die eine Einschränkung von Handlungsspielräumen mit sich bringen" (Grunwald 2006: 193).

Die Exploitation zielt auf die Steigerung der Effizienz: Sinkende Kosten bei steigender Qualität bereits existierender Produkte, Dienstleistungen und Prozesse. Es kann auch angenommen werden, dass die Exploitation durch die Betonung von Werten, wie Sicherheit und Ordnung, den „Wunsch nach Problemlosigkeit" in sich trägt. Dies könnte demnach dazu führen, dass der Bedarf für eine Exploration zu spät erkannt wird. „Die Erfolgssicherheit des Unternehmens wird damit erst recht gefährdet. Die Problemlösungen müssen unter Zeitdruck entschieden und umgesetzt werden […] Die Chance grundlegender Verbesserungen des Systems ist damit meist vertan." (Attems, 1996: 545). Die Exploration stellt hingegen die „emerging businesses" (Litz/Klimecki, 2005: 20), die erst noch zu erschließenden Möglichkeiten, in den Vordergrund. Wie ENGESTRÖM verdeutlicht, ist die Unterscheidung von Exploitation und Exploration auch auf organisationale Lern- und Entwicklungsprozesse übertragbar (vgl. Engeström, 2004). Werden die Unterscheidungen von Exploitation und Exploration sowie die Unterscheidung von bekannten Handlungen und neuen Handlungen als Achsen verstanden, lassen sich vier Grundtypen des organisationalen Lernens und der organisationalen

---

173 Mit Exploitation und Exploration stehen sich in Morgans Bildern der Organisation auch zwei grundlegend gegensätzliche Metaphern gegenüber. Die der Organisation als Maschine und die der Organisation als Organismus. Der Widerspruch von Mensch und Maschine. Für die idealtypische Form der Bürokratie nahm Weber an, dass sie an Effizienz allen anderen Formen eindeutig überlegen sei (vgl. Kieser/Walgenbach, 2007: 75). Diesen Effizienzvorteil der Bürokratie begründet er mit ihrer Maschinenartigkeit: "Ein voll entwickelter bürokratischer Mechanismus verhält sich wie eine Maschine" (vgl. Weber, 2006: 561).

Entwicklung ableiten Diese vier Grundtypen können auch als organisationale Strategien formuliert werden (vgl. Abbildung 24).[174]

Abbildung 24: Typologie der organisationalen (Lern-)Strategien
Quelle: Engeström, 2004: 14

---

[174] Das auf der kulturhistorischen Tätigkeitstheorie basierende Modell des Expansiven Lernens von Engeström bietet sich als Heuristik für die widerspruchsbezogene Organisationsforschung an: Tätigkeitssysteme betrachten das Handeln nicht nur als durch Instrumente und Zeichen vermittelte Subjekt-Objekt-Beziehungen. Als Bedingungen des Handelns werden auch Regeln, die Gemeinschaft und die Arbeitsteilung in die Betrachtung mit einbezogen und ergeben schließlich einen systemorientierten Blickwinkel. Für die 3. Generation der Tätigkeitstheorie sind zwei miteinander interagierende Tätigkeitssysteme, die gemeinsam bedeutungsvolle Objekte konstruieren, die kleinste sinnvolle Einheit wissenschaftlicher Analyse (vgl. Engeström, 2001: 136). Für die vorliegende Arbeit ist diese Systematik jedoch nicht als Analyseinstrument einsetzbar gewesen, da die institutionale Dimension in diesem Ansatz unterrepräsentiert bleibt.

Sowohl Exploitation als auch Exploration können als organisationale Strategien verstanden werden. Kurzfristigen Produktionszielen werden langfristige Innovationsziele gegenübergestellt. „Exploitation zielt auf kurzfristige, Exploration auf langfristige Verbesserung der Performance eines Unternehmens." (Gaitanides, 2008: 47). Das Paradoxe daran ist, dass die Effekte von Exploration und Exploitation gleichzeitig „als Quellen der Generierung nachhaltiger Wettbewerbsvorteile gesehen" (Gaitanides, 2008: 47) werden, eben diese gleichzeitige Verfolgung aber Widersprüchlichkeiten mit sich bringt. Dazu nochmals March: „The essence of exploitation is the refinement and extension of existing competences, technologies, and paradigms. Its returns are positive, proximate, and predictable. The essence of exploration is experimentation with new alternatives. Its returns are uncertain, distant, and often negative." (March, 1991: 85). „Compared to returns from exploitation, returns from exploration are systematically less certain, more remote in time, and organizationally more distant from the locus of action and adaption. What is good in the long run is not always good in the short run. What is good at a particular historical moment is not always good at another time." (March, 1991: 73).

Die drei Bewältigungsstrategien der Sequenzialisierung, der Segmentierung und der Balancierung können auf den Widerspruch von Exploitation und Exploration angewandt werden. Es wird sich zeigen, dass Strategien zu einer organisationalen Sequenzialisierung oder einer organisationalen Segmentierung denkbar sind. Die Projektorientierte Organisation kann als Versuch der organisationalen Balance verstanden werden. Im Anschluss sind die Bewältigungsstrategien im Inneren der Organisation erneut zu diskutieren.

Sequenzialisierung auf Ebene der Organisation
Die Sequenzialisierung auf Ebene der Organisation bedeutet, den Widerspruch von Exploitation und Exploration in einer zeitlichen Reihenfolge zu bearbeiten. Für die gesamte Organisation folgen Phasen der Exploitation auf Phasen der Exploration und umgekehrt. Auf diese Weise schließen „Zyklen des Ausbaus des Entwicklungspfades eines Unternehmens an die der Ausschöpfung der generierten Effizienz-Potentiale" an (Gaitanides, 2008: 48). Diese Form der Widerspruchsbearbeitung trägt sowohl das Konzept der temporären Stabilität als auch das der

temporären Widerspruchsfreiheit in sich. Zu jedem Zeitpunkt der Betrachtung wird immer genau eine Strategie verfolgt. Diese Strategie kann zum nächsten Betrachtungszeitraum jedoch ins Gegenteil gewendet sein (vgl. Abbildung 25):

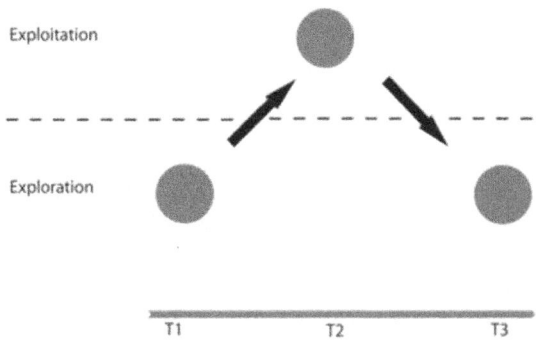

Abbildung 25: Sequenzialisieren von Exploitation und Exploration
Quelle: Eigene Darstellung

Das Konzept der Sequenzialisierung ist in der Dimension der Institution mit den grundlegenden Konzepten der Organisationsentwicklung vergleichbar. Auch dort wird angenommen, dass die Anpassung der Organisation durch Zeitpunkte der temporären Neuausrichtung zustande kommt. Besonders deutlich wird dies in dem 3-Phasenmodell von Kurt Lewin, das bis heute die Grundlage für viele Ansätze des „Change Managements" bildet. Er formulierte, dass organisationale Veränderung in drei Phasen verlaufe: „Auftauen" (engl. unfreezing) → „Verändern" (engl. changing) → „Einfrieren" (engl. refreezing) (vgl. Gairing, 2002). In diesem Dreischritt tritt die Sequenzialisierung als Strategie der organisationalen Weiterentwicklung sehr deutlich hervor.

Die Vorteile der Bewältigungsstrategie der organisationalen Sequenzialisierung werden bei der Betrachtung der Ressourcen offensichtlich. Sequenzialisierung verfolgt das Ziel, Handeln von Dilemmata zu befreien, indem zeitweise Widerspruchsfreiheit hergestellt wird. Wird ein Pol des Widerspruchs ausgewählt, also Exploitation oder Exploration, können die Ressourcen der Organisation vollständig auf die Realisierung dieser einen Strategie fokussiert werden. Es müssen keine Ressourcen für die Auseinandersetzung mit den Widersprüchen zwischen den Strategien aufgewandt werden. Daher geht mit dieser Bewältigungsstrategie die

Annahme einer, sie sei sehr Ressourcen schonend. Die Ressourcen müssen erst dann wieder außerhalb des eigentlichen Zwecks der Organisation eingesetzt werden, wenn der Moment des Strategiewechsels gekommen ist.

Der Ansatz der Sequenzialisierung birgt jedoch auch Risiken. GAITANIDES formuliert: „Den kritischen Anschlusszeitpunkt rechtzeitig zu identifizieren und Ressourcen für den Strategiewandel zu mobilisieren, ist mithin vornehmste Managementaufgabe." (Gaitanides, 2008: 48). In der obigen Aussage kommen zwei Risiken zum Ausdruck, die in dem Strategiewechsel, im zeitlichen Prozessieren selbst, begründet sind. Zum einen muss die Organisation in der Lage sein, zu identifizieren, wann der Zeitpunkt für den nächsten Wechsel gekommen ist. Zum anderen muss angenommen werden, dass Organisationen über ein historisches „Gedächtnis" verfügen.[175] Dieses manifestiert sich in Strukturen, Prozessen und Kulturen der Organisation. Ein vollständiger Strategiewechsel bedeutet den Widerspruch zu historischen Artefakten und Handlungsprämissen und erzeugt damit einen Aufwand für das „Umlernen" der gesamten Organisation.[176]

Zusammenfassend lässt sich formulieren, dass das Sequenzialisieren von Exploitation und Exploration mit institutionellen Risiken verbunden ist. Es kann angenommen werden, dass eine erhöhte Frequenz in den Strategiewechseln zwischen Exploitation und Exploration die Risiken erhöht. Daher erscheint die Bewältigungsstrategie der Sequenzialisierung insbesondere bei relativ stabilen Umwelten sinnvoll.

Segmentierung Ebene der Organisation
Wird die Bewältigungsstrategie der Segmentierung auf der organisationalen Ebene angewandt, eröffnen sich weitere Möglichkeiten für den Umgang mit Widersprüchen. Die Organisation differenziert sich dann nicht zeitlich, sondern räumlich. Die Exploitation wird in der einen Organisation, die Exploration in einer

---

175 Mit diesem Themengebiet beschäftigt sich insbesondere die Kulturhistorische Tätigkeitstheorie (mit (vgl. Engeström, 1999, 2004, 2005; Engeström/Lompscher/Rückriem, 2005)

176 In diesen Aussagen können die Gründe für zahlreiche erfolglose Strategiewechsel gesehen werden.

vollständig getrennten, zweiten Organisation verfolgt. Die beiden Organisationen sind dann nur noch lose über ehemals gemeinsame Ressourcen oder einen übergreifenden Unternehmensverbund miteinander verbunden (vgl. Abbildung 26).

Als ein Beispiel für die Bewältigung von Widersprüchen durch Segmentieren können auf der organisationalen Ebene die Projektgesellschaften verstanden werden. Projektgesellschaften bilden rechtlich eigenständige Einheiten, die von der Stammorganisation abgekoppelt werden (vgl. Grün, 1992). Oftmals werden sie gegründet, um die Risiken und die Ergebnisoffenheit, die aus der Unsicherheit der Exploration entsteht, abzufedern. Ihr Vorteil besteht des Weiteren darin, dass die Exploitation und die Exploration gleichzeitig verfolgt werden können. Die Aufteilung einer Organisation in zwei eigenständige Organisationen, zum Beispiel in Form einer temporären Projektorganisation, ist ohne Zweifel ein Widerspruch reduzierender Ansatz, da in „diesen Gesellschaften [...] die Projektziele identisch mit den Organisationszielen" sind (Schelle/Ottmann/Pfeiffer, 2007: 96).

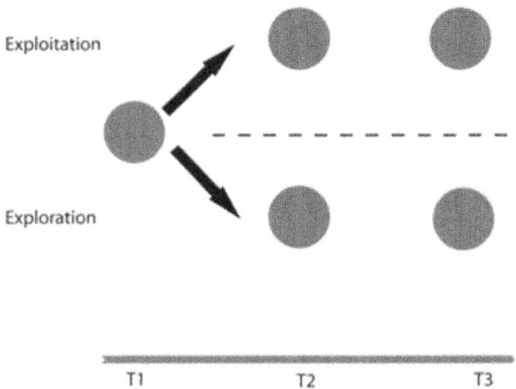

Abbildung 26: Segmentieren von Exploitation und Exploration

Quelle: Eigene Darstellung

Wie bereits erwähnt, kann die Segmentierung zur Kategorie der differenzierenden Strategien gezählt werden. Differenzierende Strategien benötigen wiederum integrierende Bemühungen, wenn mehrere Organisationen als eine Identität wahrgenommen werden sollen.[177] Diese integrierenden Bemühungen werden sich dann mit der Widersprüchlichkeit befassen müssen. Insbesondere dann, wenn eine der beiden Organisationen temporär angelegt ist, was der Idee der Exploration in besonderer Weise entspräche, werden die Widersprüche dann offenbar, wenn die Ergebnisse und die Ressourcen in die permanente Organisation wieder aufgenommen werden müssen.

Bei der Auswahl der Segmentierung als Bewältigungsstrategie müssen die Ressourcen in besonderer Weise berücksichtigt werden. Die Aufteilung einer Organisation in zwei eigenständige Organisationen kann als ausgesprochen ressourcenintensiv bezeichnet werden. Diese Aussage ist sowohl in quantitativer als auch in qualitativer Hinsicht zutreffend. Zum einen werden beide Organisationen über grundlegende Funktionen verfügen müssen. Diese werden in Zukunft zweifach vorhanden sein müssen. Eine weitere Gefahr geht davon aus, dass durch die Aufteilung der Ressourcen auf zwei Organisationen relevantes Wissen für eine der beiden Organisation verlorengeht. Vor dem Hintergrund der Entkopplung und auch der historischen Segmentierung ist daher von einem steigenden Ressourcenbedarf bei der Anwendung der Bewältigungsstrategie der Segmentierung auszugehen.

Balancierung auf Ebene der Organisation
Auch die Strategie der Balancierung kann auf den Widerspruch von Exploitation und Exploration innerhalb einer Organisation angewendet werden. Dies stellt sodann den Versuch dar, in einer Organisation gleichzeitig widersprüchlich zu handeln.

---

177 Mit dieser Frage beschäftigt sich insbesondere die interorganisationale Netzwerkforschung (vgl. Sydow, 2003).

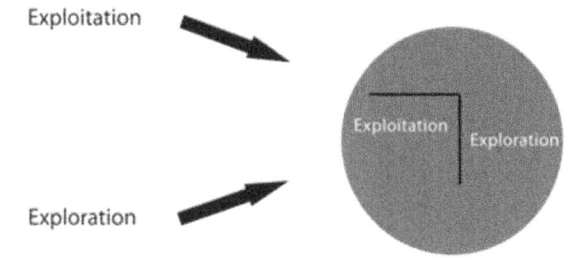

Abbildung 27: Balancieren von Exploitation und Exploration

Quelle: Eigene Darstellung

Wird das „Entweder-Oder" auch sprachlich in ein „Sowohl-als-Auch" transferiert, ergeben sich paradoxe Wortkreation, wie „explorative Exploitation", „routinierte Innovation", „permanente Flexibilität" (vgl. Rietiker, 2006) oder der sprichwörtliche „dauerhafte Wandel" (vgl. Schreyögg, 2003).

Das projektorientierte Management kann als eine Strategie verstanden werden, die Exploitation und Exploration balanciert. Die Projektorientierte Organisation wäre damit als eine Institutionalisierung des Widerspruchs von Exploitation und Exploration interpretierbar. Im Folgenden wird dargestellt, dass das Konzept der Projektorientierten Organisation die Möglichkeit bietet, die Temporalität und die Bewältigungsstrategien auf der Innenseite der Organisation zu wiederholen. Projektorientiertes Management konkretisiert sich in der Anwendung auf die instrumentale Dimension der Organisation.

5.4 Instrumentale Bewältigung am Beispiel der Rolle[178]

Projektorientiertes Management darf nicht nur normativ verstanden werden. Managementhandeln zeigt sich auch in den Instrumenten der Organisation. Im Strukturmodell der Organisation bilden die Regeln, die Strukturen und die Rollen

---

[178] Wie bereits in der theoretischen Herleitung des Rollenkonzepts wird hier das eng begrenzte Verständnis der organisationalen Rolle genutzt. Individuelle oder sozioemotionale Rollen bleiben ausgeklammert. Eine Vertiefung der unterschiedlichen Rollenkonzepte findet sich bei WEINERT (vgl. Weinert, 2004: 404ff).

die instrumentale Dimension der Organisation (vgl. Abbildung 12). Dem Konzept der organisationalen Rollen wurden im empirischen Teil dieser Arbeit die meisten Widerspruchsformulierungen zugeordnet (vgl. Seite 158ff.). Es wurde angenommen, dass sich die organisationale Widersprüchlichkeit für die einzelne Person in der Widersprüchlichkeit ihrer Rollen widerspiegelt. Diese Widersprüchlichkeit zeigt sich in Phänomenen, wie den Rollenkonflikten (Widerspruch) oder der Rollenambiguität (Paradox) (vgl. Neuberger, 2002; Weinert, 2004). Von besonderer Bedeutung war sowohl in der theoretischen Herleitung als auch in den empirischen Daten der Begriff der Kompetenzen, die einer Rolle zugeschrieben werden. Mithilfe des Begriffs der Kompetenz wird nun gezeigt, welche Konsequenzen die Anwendung der Sequenzialisierung, der Segmentierung und der Balancierung als Bewältigungsstrategien für Widersprüche auf das Konzept der Rolle haben.

Rollen und ihre Kompetenzen
Nach GESSLER kann der Kompetenzbegriff in formale Kompetenzen und Handlungskompetenzen unterschieden werden. Die formalen Kompetenzen beschreiben, ob eine organisationale Rolle überhaupt zuständig und befugt ist, eine bestimmte Aufgabe auszuführen. In diesem Sinne wäre die formale Kompetenzzuschreibung das Artefakt, in dem die funktionale Arbeitsteilung (vgl. 3.2.2) zum Ausdruck kommt. Die Handlungskompetenz kann wiederum in die Fähigkeit, eine Handlung auszuführen, und die Einstellung oder Bereitschaft, eine Handlung auszuführen, unterschieden werden. Die Fähigkeit setzt sich ihrerseits aus Wissen, Können und Erfahrung zusammen (vgl. Gessler, 2009c). An diesem Punkt setzen rollenspezifische Qualifizierungs- und Zertifizierungsprogramme an. Handlungskompetenzen werden hier verstanden, als „die bei Individuen verfügbaren oder durch sie erlernbaren kognitiven Fähigkeiten und Fertigkeiten, um bestimmte Probleme zu lösen, sowie die damit verbundenen motivationalen, volitionalen und sozialen Bereitschaften und Fähigkeiten, um die Problemlösungen in variablen Situationen erfolgreich und verantwortungsvoll nutzen zu können" (Weinert, 2001: 27). Die folgende Systematik verdeutlicht den hier zugrunde liegenden Kompetenzbegriff (vgl. Abbildung 28):

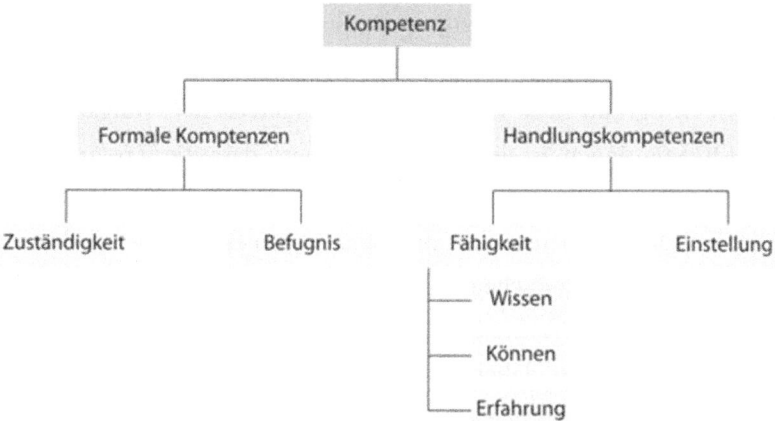

Abbildung 28: Formale Kompetenzen und Handlungskompetenz
Quelle: Gessler, 2009c: 8

Die Unterscheidung von temporär und permanent kann auch auf die Kategorie der Rolle und das Konzept der Kompetenz angewandt werden. Formale Kompetenzen und Handlungskompetenzen werden getrennt behandelt

Formale Kompetenzen in der permanenten und temporären Organisation
Die formalen Kompetenzen einer Rolle legen fest, für welche Aufgaben eine Rolle zuständig ist und mit welchen Befugnissen (Entscheidungen, Ressourcen, Weisungen) diese Rolle ausgestattet ist. In permanenten Organisationen werden diese Festlegungen zumeist in Stellenbeschreibungen ausformuliert. Diese bilden zusammengefasst eine Systematik der Kompetenzverteilung. Der „Grundsatz der Ausschließlichkeit" (Vahs, 2009) soll sicherstellen, dass es zu keinen Überschneidungen zwischen den einzelnen Rollen kommt. Die formale Kompetenzverteilung verfolgt das Ziel, „Kompetenzkonflikte zwischen den Stelleninhabern und Störungen im Arbeitsablauf" von vornherein zu vermeiden (Vahs, 2009: 66). Auch für temporäre Organisationsformen können formale Kompetenzen von Rollen im Vorfeld definiert werden. Innerhalb von Organisationen werden Rollenbeschreibungen erarbeitet, welche die formalen Kompetenzen festlegen sollen. Diese werden in sogenannten Projektmanagement-handbüchern oder Vorgehensmodellen formalisiert (vgl. Gareis, 2005). Darüber

hinaus ist beispielsweise für die Rolle des Projektleiters eine zunehmende organisationsübergreifende Stabilisierung des Rollenbildes festzustellen. Die ersten Tendenzen der Entwicklung eines Berufsbildes „Projektleiter" sind erkennbar (vgl. Keyel, 2007). Aufgrund des explorativen Charakters der Aufgabenstellungen temporärer Organisationen ist jedoch anzunehmen, dass die Zuständigkeiten in einem hohen Maß situativ zugewiesen werden müssen. In den empirischen Daten lässt sich die formale Kompetenz der „disziplinarischen Befugnisse" als bedeutendes Differenzierungskriterium zwischen den Führungsrollen der permanenten und der temporären Organisation feststellen (vgl. Seite 147ff.). Eine Betrachtung der Bewältigungsstrategien muss daher der Befugnis der Ressourcentscheidungen in besonderem Maße Rechnung tragen.

Handlungskompetenzen in der permanenten und temporären Organisation
In den Handlungskompetenzen einer Rolle kommen ihre Fähigkeiten und ihre Einstellung zur Übernahme einer Aufgabe zum Ausdruck. Wissen, Können und Erfahrung sind in besonderer Weise zeitgebunden. Das Wissen kann durch Qualifizierung erworben werden. Es ist dem Handeln zeitlich vorgelagert.[179] Das Können zeigt sich im Augenblick des Handelns. Die Erfahrungen sind immer an eine zeitliche Historie gebunden. In Erfahrungen wird Vergangenheit bewertet gespeichert. Von der Einstellung kann hingegen angenommen werden, dass sie im Zeitverlauf relativ stabil bleibt (vgl. Neuberger, 2002). In permanenten Organisationen werden die Fähigkeiten, die von einer Rolle erwartet werden, in Qualifizierungsplänen, Kompetenzmodellen und Karrierepfaden formalisiert. Diese werden zu einem Bestandteil geplanter Entwicklung und sollen Professionalität sichern (vgl. Becker, 1996, 1999). Professionalität wird in dieser Hinsicht als größtmögliche Übereinstimmung der Rollenerwartungen mit den Fähigkeiten und der Einstellung des Rolleninhabers gleichgesetzt. Wenn temporäre Organisationsformen auf die erfolgreiche Erfüllung einer zeitlich begrenzten Aufgabe ausgelegt sind, kann angenommen werden, dass die längerfristige Qualifizierung von Personen nicht

---

179 Entsprechende kognitive Fähigkeiten vorausgesetzt

Gegenstand der temporären Organisation ist.[180] In den temporären Organisationsformen ist vielmehr die situative Erweiterung der Fähigkeiten von entscheidender Bedeutung. Dies kann als Kompetenz zur Problemlösung bezeichnet werden.

Welche Möglichkeiten ergeben sich nun aus den drei Bewältigungsstrategien für die Bewältigung der Widersprüche permanenter und temporärer Organisationsformen? Abgeleitet aus dem oben dargestellten Kompetenzverständnis und den drei Bewältigungsstrategien, werden nun für das Instrument der Rolle Möglichkeiten aufgezeigt, mit dem Widerspruch zwischen Exploitation und Exploration und der zugrunde liegenden Temporalität umzugehen (vgl. Tabelle 23). Vor dem Hintergrund der Bewältigungsstrategien zeigt sich dadurch, wie projektorientiertes Management konkretisiert werden kann. Damit wird der Forschungsauftrag vier eingelöst.

Tabelle 23: Widerspruchsbewältigung am Beispiel der Rolle

	Formale Kompetenz		Handlungskompetenz	
	Zuständigkeit	Befugnis	Fähigkeit	Einstellung
Negieren/ Ignorieren	Eine konsistente Rolle mit unformulierten, inkonsistenten Erwartungen	Kein explizites Projekt (Projekt on-top)	Keine besonderen Fähigkeiten erwartet	stabilitätsorientiert[181]
Sequenzialisierung	Wechselnde Rollen	Ressourcen aus der Linie (Linienprojekt)	Professionelle Aufgabenbearbeitung	stabilitätsorientiert
Segmentierung	Getrennte Karrierepfade	Ressourcen gehören der Linie oder dem Projekt (autonome Projektorga)	Professionelle Aufgabenbearbeitung oder Problemlösung	stabilitäts- oder wandelorientiert
Balancierung	Gremien, Kompensatoren	Ressourcenmanagement (Matrix-Projektorga)	Widerspruchsmanagement	ambiguitätstolerant

Quelle: Eigene Darstellung

---

180 Folgende Formulierungen der Teilnehmer weisen in die gleiche Richtung: „Skillnutzung (will fertig entwickelten Skill haben)"/„Skillaufbau proaktiv" (ID 147)

181 Vgl. die Aussagen zur Stabilitäts- und Veränderungsorientierung bei GRIMM (Grimm, 1999: 119).

5.4.1 Sequenzialisierung von Rollen

Durch die Sequenzialisierung von organisationalen Rollen werden die Kompetenzen zeitlich prozessiert. Wenn (Projekt-)Aufgaben temporär als Zusatzaufgaben vergeben werden, ist die Gültigkeit der Rolle innerhalb eines Projekts auf die Dauer der temporären Organisation begrenzt. Personen, die nacheinander Rollen in der permanenten und der temporären Organisation erfüllen, bewegen sich abwechselnd in kontextspezifischen Rollen. Insbesondere in solchen Organisationen, die in nur geringem Maße auf temporäre Organisationsformen zurückgreifen, werden temporäre Rollen ergänzend zu den Fach- oder Führungsaufgaben in der permanenten Organisation vergeben (vgl. Engwall, 2003).

Die Widersprüche werden dann in der Organisation zwar zeitlich nacheinander bearbeitet, die Widersprüchlichkeiten sind innerhalb der einzelnen Personen allerdings existent. Dass die Rollenkonflikte und die Rollenambiguität erhalten bleiben, wird an intensiven Diskussionen über die Verteilung der formalen Kompetenzen sichtbar (vgl. Rattay, 2007).

Sequenzialisierung der formalen Kompetenzen

Wenn Rollen zeitlich nacheinander ausgeübt werden, wechseln auch die Zuständigkeiten und die Befugnisse einer Person im Verlauf der Zeit. Dies kann an einem Beispiel verdeutlicht werden: Denkbar ist, dass eine Person die Rolle der „Abteilungsleiterin Finanzbuchhaltung" ausübt. Zur Durchführung des Projekts „Optimierung SAP ERP"[182] wechselt sie in die Rolle der „fachlichen Projektleiterin". Von einer echten Sequenzialisierung der formalen Kompetenz kann nur dann gesprochen werden, wenn die Person vollständig von der einen Rolle in die andere Rolle wechselt. Findet kein vollständiger Wechsel statt, kann entgegen der Konzepte der „Atemporalität" (vgl. Bakker/Janowicz-Panjaitan, 2009) und der „temporalen Zone" (vgl. Ancona/Okhuysen/Perlow, 2001) davon ausgegangen werden, dass die Sequenzialisierung nicht als solche wahrgenommen wird. Die Rollen der permanenten Organisation behalten dann ihre Gültigkeit auch während

---

182 „ERP" ist eine Abkürzung für „Enterprise Resource Planning" und bezeichnet eine Softwarelösung für kaufmännische Unternehmensprozesse (vgl. Intrup, 2009)

der temporären Wahrnehmung von Projektrollen bei. Wiederum verdeutlicht am obigen Beispiel: Übernimmt die „Abteilungsleiterin der Finanzbuchhaltung" zusätzlich (!) zu ihrer Führungsaufgabe in der permanenten Organisation eine weitere temporäre Rolle als „fachliche Projektleiterin SAP ERP" so behält sie auch für die Zeit, in der sie als Projektleiterin agiert, ihre Rolle als Abteilungsleiterin bei. Ihre formalen Kompetenzen werden ihr für die Zeitenabschnitte, in denen sie die Rolle der Projektleiterin ausübt, nicht entzogen. Es kann sein, dass sie als Projektleiterin bei einem organisationsübergreifenden Team auch in die Arbeitsplanung von Beschäftigten anderer Abteilungen eingreifen muss oder sie dem Regelgeschäft ihrer eigenen Abteilung Ressourcen entziehen muss. Dadurch kommt es zu Interrollenkonflikten. Auch wenn die handelnde Person zu einem Betrachtungszeitpunkt immer nur eine Rolle ausüben kann, darf infrage gestellt werden, ob im Bezug auf die formalen Kompetenzen im letztgenannten Fall von einer zeitlichen Sequenzialisierung gesprochen werden kann.

Besitzen die Rollen in der temporären Organisation nur für die Dauer der Organisation (Anfang bis Ende des Projekts) eine Gültigkeit, so verbleiben die formalen Kompetenzen zur Entscheidung über die Verteilung von Ressourcen in der Regel in der permanenten Organisation (vgl. Windus/Mayrshofer, 2009). Aufbauorganisatorisch wird diese Form der temporären Organisation daher als Linienprojekte oder als „Stabsprojekte" realisiert (vgl. Pohl/Thyssen, 2009). Von den permanenten Teilen der Organisation werden keine formalen Zuständigkeiten oder Befugnisse über Ressourcen umverteilt. Die Widersprüche werden in einer zeitlichen Abfolge bearbeitet. Konflikte und Dilemmata zwischen den Organisationsformen werden in der Regel zugunsten der permanenten Organisation entschieden.

Sequenzialisierung der Handlungskompetenzen
Werden Rollen in der temporären Organisation nur zeitweise durch Rollenträger der permanenten Organisation ausgefüllt, so kann angenommen werden, dass dies Auswirkungen auf die Fähigkeiten hat. Dies könnte ein Indikator dafür sein, dass das Wissen, das Können und die Erfahrung zur Ausübung der spezifisch

temporären Aufgaben weniger ausgeprägt sind, als dies bei den Rollen in der permanenten Organisation der Fall ist.[183] Dies soll an einem weiteren Beispiel illustriert werden: Übernimmt ein fachlicher Experte erstmalig Leitungsaufgaben in einer temporären Organisation, so ist davon auszugehen, dass er die entsprechenden Fähigkeiten erst wird aufbauen müssen. In jedem Fall ist der Zeitraum, in dem Wissen erworben, Können eingeübt und Erfahrung gemacht werden können, in temporären Organisationsformen begrenzt. Ein erneuter Wechsel zwischen den Rollen in der temporären Organisation und den Rollen in der permanenten Organisation lässt daher erwarten, dass der Handlungskompetenzaufbau unterbrochen wird. Oder wie ENGESTRÖM es formuliert: „Each type of work generates and requires a certain type of knowledge and learning." (Engeström, 2004: 11). Wissen kann ggf. auch in temporären Rollen aufgebaut werden. Der Aufbau von rollenspezifischen Erfahrungen wird mit jedem Rollenwechsel unterbrochen. Der Wechsel von Rollen kann auch eine Konsequenz für die Handlungskompetenz in der permanenten Organisation haben: „It is clear that exploration of new alternatives reduces the speed with which skills at existing ones are improved. It is also clear that improvements in competence at existing procedures make experimentation with others less attractive." (March, 1991: 72). Es muss somit angenommen werden, dass der Rollenwechsel sowohl in der temporären als auch in der permanenten Organisation zu einem Professionalitätsverlust führt.

Auch wenn die zeitliche Sequenzialisierung von Rollen eine Strategie ist, die im Moment des Handelns keine Widersprüchlichkeit in sich trägt, so ist eine Person in zwei widersprüchlichen organisationalen Rollen doch dilemmatischen Situationen ausgesetzt. Werden die Pole des Widerspruchs in organisatorischen Rollen abgebildet und werden einem Menschen zwei Rollen zugewiesen, so wird

---

183 Diese Annahme muss mit der Einschränkung versehen werden, dass sie nur für solche Rollen zutreffend ist, in denen die zu bearbeitenden Aufgaben spezifisch für die temporäre Organisation sind. Wenn beispielsweise ein Experte in einer technischen Domäne die gleiche Aufgabe in einem Projekt übernimmt, stehen ihm sein Wissen, sein Können und seine Erfahrung auch im Projekt zur Verfügung.

der Widerspruch erneut personifiziert (vgl. Müller-Christ, 2007a: 159). Im Wechsel der temporären zur permanenten Rolle oder im Wechsel von der permanenten zur temporären Rolle werden die Widersprüche offenbar. Handeln von Personen ist jedoch immer historisch gebunden. Für Handeln in organisationalen Zusammenhängen gilt dies im besonderen Maße. Organisationen prägen Artefakte aus, mit denen die Vergangenheit in Strukturen transformiert wird (vgl. Engeström, 2001). Es ist also anzunehmen, dass Personen, auch wenn sie zeitlich nacheinander widersprüchlichen Rollenerwartungen zu folgen versuchen, dilemmatischen Handlungserwartungen ausgesetzt sind. Die Strategie der Segmentierung stellt daher den Versuch dar, das Handeln auf unterschiedliche Personen aufzuteilen und die Widersprüchlichkeit für den einzelnen auf diese Weise zu reduzieren.

5.4.2 Segmentierung von Rollen

Die Segmentierung ist eine räumliche Strategie zur Bewältigung der Widersprüche. Anstatt nacheinander die beiden Ziele der Exploitation und Exploration zu verfolgen, werden die beiden organisationalen Strategien durch getrennte Rollen gleichzeitig verfolgt. Die Ausdifferenzierung auf der Ebene der Rollen „entspricht die Integration von Interessensgegensätzen auf der Ebene der Organisation" (Krusche, 2008: 34). Die Segmentierung als Bewältigungsstrategie bildet so auch die Grundlage für das Konzept der „ambidextrous organization" von TUSHMAN/O´REILLY (vgl. Tushmann/O'Reilly, 2004). Sie postulieren, dass „moderne Organisationen" durch organisatorische Differenzierung in die Lage versetzt werden, gleichzeitig die gegensätzlichen Zielsetzungen von Routine und Innovation zu verfolgen. „According to the concept of the »ambi-dextrous organization« [...] the organization must not considered to be a monolithic entity but should be conceptually separated into two different business divisions. The »explorative« business units are dealing with »emerging businesses« and are particularly crucial for the adaptability of the organization to environmental changes as they are leveraging innovation of new products and services. The »exploitative business units« on the other hand are concerned with enhancing efficiency and quality as well as to cut cost of the production process of already existing products and services." (Litz/Klimecki 2005: 20).

Übertragen auf die Kategorie der Rollen, könnte die Segmentierung der Rollen analog als ein Konzept der „ambidextrous roles" beschrieben werden.

Segmentierung der formalen Kompetenz

Die Segmentierung der formalen Kompetenz bedeutet eine Neuverteilung der formalen Kompetenzen. KERZNER stellt dazu folgende Gleichung auf, die für alle im Projektsystem eingebundenen Rollen gleichermaßen gelten kann: „Accountability = Responsibility + Authority" (Kerzner, 2005: 31). Dies lässt sich übersetzen in den Leitgedanken: Verantwortlich kann man nur sein, wenn man zuständig ist und die Befugnis hat, Entscheidungen umzusetzen. SCHELLE formuliert seinen Ratschlag an das Topmanagement in ähnlicher Weise: „Übertragen Sie dem Projektleiter nicht nur die Verantwortung für das Vorhaben und Aufgaben, sondern statten Sie ihn auch mit Befugnissen aus." (Schelle, 2007: 287). Ein Anzeichen der räumlichen Differenzierung auf der Ebene der Rollen ist die Einrichtung von eigenständigen Karrierepfaden für die Rollen in der temporären Organisation. Die Einführung eigenständiger Karrierepfade für spezifische Rollen der temporären Organisation kann dann als Bewältigungsstrategie angesehen werden. Mit ihnen gehen in der Regel Professionalisierungsbemühungen einher (vgl. Bosse, 2006; Kessler/Hönle, 2003; Seitz, 2003). Wird die Trennung der formalen Kompetenzen vollständig umgesetzt, wirkt sie auch auf die formale Ressourcenverantwortung. Die Trennung der Rollen spiegelt sich dann auch in der Aufbauorganisation wider. Projekte werden dann in der vollständig getrennten, reinen Projektorganisation durchgeführt.[184] Die Mitarbeiter werden für die Dauer der Projekte aus ihrer permanenten Organisation vollständig herausgelöst. Die Führungskraft der temporären Organisation ist den Mitarbeitern gegenüber fachlich und disziplinarisch weisungsberechtigt. Ressourcenkonflikte

---

184 Diese Form der Projektorganisation wird auch als autonome Projektorganisation bezeichnet, wobei Autonomie sich auf Ressourcen, aber auch Steuerungskompetenzen oder Verantwortlichkeiten beziehen kann (vgl. Motzel, 2006). Da auch Projekte, die in dieser Form organisiert werden, in die Stammorganisation eingegliedert bleiben und in vielfältiger Weise an diese gekoppelt bleiben (Portfolio, Ressourcen, inhaltliche Abhängigkeiten), ist die Bezeichnung als autonom nur unter Einschränkungen verwendbar.

müssen demzufolge nicht mehr zwischen mehreren beteiligten Organisationsteilen ausgehandelt werden. Da in dieser Form jedes Projekt eine Änderung der Aufbauorganisation nach sich zieht, wird diese Organisationsform vor allem bei lang laufenden Großprojekten gewählt, die umfangreich, zeitlich intensiv und strategisch bedeutend sind. In der Bewältigungsstrategie der Segmentierung sind die Fragen der Substitution und Re-Integration anspruchsvoll. Werden für einen temporären Zeitraum Spezialisten aus der permanenten Organisation entnommen, ist dafür in der Regel ein Ersatz erforderlich. Spätestens zum Ende der temporären Organisation stellt sich die Frage, wie die Spezialisten in ihren alten oder einen ähnlichen Aufgabenbereich re-integriert werden können und sollen (vgl. Bosse, 2006: 118).

Segmentierung der Handlungskompetenz
Die Trennung der formalen Kompetenzen zieht auch eine Trennung der Handlungskompetenzen nach sich. Wenn, wie oben beschrieben, Exploitation und Exploration unterschiedliche Aufgabenstellung, sind, ist auch das Verständnis der Handlungskompetenz zu unterscheiden. Es wurde dargelegt, dass die Exploitation eher auf die Optimierung bestehender Fähigkeiten, die Exploration eher auf die Fähigkeit zur Lösung unbekannter Probleme abzielen. Dementsprechend zieht eine formale Trennung von Rollen auch die Differenzierung der Qualifizierungsbemühungen einer Organisation nach sich. Sowohl aus der Verteilung der Ressourcen als auch an dem ausdifferenzierenden Qualifikationsbedarf ist ableitbar, dass die Segmentierung einen erhöhten Ressourcenbedarf nach sich zieht. Durch die Segmentierung ist durch die Widerspruchsreduktion allerdings ebenfalls eine Professionalisierung der einzelnen Rollen zu erwarten (vgl. Rietiker, 2006).

5.4.3 Balancierung von Rollen

Wird die Balance als Bewältigungsform für organisationale Widersprüche gewählt, bleiben die widerstrebenden Kräfte und damit die Widersprüche innerhalb der Organisation existent. Während das Sequenzialisieren und das Segmentieren Ansätze darstellen, in denen die Organisation sich einmalig für eine Bewältigungsform entscheidet, müssen die Widersprüche in der Form der Balancierung andauernd bearbeitet werden (vgl. Müller-Christ, 2007a). Wie kann eine Spannung erhaltende

Balancierung der formalen Kompetenzen und der Handlungskompetenzen gestaltet werden?

Balancierung der formalen Kompetenzen
Projektorientierte Organisationen etablieren, historisch betrachtet, neue Instanzen zur Steuerung von auftrags-, portfolio- oder ressourcenbezogenen Fragestellungen, in denen die Entscheidungsbefugnisse an die Experten delegiert werden (vgl. Patzak/Rattay, 2004; Gareis, 2005; Schelle, 2007; Lomnitz, 2008). Darüber hinaus entstehen für jedes einzelne Vorhaben projektspezifische und damit temporäre Gremien, wie Lenkungsausschüsse, Steering Committees oder Projektbeiräte (vgl. Patzak/Rattay, 2004: 105f.).

Die Einführung eines balancierenden Ressourcenmanagements kann beispielsweise als kommunikativ geprägte Bewältigungsstrategie der Konflikte in der Ressourcenverteilung zwischen den temporären und den permanenten Organisationsformen interpretiert werden (vgl. Scheuring, 2009). Wenn nicht zu einem Zeitpunkt grundsätzlich entschieden werden kann oder soll[185], ob die Ressourcen zugunsten der Exploitation oder der Exploration eingesetzt werden, kann diese Aushandlung der Ressourcenverteilung an eine „externe" und neutrale Instanz vergeben werden (vgl. Vinekar/Slinkman/Nerur, 2006). Es ist denkbar, die Kompetenz zur Ressourcenverteilung einem organisationsübergreifenden Gremium oder einer Gruppe von Ressourcenmanagern zuzuweisen. Wird die Rolle des Ressourcenmanagers beschrieben, kann die disziplinarische Verantwortung ihre aufbauorganisatorische Entsprechung in der sogenannten Poolorganisation finden (vgl. Gessler, 2009a). Die Ressourcenpools werden dann in der Regel kompetenzbasiert gestaltet und bündeln Mitarbeiter mit ähnlichen Fähigkeiten disziplinarisch (vgl. Gessler/Thyssen, 2006). Am Beispiel der Einführung eines

---

185 „Kann" bezeichnet die Annahme, dass die Widersprüche als eine Bedingung in Organisationen angesehen werden. „Soll" drückt aus, dass Widersprüche bewusst zur Herstellung eines organisationalen Spannungsfeldes eingesetzt werden. Die Einführung eines Ressourcenmanagements kann also einerseits die Lösung für existierende Spannungen sein. Sie kann andererseits auch zur Erzeugung von Spannungen genutzt werden, wenn die widerstrebenden Pole noch nicht gleich gewichtet sind.

balancierenden Ressourcenmanagements wird deutlich, dass die Strategie der Balancierung eine erneute organisatorische Differenzierung erforderlich machen kann. Über eine weitere Komplexitätssteigerung der Organisation wird „der Konflikt zwischen Differenzierungs- und Integrationsnotwendigkeiten sichtbar gemacht und bewusst in die Organisation hineingetragen [...] Eine Lösung ist nur über Verhandlungen und gegenseitige Abstimmungen möglich" (Schreyögg, 2003: 182). Diese notwendigen Abstimmungen übernimmt das Ressourcenmanagement. Die Aufgabe eines Ressourcenmanagements ist jedoch nicht alleine die Konfliktbearbeitung. Dem Ressourcenmanagement kommt auch die Aufgabe zu, die aneinander anschließenden temporären Aufgaben sicherzustellen und damit die Temporalität der temporären Organisationsformen abzufedern (vgl. Scheuring, 2009).

Wie DAMMER/GEMÜNDEN darstellen, ist das Ressourcenmanagement nur eine Möglichkeit der Balancierung der Widersprüche temporärer und permanenter Organisationsformen. In Projektorientierten Organisationen können die Koordinierungsfunktionen des Projektmanagementbüros (PMO) als Instrumente der Balancierung verstanden werden (vgl. Abbildung 29: unten rechts):

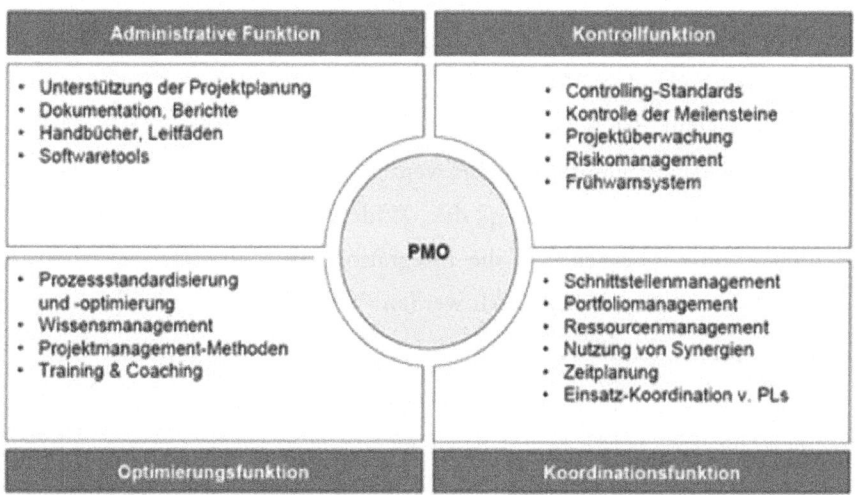

Abbildung 29: Aufgaben und Funktionen eines Projektmanagementbüros
Quelle: Dammer/Gemünden, 2006: 39

Die Abbildung veranschaulicht, dass eine Überschneidung mit weiteren möglichen Funktionen und Zwecken eines Projektmanagementbüros die Gefahr des Verlusts der oben formulierten Neutralität bedeuten kann.

Balancieren der Handlungskompetenzen

Das Balancieren von Handlungskompetenzen stellt die Anforderung an die Organisation, gleichzeitig und gleich gewichtet die Fähigkeiten und die Einstellung für die exploitativen und die explorativen Aufgaben vorzuhalten. Konkret formuliert heißt dies, dass eine Organisation durch die Balancierung in die Lage versetzt werden soll, sowohl kurzfristig benötigte Fähigkeiten zur effizienten Bearbeitung von Routine vorzuhalten als auch langfristig benötigte Kompetenzen zur Problemlösung. Unter der Annahme, dass dieser Widerspruch nicht aufgelöst werden kann, besteht die Möglichkeit, das Dilemma quantitativ und qualitativ zu balancieren.

Quantitativ könnte dem Widerspruch zwischen der Exploitation und der Exploration mit einer Vermehrung der Ressourcen begegnet werden. Es kann angenommen werden, dass Projektorientierte Organisationen in einem größeren Maße externe Mitarbeiter einsetzen als permanente Organisationen, weil sie damit die widersprüchlichen Anforderungen durch die Umverteilung von finanziellen Mitteln kompensieren (vgl. Seite 168).[186] Es darf jedoch genauso angenommen werden, dass sowohl die personellen als auch die finanziellen Ressourcen einer Organisation nicht unbegrenzt vermehrt werden können.

Die qualitative Balancierung des Widerspruchs von Exploitation und Exploration erfordert Lernen. Ob die Integration oder Synthese auf struktureller Ebene realisierbar sind, darf bezweifelt werden.[187] Für Individuen ist die Integration

---

[186] Im Ergebnis ist dies wieder eine Segmentierung, weil neue Ressourcen dazu genutzt werden, einen Pol der Widersprüchlichkeit zu verfolgen.

[187] Kritisch merkt MÜLLER-CHRIST an, dass die Integration „auf einer höheren Ebene in der Form einer Synthese der Entscheidungsprämissen zwar seit Aristoteles das Ziel oder gar der Ethos aller Widerspruchsbewältigung ist, im Vergleich zum gegenwärtigen Entscheidungszwang in sozialen Systemen stellt Integration jedoch eher einen philosophischen Diskurs" dar. Seiner Meinung nach „lassen sich so gut wie keine praktischen Beispiele finden, die nicht zugleich

von Widersprüchen als Zunahme der Kompetenz sowohl im Wissen und Können als auch in der Erfahrung jedoch denkbar. Durch die Bündelung widersprüchlicher Rollenerwartungen werden die Widersprüche an die Person delegiert. Die Widersprüche innerhalb einer Person ausbalancieren zu wollen, hätte zur Konsequenz, in der Organisation bewusst widersprüchliche Rollenbeschreibungen zu formulieren. Die qualitative Bewältigungsstrategie erfordert dann die Vermehrung einer Ressource des Individuums: der Kompetenz selbst.

NEUBERGER betont, dass Widersprüche in den Rollen sich bei einer gefestigter Ich-Identität produktiv auf das Lernen und die Entwicklung des Einzelnen auswirken können: „Je mehr Rollen eine Person spielt:

- desto stärker ist sie in ein System integriert
- desto größer ist ihre Unabhängigkeit von bestimmten Bezugspartnern (weil sie von keinem einzelnen mehr dominiert werden kann), und
- desto größer ist die Chance der Entwicklung von Ich-Identität" (Neuberger, 2002: 326)

Und weiter: „Aus strukturalistischer und funktionalistischer Perspektive erscheinen unaufhebbare Widersprüche zwischen Rollenanforderungen als vorübergehende Störungen bzw. Instabilitäten oder als pathologische Defizite. Aus symbolisch-interaktionistischer Sicht sind diese den Führungsalltag charakterisierenden Erscheinungen Aufforderungen zu Auseinandersetzung mit einer inkonsistenten, facettenreichen und kontingenten sozialen Un-Ordnung, die auch die Chance bietet, dem Druck der Verhältnisse persönliche Identität abzutrotzen" (Neuberger, 2002: 337). Diese Form der Widerspruchsbewältigung stellt an das Individuum sehr hohe Anforderungen. Die Bereitschaft und die Fähigkeit, mit der inhärenten Rollenambiguität umzugehen und diese persönlich zu balancieren, können nicht unterschätzt werden: Die differenzierenden Strategien erreichen eine steigende Professionalisierung durch Spezialisierung in jeweils einem Pol des Widerspruchs. Die Bewältigungsstrategie der Balancierung erfordert in beiden Widerspruchspolen

---

erhebliche Veränderungen im Wirtschaftssystem implizieren. Integration und Synthese stellen folglich kurzfristig keine praktikablen Lösungsbeiträge für die Bewältigung von Widersprüchen dar" (Müller-Christ, 2007: 162). Auf der geistigen Ebene hält jedoch auch er die Integration oder Synthese jedoch für eine denkbare Bewältigungsstrategie.

eine Spezialisierung. Hinzu kommt eine Veränderung in der Einstellung als Bestandteil der Handlungskompetenz. Die Balancierung der Widersprüche Projektorientierter Organisationen und diese durch Lernen (Integration) für das Individuum handhabbar zu machen, erzeugt die Wahrnehmung des Individuums als selbstbestimmt handelnde Person mit einem kohärenten Selbstkonzept (vgl. Deci/Ryan, 1993). Die notwendige Einstellung kann als ambiguitätstolerant bezeichnet werden (vgl. Reis, 1997). Professionelle Handlungskompetenz in Projektorientierten Organisationen bedeutet somit eine gleichzeitig vielfältige Spezialisierung und die Fähigkeit, die Widersprüche in ein stimmiges und stabiles Selbstkonzept zu integrieren. So wird ein Lernen sowohl auf der individuellen als auch auf der organisationalen Ebene erforderlich und ermöglicht.

6 Zusammenfassung und Ausblick

Im Folgenden wird der Argumentationsverlauf zusammengefasst und einer kritischen Würdigung unterzogen (→ 6.1). Des Weiteren werden die Ergebnisse der Arbeit sowohl inhaltlich als auch methodisch in Form von neun Thesen dargestellt (→ 6.2). Schließlich wird ein Ausblick darauf gegeben, welche Perspektiven sich aufgrund der vorliegenden explorativen Grundlagenarbeit für die wissenschaftliche Auseinandersetzung mit dem projektorientierten Management als Organisationsprinzip der Projektorientierten Organisation ergeben (→ 6.3).

6.1 Zusammenfassung

Diese Arbeit ging davon aus, dass „moderne" Organisationen zunehmend den Anspruch haben, gleichzeitig innovativ und routiniert, explorativ und exploitativ zu sein. Es wurde verdeutlicht, dass Organisationen temporäre Formen der Organisation in vielfältiger Weise in die bestehenden permanenten Formen integrieren oder mit diesen in Verbindung stehen. Dies geschieht in der Hoffnung, auf diese Weise gleichzeitig beide Zielsetzungen verfolgen zu können. Organisationen, die gleichzeitig und gleich gewichtet Formen temporärer und permanenter Organisation nutzen, werden als Projektorientierte Organisationen bezeichnet. Die Steuerung solcher Organisationen kann als projektorientiertes Management bezeichnet werden.

Die Grundannahme dieser Arbeit lautete, dass Projektorientierte Organisationen und das ihnen zugrunde liegende projektorientierte Management als Organisationsprinzip Widersprüche generieren. Diese Widersprüche stellen die handelnden Personen vor Dilemmata und paradoxe Handlungserwartungen.

Daher wurde als Ziel dieser Arbeit formuliert, die Widersprüche aufzudecken, welche sich durch die Nutzung projektorientierter Organisationsprinzipien ergeben. Darüber hinaus sollten erste Ansätze für die Bewältigung der Widersprüche in Projektorientierten Organisationen verdeutlicht werden. Drei Leitfragen wurden zu Beginn der Arbeit formuliert:

(1) Wie lässt sich die Existenz von Widersprüchen in Projektorientierten Organisationen feststellen?

(2) Welche Widersprüche sind in Projektorientierten Organisationen konkret feststellbar und welche Konflikte ergeben sich daraus?

(3) Welche Möglichkeiten stehen für den Umgang mit diesen Widersprüchen zur Verfügung?

Zu Leitfrage 1: Ausgehend von der Entwicklung der Organisationstheorien seit dem Ende des 19. Jahrhunderts, wurde ein Analyseinstrument für Widersprüche in Organisationen entwickelt. Mit dem institutionalen, dem funktionalen und dem instrumentalen Verständnis stehen drei historisch begründete Zugänge zum Objekt der Projektorientierten Organisation zur Verfügung. Für die Analyse der Widersprüche wurden diese Perspektiven durch jeweils drei Kategorien operationalisiert und als das „Strukturmodell der Organisation" vorgestellt (vgl. Seite 48).

Zu Leitfrage 2: Es wurde angenommen, dass das Handeln von Führungs-kräften an den Schnittstellen zwischen der permanenten und der temporären Organisation in besonderem Maße von den Widersprüchen einer Projektorientierten Organisation betroffen ist. Daher wurden Linienmanager und Projektmanager ausgewählt, um nicht nur die offensichtliche, sondern auch die latent vorhandene Widersprüchlichkeit des projektorientierten Managements zu explizieren. Mittels der Repertory Grid Technik konnten in 20 Experteninterviews 178 Widersprüche in einer Projektorientierten Organisation erhoben werden. Diese Widersprüche ließen sich inhaltlich zu 28 Themengebieten zusammenfassen. Diese Themengebiete lassen sich wiederum den Dimensionen des Strukturmodells zuordnen. Durch eine Hauptkomponentenanalyse konnte darüber hinaus nachgewiesen werden, dass die von den Teilnehmern formulierten Widersprüche auf drei grundlegende Dimensionen zurückführbar sind: Die Temporalität, die Fachlichkeit und die Handlungsebene. Diese drei Dimensionen bilden die Grundwidersprüche der Projektorientierten Organisation. Sie sind formulierbar als die Widersprüche zwischen permanent und temporär, Fach und Führung sowie strategisch und operativ. Die empirisch fundierten Themengebiete und Dimensionen können als der Gestaltungsraum für das projektorientierte Management betrachtet werden.

Zu Leitfrage 3: Die Darstellung der Sequenzialisierung, der Segmentierung und der Balancierung und ihre Anwendung auf das Strukturmodell der Organisation ermöglichte eine Diskussion der Gestaltungsmöglichkeiten des projektorientierten Managements. Während die Sequenzialisierung und die Segmentierung Widerspruch reduzierende Ansätze darstellen, ist die Balancierung eine Strategie, bei der die Widersprüche gegenwärtig bleiben. Insbesondere die Balance muss als eine Strategie angesehen werden, welche die strukturelle, soziale und zeitliche Komplexität einer Organisation erhöht (vgl. Baecker, 2007). Auf der institutionalen Ebene wurde deutlich, dass die Projektorientierte Organisation die Lösung für die Widersprüchlichkeit darstellt, die sie selbst hervorruft. Aus funktionaler Sicht konnte mit den Konzepten der „Atemporalität" begründet werden, dass die Balancierung als projektorientierte Managementstrategie die Organisation in die Lage versetzt, gleichzeitig die Ziele der Exploitation und Exploration zu verfolgen. Eine instrumentale Möglichkeit zur Widerspruchsbewältigung wurde am Beispiel der Rolle diskutiert. Es konnte verdeutlicht werden, dass die Widersprüche in einer Projektorientierten Organisation sowohl eine Bedingung des Handelns als auch eine Folge des Handelns darstellen. Im ersten Fall erfordern sie die Evolution, im zweiten Fall das Lernen.

6.2 Thesen

Sechs inhaltliche und drei methodische Thesen bilden die Essenz dieser Arbeit:

Inhaltlich
- Das projektorientierte Management ist ein Management von Widersprüchen.
- Widersprüche sind eine Bedingung und eine Folge der gleichzeitigen und gleich gewichteten Nutzung von temporären und permanenten Formen der Organisation.
- Der Schwerpunkt der Widersprüche liegt in der Dimension der Temporalität begründet.
- Sequenzialisierung und Segmentierung sind organisationale Strategien zur Reduzierung der Widersprüchlichkeit.
- Das projektorientierte Management ist ein Versuch zur Balance der Widersprüche. Die Projektorientierte Organisation erzeugt damit die Widersprüche, für welche sie die Lösung darstellt, permanent selbst.

- Die Projektorientierte Organisation kann als ein „Motor der Entwicklung" verstanden werden, da das individuelle und organisationale Streben nach einer Bewältigung der Widersprüche permanentes Lernen erfordert und ermöglicht.

Methodisch
- Die Repertory Grid Technik ist eine geeignete Methode, um offensichtliche und latente Widersprüche in Organisationen zu erheben.
- Das Strukturmodell der Organisation ist geeignet, die erhobenen Widersprüche zu systematisieren, es bedarf jedoch einer weiteren Überprüfung.
- Die Bewältigungsstrategien ermöglichen eine Diskussion möglicher Gestaltungsräume für ein projektorientiertes Management.

6.3 Ausblick

Die wissenschaftliche Erforschung temporärer Formen der Arbeitsorganisation blickt auf eine langjährige Tradition zurück. Die wissenschaftliche Auseinandersetzung mit der gleichzeitigen und gleich gewichteten Nutzung von Formen der temporären und der permanenten Organisation steht jedoch erst am Anfang. Einige relevante Fragestellungen, die eine Fortführung dieser Arbeit ermöglichen können, sind:

- Sind die erhobenen Widersprüche und ihre zugrunde liegenden Dimensionen auf weitere Branchen und Sektoren übertragbar?
- Nehmen die unterschiedlichen Handlungsebenen innerhalb einer Organisation (Mitarbeiter/Führungskräfte/Geschäftsleitung) die gleichen Widersprüche in der gleichen Intensität wahr?
- Wie werden die Widersprüche durch die Umwelt wahrgenommen und beeinflussen diese die inter-organisationale Zusammenarbeit?
- Ist das entwickelte Strukturmodell der Organisation auch für die Analyse weiterer Organisationsformen geeignet?
- Sind der Ausbau oder die Entwicklung von neuen, individuellen Handlungskompetenzen notwendig, um mit den Widersprüchen der Projektorientierten Organisation umgehen zu können? Wenn ja, wie könnten diese erlernt werden?

Diese Arbeit hat verdeutlicht, dass ein widerspruchssensitives Management der Projektorientierten Organisation möglich und notwendig ist. Auch wenn es wie die Aufgabe des berühmten Sisyphos erscheint: Es kann nicht gelingen, die logischen Widersprüche zu überwinden. Projektorientiertes Management ist deswegen aber nicht irrational. Die Möglichkeiten für ein projektorientiertes Management bestehen darin, die Widersprüche, die aus der gleichzeitigen und gleich gewichteten Nutzung von permanenten und temporären Organisationsformen entstehen, entweder einmalig in eine zeitliche oder räumliche Ordnung zu versetzen oder Strukturen und Kompetenzen zu fördern, welche die Verhandlung und die Kommunikation über die Widersprüchlichkeit dauerhaft ermöglichen und notwendig machen. Die Herausforderung für ein projektorientiertes Management besteht also darin, zu entscheiden, welche der Strategien vor dem Hintergrund der eigenen Organisation angemessen erscheint. Diese Arbeit hat erste Ansätze dazu aufgezeigt.

Literaturverzeichnis

ALANEN, Y. O. (2001): Schizophrenie: Entstehung, Erscheinungsformen und die bedürfnisangepasste Behandlung. Stuttgart: Klett-Cotta.

ANCONA, D. G.; GOODMAN, P.; LAWRENCE BARBARA S; TUSHMANN, M. L. (2001): Time: A new research lens. In: The Academy of Management Review (26), Nr.4 (Oct. 2001), S. 654-663.

ANCONA, D. G.; OKHUYSEN, G. A.; PERLOW, L. A. (2001): Taking Time to Integrate Temporal Research. In: The Academy of Management Review (26), Nr.4 (Oct. 2001), S. 512-529.

ANELL, B. I.; WILSON, T. L. (2002): Organizing in two modes: On the merging of the temporary and the permanent. In: Sahlin-Andersson, Kerstin; Söderholm, Anders (Hrsg.): Beyond project management, S. 170-186. [Copenhagen]: Copenhagen Business School Press.

ARGYRIS, C. (1988): Crafting a theory of practice: the case of organizational paradoxes. In: Quinn, R.E. and Cameron, K.S. (Eds), Paradox and Transformation: Toward a Theory of Change in Organization and Management, Ballinger, Cambridge, MA, S. 255-277.

ARNDT, L. (2007): Selbstbeschränkung von Systemen als Beitrag zur Widerspruchsbewältigung. In: Müller-Christ, Georg; Arndt, Lars; Ehnert, Ina (Hrsg.): Nachhaltigkeit und Widersprüche. Münster [u.a.]: LIT-Verl.

ASCHENBACH, M. (1996): Die Reorganisation von Konzernen: systemtheoretische Beobachtungen des geplanten Wandels. Herrsching: Kirsch.

ATTEMS, R. (1996): Es lebe der Widerspruch!. In: Gutschelhofer, Alfred; Scheff, Josef (Hrsg.): Paradoxes Management, S. 523-548. Wien: Linde.

BACKHAUS, K.; ERICHSON, B.; PLINKE, W.; WEIBER, R.(2006): Multivariate Analysemethoden: eine anwendungsorientierte Einführung. 11., überarb. Aufl. Berlin [u.a.]: Springer.

BAECKER, D. (1999): Organisation als System: Aufsätze. 1. Aufl. Frankfurt am Main: Suhrkamp (Suhrkamp-Taschenbuch Wissenschaft. 1434).

BAECKER, D. (2005): Schlüsselwerke der Systemtheorie. 1. Aufl. Wiesbaden: VS, Verl. für Sozialwissenschaften.

BAECKER, D. (2007): Why Complex Systems Are Also Social and Temporal: Paper submitted to ECCS 2007 European Conference on Complex Systems, Dresden October 1-5, 2007. In: http://homepage.mac.com/baecker/

BAKKER, R. M.; JANOWICZ-PANJAITAN, M. (2009): Time matters: the impact of "temporariness" on the functioning and performance of organizations. In: Kenis, Patrick; Janowicz-Panjaitan, Martyna; Cambré, Bart (Hrsg.): Temporary organizations, S. 121-141. Cheltenham [u.a.]: Edward Elgar.

BALCK, H. (1996): Networking und Projektorientierung: Gestaltung des Wandels in Unternehmen und Märkten. Berlin [u.a.]: Springer.

BARTSCH-BEUERLEIN, S.; FRERICHS, E. (2009): 1.05 Qualität. In: Gessler, Michael (Hrsg.): Kompetenzbasiertes Projektmanagement (PM 3), S. 247-292. Nürnberg: GPM Deutsche Gesellschaft für Projektmanagement.

BATESON, G. (2001): Ökologie des Geistes: anthropologische, psychologische, biologische und epistemologische Perspektiven. 1. Aufl., [Nachdr.]. Frankfurt am Main: Suhrkamp (Suhrkamp-Taschenbuch Wissenschaft. 571).

BATESON, G. (2002): Geist und Natur: eine notwendige Einheit. 1. Aufl., [Nachdr.]. Frankfurt am Main: Suhrkamp (Suhrkamp-Taschenbuch Wissenschaft. 691).

BEA, F. X. (2001): Strategisches Management. 3., neu bearb. Aufl. Stuttgart: Lucius & Lucius.

BECHKY, B. (2006): Gaffers, gofers, and grips: role-based coordination in temporary organizations. In: Organization Science, Nr.17 (1), S. 3-21.
BECK, U.; BONSS, W. (Hrsg.)(2001): Die Modernisierung der Moderne. Frankfurt: Suhrkamp.
BECKER, F. G. (2002): Lexikon des Personalmanagements: Über 1000 Begriffe zu Instrumenten, Methoden und rechtlichen Grundlagen betrieblicher Personalarbeit. 2. aktual. und erweiterte Aufl. München: dtv - Deutscher Taschenbuchverlag.
BECKER, M. (1996): Geändertes Karriereverständnis: Personalentwicklung im Zeichen von Führungs-, Fach- und Projektkarrieren. Halle (Saale): Martin-Luther-Univ. Halle-Wittenberg, Wirtschaftswiss. Fak. (Betriebswirtschaftliche Diskussionsbeiträge. 6).
BECKER, M. (1999): Personalentwicklung: Bildung, Förderung und Organisationsentwicklung in Theorie und Praxis. 2., überarb. und erw. Aufl. Stuttgart: Schäffer-Poeschel.
BERGMANN, R.; GARRECHT, M. (2008): Organisation und Projektmanagement. 1. Aufl. Heidelberg: Physica-Verl. (BA Kompakt).
BIENERT, M. A. (2002): Organisation und Netzwerk: Organisationsgestaltung durch Annäherung an Charakteristika der idealtypischen Organisationsform Netzwerke. 1. Aufl. Wiesbaden: Dt. Univ.-Verl. (Gabler-Edition Wissenschaft).
BLASCHE, S.; MITTELSTRAß, J. (1995): P-SO (Enzyklopädie Philosophie und Wissenschaftstheorie, 3).
BLEDOW, R.; FRESE, M.; ANDERSON, N.; EREZ, M.; FARR, J. (2009): A Dialectic Perspective on Innovation: Conflicting Demands, Multiple Pathways, and Ambidexterity. In: Industrial and Organizational Psychology: Perspectives on Science and Practice 2(3).
BORTZ, J.; DÖRING, N. (2006): Forschungsmethoden und Evaluation: Humanwissenschaftler. 4., überarb. Aufl. Heidelberg: Springer-Medizin-Verl..
BOSETZKY, H.; HEINRICH, P.; SCHULZ ZUR WIESCH, J. (2002): Mensch und Organisation: Aspekte bürokratischer Sozialisation. 6. überarb. und erw. Aufl.. Stuttgart: Kohlhammer (Schriftenreihe Verwaltung in Praxis und Wissenschaft, 15).
BOSSE, NIELS (2006): Die Job-Familiy-Cluster-Organisation : Eine prozess- und kompetenzorientierte Unternehmensstruktur. Berlin : Logos Verlag.
BRANSFORD, J. D. (2000): How people learn: brain, mind, experience, and school. Expanded ed., 9. print. Washington, DC: National Acad. Press.
BRESSER, R. K. F. (1989): Kollektive Unternehmensstrategien. In: Zeitschrift für Betriebswirtschaft, 59 (5), S. 545-564.
BRONNER, R. (2000): Entscheidungsorientierte Organisationslehre. München: Vahlen (Personalführung und Organisation).
BÜHL, W. (2003): Luhmanns Flucht in die Paradoxie. In: Merz-Benz, Peter-Ulrich: Die Logik der Systeme, S. 225-256. Konstanz: UVK Verl.-Ges..
BULL, H. P. (2005): Vom Auf- und Abbau der Bürokratie : Vortrag anlässlich der Verleihung der Ehrenmitgliedschaft am Forschungsinstitut für öffentliche Verwaltung. Speyer.
BURNS, T.; STALKER, G. M. (1961): The management of innovation. [London]: Tavistock Publications.

CATINA, A.; SCHMITT, G. M. (1993): Die Theorie der persönlichen Konstrukte. In: Scheer, J. W./Catina, A. Einführung in die Repertory Grid-Technik, Bd. 1. Grundlagen und Methoden, Bern et al., S. 11-23.
COLEMAN, J. S.; FARARO, T. J. (1992): Rational choice theory: advocacy and critique. Newsbury Park: Sage Publ..
CROZIER, M.; FRIEDBERG, E. (1993): Die Zwänge kollektiven Handelns: über Macht und Organisation. Neuausg. Frankfurt am Main: Hain (Neue Wissenschaftliche Bibliothek).

CYERT, R. M.; MARCH, J. G. (1963): A behavioral Theory of the Firm. N.J.: Engelwood Cliffs.

DAMMER, H.; GEMÜNDEN, H. G. (2006): Multiprojektmanagement-Studie 2004-2006 : Kurzzusammenfassung, Ergebnisbericht. Berlin.

DEBUS, C. (2002): Routine und Innovation : Management langfristigen Wachstums etablierter Unternehmungen. Marburg : Mafex.

DECI, E.; RYAN, R. (1993): Die Selbstbestimmungstheorie der Motivation und ihre Bedeutung für die Pädagogik. In: Zeitschrift für Pädagogik, Nr.39, S. 223-228.

DICK, M. (2000): Die Anwendung narrativer Experteninterviews in der psychologischen Mobilitätsforschung. In: Forum Qualitative Sozialforschung / Forum: Qualitative Social Research [On-line Journal] (Heft 1).

DILLER, H.; IVENS, B. S. (2006): Process oriented marketing. In: Marketing, Vol. 2, No. 1 (2006), p. 14-29.

DIN (2009): DIN 69901-2. Projektmanagement - Projektmanagementsysteme. Teil 5: Begriffe. Berlin: Beuth

DINGLER, H. (1931): Philosophie der Logik und Arithmetik. München: Reinhardt.

DONK, VAN. D. P.; MOLLOY, E. (2008): From organising as projects to projects as organisations. In: IPMA (Hrsg.): International journal of project management, Jg.26 (Heft 1, S. 129-127. Amsterdam: Elsevier.

DORN, K. H. (2008): Innovation durch administrative Adhocratie mit Projektleitung durch gesteuerte Schizophrene?!. In: Dorn, Karl Heinz; Fitzsimons, C. J; Frick, Andreas; Kerber, Gerrit; Marré, Roland; Wagenhals, Klaus (Hrsg.): Innovationen durch Projektmanagement - oder?!, S. 27-41. Heidelberg, Neckar: dpunkt.

DÖRNER, D. (2009): Die Logik des Mißlingens: Strategisches Denken in komplexen Situationen.. 8. erw. Neuauflage Dezember 2003. Hamburg: Rowohlt-Taschenbuch-Verl..

DUBS, R.; EULER, D.; RÜEGG-STÜRM, J.; WYSS, C. (2004): Einführung in die Managementlehre. Bern [u.a.] : Haupt.

DUDEN, W. B. D. D.; DROSDOWSKI, G. (1980): Duden: Das große Wörterbuch der deutschen Sprache. Mannheim: Bibliographisches Institut AG.

DWORATSCHEK, S. (1994): Die Entwicklung des Projektmanagements. In: Werners, B.; Gabriel, R. (Hrsg.): Operations research : Reflexionen aus Theorie und Praxis, Springer-Verlag: Berlin u.a. 1994, S. 399-411.

EASTERBY-SMITH, M.; HOLMAN, D.; THORPE, R. (1996): Using repertory grids in management. In: Journal of European Industrial Training 20 (1996), Nr.3, S. 3-20.

EASTERBY-SMITH, M.; THORPE, R.; LOWE, A. (2002): Management research: [an introduction]. 2. ed. London [u.a.]: SAGE (SAGE series in management research).

EBBINGHAUS, M. (1984): Arbeiter und Arbeitswissenschaft. Opladen.

EHNERT, I. (2007): Nachhaltiges Personalmanagement und Widersprüche. In: Müller-Christ, Georg; Arndt, Lars; Ehnert, Ina (Hrsg.): Nachhaltigkeit und Widersprüche, S. 311-336. Münster [u.a.]: LIT-Verl..

EKERMANN, J. P. (1848): Gespräche mit Goethe (Gespräche mit Goethe, 3).

ENGESTRÖM, Y. (1999): Lernen durch Expansion. Marburg: BdWi-Verl. (Internationale Studien Tätigkeitstheorie. 5).

ENGESTRÖM, Y. (2001): Expansive Learning at work: toward an activity reconceptualization. In: Journal of Education an Work, Jg.14 (Heft 1).

ENGESTRÖM, Y. (2004): New forms of learning in co-configuration work. In: Journal of workplace learning (Vol. 16), Nr.1/2, S. 11-21.

ENGESTRÖM, Y. (2005): Developmental work research: expanding activity theory in practice. Berlin : Lehmanns Media (International cultural-historical human sciences, 12.).

ENGESTRÖM, Y.; LOMPSCHER, J.; RÜCKRIEM, G. (2005): Putting activity theory to work: contributions from developmental work. Berlin: Lehmanns Media (International cultural-historical human sciences, 13).

ENGWALL, M. (2003): No project is an island: linking projects to history and context. In: Research policy, No.32, S. 789–808.

ERNE, R. (2008): Wie wirksam sind Methoden des Projektmanagements für die Produktivität von Innovationsprojekten. In: Dorn, Karl Heinz; Fitzsimons, C. J; Frick, Andreas; Kerber, Gerrit; Marré, Roland; Wagenhals, Klaus (Hrsg.): Innovationen durch Projektmanagement - oder?!, S. 1-9. Heidelberg, Neckar: dpunkt.

ETZIONI, A. (1994): Jenseits des Egoismus-Prinzips: ein neues Bild von Wirtschaft, Politik und Gesellschaft. Stuttgart: Schäffer-Poeschel.

FAYOL, H. (1970): Administration industrielle et generale: Prevoyance, organisation, commandement, coordination, controle. Paris: Dunod.

FICHTNER, H. (2008): Wirkungsmechanismen der Unternehmenskultur im strategischen Kompetenzmanagement: Konzeptionelle Überlegungen aus Sicht der Competence-based Theory of the Firm. 1. Aufl. Wiesbaden: Betriebswirtschaftlicher Verlag Gabler.

FILL, A. (1993): Ökolinguistik: eine Einführung. Tübingen: Narr.

FLICK, U. (2005): Qualitative Sozialforschung: eine Einführung. Orig.-Ausg., vollst. überarb. und erw. Neuausg., 3. Aufl. Reinbek bei Hamburg: Rowohlt-Taschenbuch-Verl. (Rowohlts Enzyklopädie. 55654).

FOERSTER, H. V. (1993): KybernEthik. Berlin: Merve (Internationaler Merve-Diskurs. 180; Perspektiven der Technokultur).

FONTIN, M. (1997): Das Management von Dilemmata: Erschließung neuer strategischer und organisationaler Potentiale. Wiesbaden: Dt. Univ.-Verl..

FRANSELLA, F. (2005): The essential practitioner's handbook of personal construct psychology. Chichester: Wiley.

FRANSELLA, F.; BELL, R.; BANNISTER, D. (2004): A manual for repertory grid technique. 2. ed. Chichester [u.a.]: Wiley.

FREILING, J. (2001): Resource-based view und ökonomische Theorie: Grundlagen und Positionierung des Ressourcenansatzes. 1. Aufl. Wiesbaden: Dt. Univ.-Verl. [u.a.].

FRESE, E. (2005): Grundlagen der Organisation: entscheidungsorientiertes Konzept der Organisationsgestaltung. 9., vollst. überarb. Aufl. Wiesbaden: Gabler.

FRICK, A.; RAAB, M. (2009): Einführung von Projekt-, Programm- und Portfoliomanagement. In: Gessler, M. (Hrsg.): Kompetenzbasiertes Projektmanagement (PM 3), S. 2277-2295. Nürnberg: GPM Deutsche Gesellschaft für Projektmanagement.

FRIEDRICH, H.; WIEDEMEYER, M. (1998): Arbeitslosigkeit - ein Dauerproblem: Dimensionen, Ursachen, Strategien ; ein problemorientierter Lehrtext. 3., aktualisierte und völlig überarb. Aufl. Opladen: Leske + Budrich.

FROMM, M. (1995): Repertory Grid Methodik: ein Lehrbuch. Weinheim: Deutscher Studien-Verl..

FROMM, M. (2004): Introduction to the repertory grid interview. Münster [u.a.]: Waxmann.

FUCHS, J.; FUCHS, H. (2007): Schluss mit Hierarchie: Wie Unternehmen menschlicher werden. Wiesbaden: CO.IN.Medien Verlagsgesellschaft mbH.

LITERATURVERZEICHNIS

GABLERS WIRTSCHAFTSLEXIKON (1993): Gabler Wirtschaftslexikon. 13. , vollst. überarb. Aufl.. Wiesbaden: Gabler.

GAIRING, F. (2002): Organisationsentwicklung als Lernprozess von Mensch und System: zur Rekonstruktion eines Forschungs- und Beratungsansatzes und seiner metadidaktischen Relevanz. 3. 3. Aufl. Weinheim u.a.: Beltz (System und Organisation, 6).

GAITANIDES, M. (1983): Prozeßorganisation: Entwicklung, Ansätze und Programme prozeßorientierter Organisationsgestaltung. München: Vahlen.

GAITANIDES, M. (2008): Zur Innovationskraft des Prozessmanagements: verdrängt "Exploitation" "Exploration"?. In: Höck, Michael; Voigt, Kai-Ingo (Hrsg.): Operations Management in Theorie und Praxis, S. 45-66. Wiesbaden: Gabler.

GÄLWEILER, A. (2005): Strategische Unternehmensführung. 3. Aufl. Frankfurt am Main: Campus-Verl..

GAREIS, R. (1990): Management by projects: the management strategy of the "new" project-oriented company. In: Gareis, Roland (Hrsg.): Handbook of management by projects, S. 35-47. Wien: Manz.

GAREIS, R. (2005): Happy Projects!. Wien: MANZ.

GAREIS, R.; HUEMANN, M. (2001): Assessing and Benchmarking project-oriented Societies. In: Project Management – International Project Management Journal, Project Management Association Finland, Norwegian Project Management Forum, Vol.7, Nr.1.

GEBERT, D. (2004): Innovation durch Teamarbeit: eine kritische Bestandsaufnahme. Stuttgart: Kohlhammer.

GEISER, C. (2003): Faktorenanalyse mit SPSS : SPSS Tutorium Universität Magdeburg: SS 2003.

GEISLER, W. (1976): Projektorientierter Unterricht: Lernen gegen die Schule. Weinheim u.a.: Beltz.

GERGEN, K. J. (2002): Konstruierte Wirklichkeiten: eine Hinführung zum sozialen Konstruktionismus. Stuttgart: Kohlhammer.

GERGEN, K. J.; GERGEN, M. (2009): Einführung in den sozialen Konstruktionismus. 1. Aufl. Heidelberg: Carl-Auer.

GESSLER, M. (2003): Modellierung virtueller Organisationen: Gestaltung und Entwicklung der Systemidentität, des Wissens- und Projektmanagements sowie der personalen Kompetenz (Bildung und Management. 1/2003).

GESSLER, M. (2009a): Projektmanagement. In: Gessler, Michael (Hrsg.): Handlungsfelder des Bildungsmanagements, S. 345-392. Münster, Westf [u.a.]: Waxmann.

GESSLER, M. (2009b): Projekt, Projektmanagement, Projektarten und PM-Prozesse. In: Gessler, Michael (Hrsg.): Kompetenzbasiertes Projektmanagement (PM 3), S. 29-52. Nürnberg: GPM Deutsche Gesellschaft für Projektmanagement.

GESSLER, M. (2009c): Einleitung: Grundannahmen eines kompetenzbasierten Projektmanagements. In: Gessler, Michael (Hrsg.): Kompetenzbasiertes Projektmanagement (PM 3), S. 7-28. Nürnberg: GPM Deutsche Gesellschaft für Projektmanagement.

GESSLER, M.; THYSSEN, D. (2006): Projektorientierte Organisationsentwicklung bei der Postbank Systems AG. In: Zeitschrift für Führung + Organisation, Nr.75-4, S. 226-232.

GEYER, P. (2002): Das Paradox: Historisch-systematische Grundlegung. In: Hagenbüchle, Roland; Geyer, Paul (Hrsg.): Das Paradox, S. 11-26. Würzburg: Königshausen & Neumann.

GLASERFELD, VON, E. (2003): Konstruktion der Wirklichkeit und des Begriffs der Objektivität. In: Gumin, Heinz; Mohler, Armin (Hrsg.): Einführung in den Konstruktivismus, S. 9-40. München: Piper.

GOMEZ, P. (2004): Strukturen als Ordnungsmoment. In: Dubs, Rolf; Euler, Dieter; Rüegg-Stürm, Johannes; Wyss, Christian (Hrsg.): Einführung in die Managementlehre, S. 429-451. Bern [u.a.]: Haupt.

GOMEZ, P.; ZIMMERMANN, T. (1999): Unternehmensorganisation: Profile, Dynamik, Methodik. 4. Aufl. Frankfurt/Main [u.a.]: Campus-Verl. (St. Galler Management-Konzept. 3).
GRIMM, R. (1999): Die Handhabung von Widersprüchen im strategischen Management: eine evolutions- und entwicklungsorientierte Perspektive. Frankfurt am Main [u.a.]: Lang (Europäische Hochschulschriften. Reihe 5, Volks- und Betriebswirtschaft. 2550).
GROEBEN, N.; WAHL, D.; SCHLEE, J.; SCHEELE, B. (1988): Das Forschungsprogramm Subjektive Theorien: eine Einführung in die Psychologie des reflexiven Subjekts. Tübingen: Francke.
GRÜN, O. (1992): Projektorganisation. In: Frese, Erich (Hrsg.): Handwörterbuch der Organisation, S. 2102-2116. Stuttgart: Poeschel.
GRUNWALD, K. (2006): Zur Notwendigkeit des Managements von Dilemmata und Paradoxien in Organisationen der Sozialen Arbeit. In: Neue Praxis : np ; Zeitschrift für Sozialarbeit, Sozialpädagogik und Sozialpolitik (Heft 2/2006).
GUMIN, H.; MOHLER, A. (2003): Einführung in den Konstruktivismus. 7. Aufl. München: Piper.
GUTSCHELHOFER, A.; SCHEFF, J. (1996): Paradoxes Management : Widersprüche im Management - Management der Widersprüche. Wien : Linde (Management-Perspektiven, Band 3).

HABERMAS, J. (1985): Die neue Unübersichtlichkeit. Erstausg. Frankfurt am Main: Suhrkamp.
HACKER, W. (1999): Regulation und Struktur von Arbeitstätigkeiten. In: Hoyos, Carl Graf; Frey, Dieter (Hrsg.): Arbeits- und Organisationspsychologie, S. 385-397. Weinheim: Beltz, PsychologieVerlagsUnion.
HAGEN, S. (2009): Projektmanagement in der öffentlichen Verwaltung: Spezifika, Problemfelder, Zukunftspotenziale. 1. Aufl. Wiesbaden: Gabler Verlag / GWV Fachverlage GmbH, Wiesbaden (Springer eBook Collection. Business and Economics [Dig. Serial]; Springer-11775 [Dig. Serial]).
HAGENBÜCHLE, R. (2002): Was heißt „paradox"?: Eine Standortbestimmung. In: Hagenbüchle, Roland; Geyer, Paul (Hrsg.): Das Paradox, S. 27-44. Würzburg: Königshausen & Neumann.
HAGENBÜCHLE, R.; GEYER, P. (2002): Das Paradox : Eine Herausforderung des abendländischen Denkens. 2. Aufl. Würzburg: Königshausen & Neumann.
HAMMER, M.; CHAMPY, J. (1995): Business reengineering: die Radikalkur für das Unternehmen; [„So erneuern Sie Ihre Firma"]. 5. Aufl. Frankfurt/Main [u.a.]: Campus-Verl..
HANDY, C. (1994): The age of paradox. Boston, Mass.: Harvard Business School Press.
HANFT, A. (1996): Organisationales Lernen und Macht: über den Zusammenhang von Wissen, Lernen, Macht und Struktur. In: Schreyögg, Georg (Hrsg.): Wissensmanagement, S. 83-132. Berlin [u.a.]: de Gruyter.
HANFT, A. (1997): Lernen in Netzwerkstrukturen: Tendenzen einer Neupositionierung der betrieblichen und beruflichen Bildung. In: Arbeit : Zeitschrift für Arbeitsforschung, Arbeitsgestaltung und Arbeitspolitik, Heft 3, Jg. 6., S. 282-303.
HANNAN, M. T.; FREEMAN, J. (1979): Obstacles to comparative studies. In: Goodman, P.S.; Pennings, J.M (Hrsg.), New perspectives on organizational effectiveness, San Francisco: Jossey-Bass. S. 106-131.
HAUSCHILDT, J. (1981): „Ziel-Klarheit" oder „kontrollierte Ziel-Unklarheit" in Entscheidungen. In: Witte, E: Der praktische Nutzen empirischer Forschung, Tübingen, S. 305-322.
HE, Z. L.; WONG, P. K. (2004): Exploration vs. Exploitation: An empirical test of the ambidexterity hypothesis. In: Organization Science 15, Nr.4, S. 481-494.
HEINTEL, P.; KRAINZ, E. E. (2001): Projektmanagement: eine Antwort auf die Hierarchiekrise?. 4. Aufl., Nachdr. Wiesbaden: Gabler.
HIRZEL, M. (2006): Herausforderungen des Projektportfolio-Managements. In: M. Hirzel; F. Kühn; P. Wollmann (Hrsg.): Projektportfolio-Management, S. 11-20. Wiesbaden: Gabler.

HIRZEL, M.; KÜHN, F.; WOLLMANN, P. (2006): Projektportfolio-Management: strategisches und operatives Multi-Projektmanagement in der Praxis. Wiesbaden: Gabler.
HITZLER, R.; HITZLER-HONER-MAEDER, M. (1994): Expertenwissen: die institutionalisierte Kompetenz zur Konstruktion von Wirklichkeit. Opladen: Westdt. Verl..
HOLTBRÜGGE, DIRK: (2001): Postmoderne Organisationstheorie und Organisationsgestaltung. Zugl.: Dortmund, Univ., Habil.-Schr., 2000. Wiesbaden : Dt. Univ.-Verl. [u.a.], 2001 (Neue betriebswirtschaftliche Forschung, 283).
HUEMANN, M. (2002): Individuelle Projektmanagement-Kompetenzen in projektorientierten Unternehmen. Frankfurt am Main [u. a.]: Lang (Europäische Hochschulschriften. Reihe 5, Volks- und Betriebswirtschaft. Bd. 2893).
HUNGENBERG, H. (1995): Zentralisation und Dezentralisation: Strategische Entscheidungsverteilung in Konzernen. Wiesbaden: Gabler.

INTRUP, D. (2009): Umsetzung der Datenarchivierung im SAP-ERP-System: am Praxisbeispiel "arvato digital services". Hamburg: Diplomica-Verl..
IPMA (2006): ICB: IPMA Competence Baseline, Version 3.0. Nijkerk: IPMA International Project Management Association.

JANOWICZ-PANJAITAN, M.; BAKKER, R. M.; KENIS, P. (2009): Research on temporary organizations: the state of the art and distinct approaches toward 'temporariness'. In: P. Kenis; M. Janowicz-Panjaitan; B. Cambré (Hrsg.): Temporary organizations, S. 56-85. Cheltenham [u.a.]: Edward Elgar.
JANOWICZ-PANJAITAN, M.; KENIS, P.; VERMEULEN, P. A. M. (2009): Conceptual Insights into temporary organizations. In: P. Kenis; M. Janowicz-Panjaitan; B. Cambré (Hrsg.): Temporary organizations, S. 142-154. Cheltenham [u.a.]: Edward Elgar.
JOHANSSON, S.; OHLSSON, O.; LÖFSTRÖM. MIKAEL (2007): Separation or integration?: a dilemma when organizing development projects. In: IPMA: International journal of project management, Jg.25, Heft 7, S. 457-464. Amsterdam: Elsevier.
JOST, P.-J. (2000): Ökonomische Organisationstheorie: eine Einführung in die Grundlagen. Wiesbaden: Gabler.

KALKOWSKI, P.; MICKLER, O. (2002): Zwischen Emergenz und Formalisierung: Zur Projektifizierung von Organisation und Arbeit in der Informationswirtschaft. In: Soziologisches Forschungsinstitut an der Universität Göttingen (Hrsg.): SOFI-Mitteilungen, S. 119-134.
KALKOWSKI, P.; MICKLER, O. (2005): Projektorganisation in der IT- und Medienbranche: Herausforderungen an das Management, Mitarbeiter und Interessenvertretung ; mit ausführlichen Fallbeschreibungen. Düsseldorf: Hans-Böckler-Stiftung (Edition der Hans-Böckler-Stiftung. 141)
KELLY, G. A. (1986): Die Psychologie der persönlichen Konstrukte. Paderborn: Junfermann (Reihe Innovative Psychotherapie und Humanwissenschaften. 33).
KENIS, P.; JANOWICZ-PANJAITAN, M.; CAMBRÉ, B. (2009): Temporary organizations: prevalence, logic and effectiveness. Cheltenham [u.a.] : Edward Elgar.
KERSTING, W. (1999): Platons "Staat". Darmstadt: Wiss. Buchges..
KERZNER, H. (2005): Using the project management maturity model: strategic planning for project management. 2nd ed. Hoboken, NJ: John Wiley & Sons.
KESSLER, H.; HÖNLE, C. (2002): Karriere im Projektmanagement: mit 15 Tabellen. Berlin [u.a.]: Springer.

KIESER, A. (1992): Lebenszyklus von Organisationen. In: Gaugler, E.; Weber, W. (Hrsg.): Handwörterbuch des Personalwesens, S. 1222-39. Stuttgart: Schäffer-Poeschel.
KIESER, A. (2006a): Max Webers Analyse der Bürokratie. In: Kieser, A.; Ebers, M. (Hrsg.): Organisationstheorien, S. 63-92. Stuttgart: Kohlhammer.
KIESER, A. (2006b): Managementlehre und Taylorismus. In: Kieser, A.; Ebers, M. (Hrsg.): Organisationstheorien, S. 93-132. Stuttgart: Kohlhammer.
KIESER, A. (2006c): Der situative Ansatz. In: Kieser, A.; Ebers, M. (Hrsg.): Organisationstheorien, S. 215-245. Stuttgart: Kohlhammer.
KIESER, A.; EBERS, M. (2006): Organisationstheorien. Stuttgart : Kohlhammer.
KIESER, A.; WALGENBACH, P. (2007): Organisation. 5., überarb. Aufl. Stuttgart: Schäffer-Poeschel.
KIL, M.; LEFFELSEND, S.; METZ-GÖCKEL, H. (2000): Zum Einsatz einer revidierten und erweiterten Fassung des Job Diagnostic Survey im Dienstleistungs- und Verwaltungssektor. In: Zeitschrift für Arbeits- und Organisationspsychologie 44, Nr.3, S. 115-128.
KLAUS, G.; BUHR, M. (1985): Philosophisches Wörterbuch. 13. Aufl.. Berlin
KNEUPER, R.; WALLMÜLLER, E. (2009): CMMI in der Praxis: Fallstudien zur Verbesserung der Entwicklungsprozesse mit CMMI. Heidelberg : dpunkt-Verl..
KROMREY, H. (1998): Empirische Sozialforschung: Modelle und Methoden der Datenerhebung und Datenauswertung. 8., durchgreifend überarb. und erw. Aufl. Opladen: Leske + Budrich.
KRUSCHE, B. (2008): Paradoxien der Führung: Aufgaben und Funktionen für ein zukunftsfähiges Management. 1. Aufl. Heidelberg: Carl-Auer-Verl..
KRUSE, P. (2004): Next practice - erfolgreiches Management von Instabilität: Veränderung durch Vernetzung. Offenbach: GABAL-Verl. (GABAL management).
KRUSE, P.; DITTLER, A.; SCHOMBURG, F. (2003): nextexpertizer und nextcoach: Kompetenzmessung aus Sicht der Theorie kognitiver Selbstorganisation. In: Erpenbeck, J.; von Rosenstiel, L. (Hrsg.): Handbuch Kompetenzmessung, S. 405-427. Stuttgart: Schäffer-Poeschel.
KUBICEK, H.; WELTER, G. (1985): Messung der Organisationsstruktur: eine Dokumentation von Instrumenten zur quantitativen Erfassung von Organisationsstrukturen. Stuttgart: Enke.
KÜHL, S. (2002): Sisyphos im Management: die vergebliche Suche nach der optimalen Organisationsstruktur. 1. Aufl. Weinheim: Wiley.
KÜHL, S.; STRODTHOLZ, P. (2002): Methoden der Organisationsforschung: ein Handbuch. Reinbek bei Hamburg : Rowohlt-Taschenbuch-Verl. (Rororo. Rowohlts Enzyklopädie. 55647).
KÜHN, F. (2006): Ressourcenmanagement - Schlüsselkompetenz für ein erfolgreiches Projektportfolio. In: Hirzel, M.; Kühn, F.; Wollmann, P. (Hrsg.): Projektportfolio-Management, S. 143-166. Wiesbaden: Gabler.
KUHN, T. S. (2002): Die Entstehung des Neuen: Studien zur Struktur der Wissenschaftsgeschichte. 1. Aufl., [Nachdr.]. Frankfurt am Main: Suhrkamp.

LANG, K.; RATTAY, G. (2005): Leben in Projekten: projektorientierte Karriere- und Laufbahnmodelle. Wien: Linde (Linde international. Fachbuch Wirtschaft).
LAUTERBURG, C. (1980): Vor dem Ende der Hierarchie: Modelle für eine bessere Arbeitswelt. 2. überarb. Aufl. Düsseldorf: Econ Verlag.
LAUX, H. (1995): Erfolgssteuerung und Organisation. 1. Aufl. Berlin
LIEBOLD, R.; TRINCZEK, R. (2002): Experteninterview. In: Kühl, S.; Strodtholz, P. (Hrsg.): Methoden der Organisationsforschung, S. 33-70. Reinbek bei Hamburg: Rowohlt-Taschenbuch-Verl..
LITZ, S.; KLIMECKI, R. (2005): Balanced Contracting in the Ambidextrous Organization. In: Universität Konstanz: Management Forschung und Praxis (Heft 36).

LOMNITZ, G. (2008): Multiprojektmanagement: Projekte erfolgreich planen, vernetzen und steuern. Heidelberg, Neckar: REDLINE.

LOTTER, W. (2008): Die Stunde der Idioten: Fünf Minuten vor der Wissensgesellschaft drehen wir die Uhren zurück: Das Bildungssystem versucht, Wissen und Kreativität zu industrialisieren. In: brand eins (2008), Nr.05, S. 60-70.

LUHMANN, N. (1973): Zweckbegriff und Systemrationalität. Frankfurt am Main.

LUHMANN, N. (1987): Soziale Systeme: Grundriss einer allgemeinen Theorie. 6. 1. Aufl. Frankfurt am Main: Suhrkamp (Suhrkamp-Taschenbuch Wissenschaft. 666).

LUHMANN, N. (1999): Funktionen und Folgen formaler Organisation: mit einem Epilog 1994. 5. Aufl. Berlin: Duncker & Humblot (Schriftenreihe der Hochschule Speyer. 20).

LUHMANN, N. (2000): Organisation und Entscheidung. Opladen [u.a.]: Westdt. Verl..

LUND, K. (2004): Die Repertory-grid-Technik als standardisiertes diagnostisches Verfahren zur Erfassung des Selbst und des sozialen Umfeldes von delinquenten Jugendlichen. Aachen: Shaker (Berichte aus der Psychologie).

LUNDIN, R. A.; SÖDERHOLM, A. (1995): A theory of the temporary organization. In: Scandinavian Journal of Management, Jg. 11, Heft 4, S. 437-455.

LUNDIN, R. A.; STEINTHORSSON, R. S. (2003): Studying organizations as temporary. In: Scandinavian Journal of Management, Jg. 19, Heft 2, S. 230-250.

MADAUSS, B. J. (2000): Handbuch Projektmanagement: mit Handlungsanleitungen für Industriebetriebe, Unternehmensberater und Behörden. 6., überarb. u. erw. Aufl. Stuttgart: Schäffer-Poeschel.

MAINEMELIS, C. (2001): When the muse takes it all: A model for the experience of timelessness in organizations. In: Academy of Management Review, Nr. 26, S. 548-565.

MAISTER, D. (2003): Managing the professional service firm. London [u.a.]: Free Press [u.a.].

MALIK, F. (2003): Strategie des Managements komplexer Systeme: ein Beitrag zur Management-Kybernetik evolutionärer Systeme. 8., unveränd. Aufl. Bern [u.a.]: Haupt.

MARCH, J. G. (1991): Exploration and exploitation in organizational learning. In: Organization Science (Heft 2 No. 1), S. 71-87.

MARCH, J. G. (1994): A primer on decision making: how decisions happen. New York [u.a.]: Free Press.

MARTENS, W.; ORTMANN, G. (2006): Organisationen in Luhmanns Systemtheorie. In: Kieser, Alfred; Ebers, Mark (Hrsg.): Organisationstheorien, S. 427-461. Stuttgart: Kohlhammer.

MATURANA, H. R.; VARELA, F. J. (1990): Der Baum der Erkenntnis: die biologischen Wurzeln des menschlichen Erkennens. Genehmigte Taschenbuchausg., Lizenzausg. [München]: Goldmann (Goldmann. 11460).

MAYRING, P. (2003): Qualitative Inhaltsanalyse: Grundlagen und Techniken. 8. Aufl. Weinheim [u.a.]: Beltz (UTB für Wissenschaft. Pädagogik. 8229).

MAYRSHOFER, D.; KRÖGER, H. A. (2001): Prozeßkompetenz in der Projektarbeit: ein Handbuch für Projektleiter, Prozeßbegleiter und Berater ; mit vielen Praxisbeispielen. 2., überarb. Neuaufl. Hamburg: Windmühle-GmbH, Verl. und Vertrieb von Medien.

MEUSER, M.; NAGEL, U. (1989): Experteninterviews - vielfach erprobt, wenig bedacht: ein Beitrag zur qualitativen Methodendiskussion. Bremen: Univ., SFB 186 (Arbeitspapiere // Sonderforschungsbereich 186 der Universität Bremen. 6).

MEYERHOFF, M. (2006): Strukturelle Kontinuität von Barnard bis Luhmann: Der Begriff des Systems in der Organisationssoziologie, 2006. www.grin.com/ebook

MINTZBERG, H. (1992): Die Mintzberg-Struktur: Organisationen effektiver gestalten. Landsberg/Lech: Verl. Moderne Industrie.

MORGAN, G. (2008): Bilder der Organisation. 4., Aufl. Stuttgart: Schäffer-Poeschel.

MOTZEL, E. (2006): Projektmanagement Lexikon: Begriffe der Projektwirtschaft von ABC-Analyse bis Zwei-Faktoren-Theorie. Weinheim: WILEY-VCH.

MÜLLER-CHRIST, G. (2007a): Formen der Bewältigung von Widersprüchen: Die Rechtfertigung von Trade-offs als Kernproblem. In: Müller-Christ, G.; Arndt, L.; Ehnert, I. (Hrsg.): Nachhaltigkeit und Widersprüche, S. 127-178. Münster [u.a.]: LIT-Verl..

MÜLLER-CHRIST, G. (2007b): Nachhaltigkeit und Effizienz als widersprüchliche Managementrationalitäten. In: Müller-Christ, G.; Arndt, L.; Ehnert, I. (Hrsg.): Nachhaltigkeit und Widersprüche, S. 13-58. Münster [u.a.]: LIT-Verl..

MÜLLER-CHRIST, G.; ARNDT, L.; EHNERT, I. (2007): Nachhaltigkeit und Widersprüche : eine Managementperspektive. Münster [u.a.] : LIT-Verl. (Nachhaltigkeit und Management. 1).

MÜLLER-STEWENS, G.; FONTIN, M. (1997): Management unternehmerischer Dilemmata: ein Ansatz zur Erschliessung neuer Handlungspotentiale. Stuttgart: Schäffer-Poeschel (IfB-Schriften. Entwicklungstendenzen im Management, 15).

NEUBERGER, O. (2002): Führen und führen lassen: Ansätze, Ergebnisse und Kritik der Führungsforschung. Stuttgart: Lucius und Lucius.

NEUGEBAUER, L. (1997): Unternehmertum in der Unternehmung: Ein Beitrag zur Intrapreneurshipdiskussion. Göttingen [u.a.]: Vandenhoeck & Ruprecht (Organisation und Management, 11).

OGC (2009): Managing Successful Projects with PRINCE2: Office of Government Commerce (OGC)

OLFERT, K. (2006): Organisation. 14., überarb. und aktualisierte Aufl. Ludwigshafen (Rhein): Kiehl (Kompendium der praktischen Betriebswirtschaft).

O'REILLY, C. A.; TUSHMAN, M. L. (2004): The ambidextrous organization: managing evolutionary and revolutionary change. In: Tushman, M. L.; Anderson, P. (Hrsg.): Managing strategic innovation and change, S. 276-291. New York, NY [u.a.]: Oxford Univ. Press.

ORTMANN, G. (2003a): Regel und Ausnahme: Paradoxien sozialer Ordnung. Orig.-Ausg., 1. Aufl. Frankfurt am Main: Suhrkamp (Edition Suhrkamp. 2293).

ORTMANN, G. (2003b): Organisation und Welterschließung: Dekonstruktionen. 1. Aufl. Wiesbaden: Westdt. Verl. (Organisation und Gesellschaft).

ORTMANN, G.; SYDOW, J. (2001): Strategie und Strukturation: strategisches Management von Unternehmen, Netzwerken und Konzernen. 1. Aufl. Wiesbaden: Gabler.

OSTERLOH, M.; FROST, J. (2006): Prozessmanagement als Kernkompetenz: wie Sie Business Reengineering strategisch nutzen können. 5., überarb. Aufl. Wiesbaden: Gabler.

PAETOW, K. (2004): Organisationsidentität: eine systemtheoretische Analyse der Konstruktion von Identität in der Organisation und ihrer internen wie externen Kommunikation.

PATZAK, G.; RATTAY, G. (2004): Projektmanagement: Leitfaden zum Management von Projekten, Projektportfolios und projektorientierten Unternehmen. 4., wesentlich überarb. und erg. Aufl. Wien: Linde.

PETTIGREW, A. M.; FENTON, E. M. (2000a): The innovating organization. London [u.a.] : Sage.

PETTIGREW, A. M.; FENTON, E. M. (2000b): Complexities and Dualities in Innovative Forms of Organizing. In: Pettigrew, A. M.; Fenton, E. M. (Hrsg.): The innovating organization, S. 279-300. London [u.a.]: Sage.

PMI (2000): A Guide to the Project Management Body of knowledge (dt. Ausgabe): Project Management Institute, Standards Comittee 1996. Berlin: Rhombos-Verl.

LITERATURVERZEICHNIS

POHL, F.; THYSSEN, D. (2009): Stammorganisation. In: Gessler, M. (Hrsg.): Kompetenzbasiertes Projektmanagement (PM 3), S. 2297-2337. Nürnberg: GPM Deutsche Gesellschaft für Projektmanagement.

POHL, W. (2006): Zum Problem der Willensfreiheit. In: Aufklärung und Kritik (2/2006), S. 63-67.

PUGH, D. S.; HICKSON, D. J.; HININGS, D. R. (1969): An empirical taxonomy of structures of work organizations. In: Administrative science quarterly, Vol. 14, No. 1 (Mar., 1969), S. 115-126.

PUGH, D. S.; HICKSON, D. J.; HININGS, D. R.; TURNER, C. (1968): Dimensions of organization structure. In: Administrative science quarterly, Vol. 13, No. 1 (Jun., 1968), S. 65-105.

PUTNAM, L. (1986): Contradictions and paradoxes to build organization and management theory. In: In L. Thayer (Hrsg.), Organization Communications: Emerging perspectives. Norwood, NJ: Ablex Publishing., S. 151-167.

RAAB, J.; SOETERS, J.; FENEMA, P. C. v.; WAARD, E. J. d. (2009): Structure in temporary organizations. In: Kenis, P.; Janowicz-Panjaitan, M.; Cambré, B. (Hrsg.): Temporary organizations, S. 171-200. Cheltenham [u.a.]: Edward Elgar.

RAEITHEL, A. (1993): Auswertungsmethoden für Repertory Grids. In: Scheer, J. W.; Catina, A. (Hrsg.): Einführung in die Repertory Grid-Technik, S. 41-67. München: Hans Huber.

RAEITHEL, A. (1998): Selbstorganisation, Kooperation, Zeichenprozess: Arbeiten zu einer kulturwissenschaftlichen, anwendungsbezogenen Psychologie. Opladen [u.a.]: Westdt. Verl..

RATTAY, G. (2007): Führung von Projektorganisationen: Ein Leitfaden für Projektleiter, Projektportfolio-Manager, Führungskräfte projektorientierter Organisationen. 2. unveränderte Aufl.. Wien: Linde.

REIHLEN, M. (1999): Moderne, postmoderne und heterarchische Organisation. In: Schreyögg, G. (Hrsg.): Organisation und Postmoderne, S. 265-303. Wiesbaden: Gabler [u.a.].

REIMANN, P.; RAPP, A. (2004): Expertiseforschung. In: Renkl, Andreas (Hrsg.): Pädagogische Psychologie. Bern: Huber.

REIS, J. (1997): Ambiguitätstoleranz: Beiträge zur Entwicklung eines Persönlichkeitskonstruktes. Heidelberg: Asanger.

REMER, A. (2004): Management: System und Konzepte. [2. Aufl.]. Bayreuth: REA-Verl. Managementforschung (Schriften zu Organisation und Personal. 16).

RIECK, C. (2007): Spieltheorie: eine Einführung. 7., überarb. und erw. Aufl. Eschborn: Rieck.

RIETIKER, S. (2006): Der neunte Schlüssel: vom Projektmanagement zum projektbewussten Management. Bern ;Stuttgart ;Wien: Haupt.

RIETIKER, S. (2008): Das aktuelle Stichwort: projektbewusstes Management. In: Projektmanagement aktuell, Nr.1/2008, S. 23-31.

ROSENBERGER, M. (2006): Soziale Steuerung virtueller Unternehmen: Optimierung sozialer Beziehungen mittels Repertory Grid Technique. Taunusstein: Driesen (Driesen Edition Wissenschaft. Beiträge zum Human Resource Management).

ROSENBERGER, M.; FREITAG, M. (2009): Repertory Grid. In: Kühl, S.; Strodtholz, P.; Taffertshofer, A. (Hrsg.): Handbuch Methoden der Organisationsforschung, S. 477-496. Wiesbaden: VS Verlag für Sozialwissenschaften / GWV Fachverlage GmbH, Wiesbaden.

ROTH, G. (2008): Persönlichkeit, Entscheidung und Verhalten: Warum es so schwierig ist, sich und andere zu ändern. Stuttgart: Klett-Cotta.

RÜEGG-STÜRM, J. (2002): Das neue St. Gallener Management-Modell: Grundkategorien einer integrierten Managementlehre. 2. durchgesehene Auflage. Bern [u.a.]: Haupt.

SADER, M. (2000): Psychologie der Persönlichkeit. 2. Aufl. [Neubearb.]. Weinheim [u.a.]: Juventa-Verl. (Grundlagentexte Psychologie).
SAHLIN-ANDERSSON, K.; SÖDERHOLM, A. (2002): Beyond project management : new perspectives on the temporary-permanent dilemma. [Copenhagen]: Copenhagen Business School Press.
SCHEER, J. W.; CATINA, A. (1993): Einführung in die Repertory Grid-Technik : Grundlagen und Methoden (Bd. 1). München: Hans Huber.
SCHEIN, E. H. (1996): Culture: The missing concept in organization studies. In: Administrative Science Quarterly 41, S. 229-240.
SCHEIN, E. H. (2006): Organisationskultur: the Ed Schein Corporate culture survival guide. 2., korrigierte Aufl. Bergisch Gladbach: EHP, Ed. Humanistische Psychologie.
SCHELLE, H. (2007): Projekte zum Erfolg führen: Projektmanagement systematisch und kompakt. 5., überarb. Aufl., Orig.-Ausg. München: Dt. Taschenbuch-Verl. (Dtv. Beck-Wirtschaftsberater im dtv. 5888)
SCHELLE, H.; OTTMANN, R.; PFEIFFER, A. (2005): ProjektManager. 2. Aufl. Nürnberg: GPM Deutsche Gesellschaft für Projektmanagement.
SCHEURER, S.; HESSELMANN, S. (2007): Vom Strategischen Multiprojektmanagement zum Projektorientierten Unternehmen. In: Lange, D. (Hrsg.): Projektmanagement ohne Grenzen, S. 44-63. Nürnberg: GPM Deutsche Gesellschaft für Projektmanagement..
SCHEURING, H. (2009): 1.12 Ressourcenmanagement. In: Gessler, M. (Hrsg.): Kompetenzbasiertes Projektmanagement (PM 3), S. 729-754. Nürnberg: GPM Deutsche Gesellschaft für Projektmanagement.
SCHIEFELE, U.; PEKRUN, R. (1996): Psychologische Modelle des fremdgesteuerten und selbstgesteuerten Lernens.. In: Weinert, F. E. (Hrsg.): Psychologie des Lernens und der Instruktion, S. 249-278. Göttingen [u.a.]: Hogrefe, Verl. für Psychologie.
SCHMEDT, U.; SCHIENMANN, B. (2009): Fallstudie Postbank Systems: Professionalisierung der Anwendungsentwicklung. In: Kneuper, R.; Wallmüller, E. (Hrsg.): CMMI in der Praxis, S. 95-112. Heidelberg: dpunkt-Verl..
SCHMIDT, J. (1993): Die sanfte Organisations-Revolution: von der Hierarchie zu selbststeuernden Systemen. Frankfurt/Main [u.a.]: Campus-Verl..
SCHMIDT, K. H.; KLEINBECK, U. (1999): Job Diagnostic Survey (JDS - deutsche Fassung). In: Dunckel, H. (Hrsg.): Handbuch psychologischer Arbeitsanalyseverfahren, S. 205-230. Zürich: Vdf-Hochschulverl..
SCHREYÖGG, G. (2003): Organisation: Grundlagen moderner Organisationsgestaltung ; mit Fallstudien. 4., vollst. überarb. und erw. Aufl. Wiesbaden: Gabler (Gabler-Lehrbuch).
SCHWANINGER, M. (2000): Das Modell lebensfähiger Systeme: Ein Strukturmodell für organisationale Intelligenz, Lebensfähigkeit und Entwicklung. In: Diskussionspapier No. 35 des Institute for Management der Universität St. Gallen.
SCHWARZ, H. (1995): Arbeitsplatzbeschreibungen. 13., aktual. Aufl.. Freiburg i. Br.: Haufe.
SCOTT, W. (1961): Organization theory: An overview and appraisal. In: Academy of Management Journal, Nr.4, S. 7-26.
SEITZ, D. (2003): Karrierepfad Projektmanagement: tarifvertragliche Regelungen als zentrales Element der Verankerung professioneller Projektarbeit. In: Wirtschafts- und Sozialwissenschaftliches Institut (Hrsg.): Monatszeitschrift des Wirtschafts- und Sozialwissenschaftlichen Instituts in der Hans-Böckler-Stiftung. Heft 6/2003, S. 386-392.
SIMON, F. B. (2007a): Einführung in die systemische Organisationstheorie. Heidelberg: Carl-Auer-Systeme Verlag.
SIMON, F. B. (2007b): Einführung in Systemtheorie und Konstruktivismus. 2. Aufl. Heidelberg: Carl-Auer-Verl. (Carl-Auer Compact).

SIMON, F. B. (2007c): Management von Paradoxien: Unentscheidbarkeit als Basis von Entscheidung. In: Revue für postheroisches Management 1 (2007), Nr.1, S. 90-99.

SÖDERLUND, J. (2004): Building theories of project management: past research, questions for the future. In: IPMA: International journal of project management (Heft 22), S. 183-191. Amsterdam: Elsevier.

SPENCER-BROWN, G. (1997): Gesetze der Form. Lübeck: Bohmeier.

STAEHLE, W. H. (1973): Organisation und Führung sozio-technischer Systeme: Grundlagen einer Situationstheorie. Stuttgart: Enke.

STAEHLE, W. H.; CONRAD, P.; SYDOW, J. (1999): Management: Eine verhaltenswissenschaftliche Perspektive. München.

STOWASSER, J. M. (1987): Der kleine Stowasser: lateinisch-deutsches Schulwörterbuch. 2., unveränd. Aufl. Wien: Hölder-Pichler-Tempsky [u.a.].

SYDOW, J. (1992): Strategische Netzwerke: Evolution und Organisation. Wiesbaden: Gabler (Neue betriebswirtschaftliche Forschung. 100).

SYDOW, J. (2003): Kompetenzentwicklung in Netzwerken: eine typologische Studie. 1. Aufl. Wiesbaden: Westdt. Verl..

SYDOW, J.; WINDELER, A. (1994): Management interorganisationaler Beziehungen: Vertrauen, Kontrolle und Informationstechnik. Opladen: Westdeutscher Verlag (Schriftenreihe der ISDN-Forschungskommission des Landes Nordrhein-Westfalen).

TAYLOR, F. W. (1913): Die Grundsätze wissenschaftlicher Betriebsführung. München [u.a.]: Oldenbourg.

THIRY, M.; DEGUIRE, M. (2007): Recent developments in project-based organisations. In: IPMA (Hrsg.): International journal of project management, Jg.25 (Heft 7), S. 649-658. Amsterdam: Elsevier.

THOMAS, L. F.; HARRI-AUGSTEIN, E. S. (1985): Self-organised learning: foundations of a conversational science for psychology. London: Routledge.

TUCKERMANN, H.(2007): Organisationaler Wandel als Entfaltung von Paradoxien: systemtheoretische Rekonstruktion einer Krankenhausfusion. St. Gallen: Univ., Hochschule für Wirtschafts-, Rechts- und Sozialwiss. (HSG).

TÜRK, K. (1976): Grundlagen einer Pathologie der Organisation. Stuttgart.

TÜRK, K.; LEMKE, T.; BRUCH, M. (2006): Organisation in der modernen Gesellschaft: eine historische Einführung. 2. Aufl. Wiesbaden: VS, Verlag für Sozialwissenschaften.

TUSHMAN, M. L.; O'REILLY, C. A. (2004): The ambidextrous organization: managing evolutionary and revolutionary change. In: Tushman, Michael L.; Anderson, Philip (Hrsg.): Managing strategic innovation and change, S. 276-291. New York, NY [u.a.]: Oxford Univ. Press.

ULRICH, H. (2001): Systemorientiertes Management: Das Werk von Hans Ulrich. Bern [u.a.]: Haupt.

VAHS, D. (2009): Organisation: ein Lehr- und Managementbuch. 7., überarb. Aufl. Stuttgart: Schäffer-Poeschel.

WAGNER, R. (2009a): DIN 69900 und DIN 69901: Das ist neu in den deutschen PM-Normen. In: Projektmagazin, Vol. 20, No. 2 (2009), p. 29-31.

WAGNER, R. (2009b): Projekt als Strategie - Strategie als Projekt: Trends, Potenziale, Perspektiven. 1. Aufl. Nürnberg: GPM, Deutsche Gesellschaft für Projektmanagement.

WAHRIG-BURFEIND, R. (2004): Wahrig - Fremdwörterlexikon. Gütersloh/München: Wissen Media Verlag.
WALD, A. (2003): Netzwerkstrukturen und -effekte in Organisationen: eine Netzwerkanalyse in internationalen Unternehmen. 1. Aufl. Wiesbaden: Gabler (mir-Edition).
WALGENBACH, P. (2006a): Neoinstitutionalistische Ansätze in der Organisationstheorie. In: Kieser, A.; Ebers, M. (Hrsg.): Organisationstheorien, S. 353-402. Stuttgart: Kohlhammer.
WALGENBACH, P. (2006b): Die Strukturationstheorie. In: Kieser, A.; Ebers, M. (Hrsg.): Organisationstheorien, S. 403-426. Stuttgart: Kohlhammer.
WEBER, M. (2006): Wirtschaft und Gesellschaft. Paderborn: Voltmedia (Hauptwerke der großen Denker).
WEICK, K. E. (1995): Der Prozess des Organisierens. 1. Aufl. Frankfurt am Main: Suhrkamp (Suhrkamp-Taschenbuch Wissenschaft. 1194).
WEINERT, A. B. (2004): Organisations- und Personalpsychologie: Organisationspsychologie. 5., vollst. überarb. Aufl. Weinheim [u.a.]: Beltz.
WEINERT, F. E. (2001): Leistungsmessung in Schulen - Eine umstrittene Selbstverständlichkeit. In: Weinert, F. E. (Hg.): Leistungsmessung in Schulen. Weinheim: Beltz.
WELGE, M. K.; AL-LAHAM, A. (2003): Strategisches Management: Grundlagen - Prozess - Implementierung. 4., aktualisierte Aufl. Wiesbaden: Gabler (Gabler-Lehrbuch).
WESTMEYER, H. (2002): Der individuumsbezogene Konstruktivismus von George A. Kelly.. In: Psychologische Beiträge. Heft 44, S. 325-333.
WESTMEYER, H.; WEBER, H. (2004): Die Theorie der personalen Konstrukte. In: Pawlik, K. (Hrsg.): Band 5: Theorien und Anwendungsfelder der Differentiellen Psychologie, Jg.2004.
WILLKE, H. (2000): Systemtheorie 1: Grundlagen: Eine Einführung in die Grundprobleme sozialer Systeme. 6. überarb. Stuttgart: UTB für Wissenschaft (Systemtheorie, 1).
WILLKE, H. (2001): Systemtheorie 3: Steuerungstheorie: Grundzüge einer Theorie der Steuerung komplexer Sozialsysteme. 3., bearb. Aufl. Stuttgart: Lucius & Lucius (Systemtheorie, 3).
WINDUS, M.; MAYRSHOFER, D. (2009): 3.08 Personalmanagement. In: Gessler, M. (Hrsg.): Kompetenzbasiertes Projektmanagement (PM 3), S. 2417-2469. Nürnberg: GPM Deutsche Gesellschaft für Projektmanagement.
WOLF, J. (2005): Organisation, Management, Unternehmensführung: Theorie und Kritik. 2. , aktualisierte Aufl.. Wiesbaden: Gabler.
WUNDERER, R. (1980): Führungslehre. Berlin [u.a.]: de Gruyter (De Gruyter-Lehrbuch).
WUNDERER, R. (1999): Mitarbeiter als Mitunternehmer: Grundlagen, Förderinstrumente, Praxisbeispiele. Neuwied : Luchterhand.
WÜTHRICH, H. A.; OSMETZ, D.; KADUK, S. (2006): Schließen Sie Frieden mit dem Sowohl-als-Auch. In: GDI Impuls (Frühling 2006), S. 64-70.

ZELL, H. (2007): Projektmanagement: lernen, lehren und für die Praxis; [mit Multiple-Choice-Aufgaben]. 2., neu bearb. und erw. Aufl. Norderstedt: Books on Demand.
ZEMPEL, J. (2003): Strategien der Handlungsregulation. Dissertation Universität Gießen, 2003.
ZÖLLNER, U. (2003): Projektmanagement. Bonn: Galileo Press.

Schriftliche Erklärung

Entsprechend §6, Abs. 5 der „Promotionsordnung der Universität Bremen für die Fachbereiche 7-12" in der Fassung vom 26.6.2000 erkläre ich, dass diese Arbeit

- ohne unerlaubte fremde Hilfe angefertigt ist
- keine anderen als die angegebenen Quellen und Hilfsmittel benutzt wurden und
- die den benutzten Werken wörtlich oder inhaltlich entnommenen Stellen als solche kenntlich gemacht sind.

Köln, 31.01.2010

The manufacturer's authorised representative in the EU is Springer Nature Customer Service Centre GmbH, Europaplatz 3, 69115 Heidelberg, Germany. If you have any concerns regarding our products, please contact ProductSafety@springernature.com

Printed and bound by CPI Group (UK) Ltd, Croydon, CR0 4YY

23/03/2026

02076744-0014